Tomás O'Crohan

Die Boote fahren nicht mehr aus

Bericht eines irischen Fischers

Aus dem Englischen
von Annemarie und Heinrich Böll

Nachwort von Robin Flower

Lamuv Verlag

CIP-Titelaufnahme der Deutschen Bibliothek

O'Crohan, Tomás:
Die Boote fahren nicht mehr aus : Bericht e. irischen Fischers / Tomás O'Crohan.
Nachw.: Robin Flower. Aus d. Engl. von Annemarie u. Heinrich Böll. –
Göttingen : Lamuv Verlag, 1988.
Einheitssacht.: The islandman <dt.>
ISBN 3-88977-176-9

Fotos: René Böll: Seiten 242, 276, 294; Thomas Mason: Seiten 2, 20, 34, 44, 49, 54, 76, 84, 96, 114, 132, 164, 266; George Gmelch: Seite 62; Cork Examiner: Seiten 146, 202; Karten: Walter Verlag, Olten

1. Auflage, September 1988

Umschlagentwurf: Gerhard Steidl
Gesamtherstellung: Steidl, Göttingen
ISBN 3-88977-176-9

Inhalt

Meine Kindheit

Ich wurde am Sankt-Thomas-Tag des Jahres 1856 geboren. Ich erinnere mich noch, wie ich an der Brust der Mutter trank, denn ich wurde erst mit vier Jahren entwöhnt. Ich bin der letzte des Wurfes, der »letzte Rest aus dem Topf«. Deshalb blieb ich so lange an der Mutterbrust und war ein verwöhntes Kind.

Ich hatte vier Schwestern, und jede von ihnen steckte mir ihre eigenen Leckerbissen in den Mund. Sie behandelten mich wie ein Nesthäkchen. Maura Donel, Kate Donel, Eileen Donel und Nora Donel - so hießen sie. Mein Bruder hieß Pats Donel, und ich bin Tomás Donel. Maura wohnt noch auf dieser Insel, zwei Schwestern leben in Amerika, und auch Pats lebt noch. Kate starb, nachdem sie drei Monate lang die Altersrente bezogen hatte. Das waren wir Geschwister Donel. Die anderen waren alle schon ziemlich groß, als ich noch ein kleines Kind war, und so war es kein Wunder, daß ich von allen verwöhnt wurde. Niemand hatte mehr mit mir gerechnet, als ich in der Familie auftauchte.

Mein Vater war ein mittelgroßer, untersetzter und starker Mann. Meine Mutter war eine blühende Frau, groß wie ein Gendarm, stark, unternehmungslustig und lebhaft, mit reichem, glänzendem Haar. Aber als sie mich nährte, hatte ihre Milch nicht mehr viel Kraft, und außerdem war ich das »Kalb einer alten Kuh«, und es war nicht leicht, mich durchzubringen. Trotzdem hat der Tod, dieser Schelm, manchen kraftstrotzenden jungen Raufbold geholt und mich bis zuletzt übriggelassen. Vielleicht schien es ihm nicht der Mühe wert, mich mitzunehmen. Ich wurde immer kräftiger und strolchte frei umher, nur paßten sie immer auf, daß ich der See nicht zu nahe kam. Ich trug einen Kittel aus ungebleichter Wolle und eine gestrickte Mütze. Meine Nahrung waren Hühnereier, Butterklümpchen, Fisch, Muscheln und Schnecken - ein wenig von allem, was Land und See boten.

Wir lebten in einer engen Hütte; sie war mit Binsen gedeckt, die auf dem Berg wuchsen. Oft nisteten die Hühner im Dachstroh und legten ein Dutzend Eier hinein. In einer Ecke der Hütte stand ein Kastenbett, an der entgegengesetzten Wand standen noch zwei Betten. Außerdem befanden sich in diesem Raum meist zwei Kühe, die Hühner und ihre Eier, ein Esel und der Rest unserer Familie. Unser Haus stand verkehrt herum, das heißt, seine Tür lag nach Norden, während alle anderen Türen nach Süden lagen.

Uns gegenüber lag ein anderes Haus, dessen Tür der unseren zugekehrt war, und die beiden Familien plauderten jeden Tag miteinander. Die Frau aus jenem Hause ging den ganzen Tag in unserem Hause ein und aus. Immer nahm sie bei ihren Besuchen etwas mit. Sie war klein und mager, mit wirrem Haar und blassem Gesicht, unansehnlich, hatte aber eine spitze Zunge – eine Klatschbase, die in alles ihre Nase steckte. Sie sagte immer zu meiner Mutter, ganz Irland wäre nicht imstande, mich, das Kalb einer alten Kuh, durchzubringen, und dabei glaube ich, daß keine Kuh, ob alt oder jung, je ein elender aussehendes Kalb hatte als sie. Aber trotz all dem hatte sie ein gutes Herz.

Bald fing ich an, prächtig zu gedeihen, und der graue Kittel wurde mir zu kurz. Zu dieser Zeit fing ich auch an, die Dinge um mich herum zu begreifen, bald wußte ich, was mit der Alten von gegenüber los war, und ich blieb ihr keine Antwort mehr schuldig. Die beiden Familien kamen jeden Sonntag in unserem Hause zusammen, und mein Vater betete den Rosenkranz vor. Die Frau von gegenüber sagte jeden Sonntag zu meiner Mutter: »Du läßt ihm wohl den grauen Kittel an, bis du dich nach einer Frau für ihn umsiehst. Der wächst aber jetzt gewaltig. Gott segne ihn!« Das sagte sie immer, nachdem sie ein ordentliches Stück Brasse sicher in ihrem Magen hatte.

Die Familie meines Vaters war aus Dunquin. Er hatte auf die Insel geheiratet. Die Familie meiner Mutter stammte aus Ventry. Sie hatten einander frei gewählt. Es war bei ihnen nicht wie bei manchen anderen Paaren gewesen, bei denen man zum Stock greifen möchte, um sie zum Heiraten zu bewegen. Sie ließen sich in einer kleinen Hütte nieder, um von dem zu leben, was das Meer ihnen bot, dazu hatten sie noch ein Stückchen Land, sie waren beide wohl imstande, der See und dem Lande das beste abzugewinnen. Damals gab es auf der Insel noch keine Esel, man hatte nur seine Kiepe auf dem Rücken, jeder Mann und jede Frau – das heißt, eine jede Frau, die keine Faulenzerin war und keine schlaue Drückebergerin, von der Sorte, die lieber verhungert, als zu arbeiten.

Mein Vater war ein ausgezeichneter Fischer und ein großartiger Arbeiter. Er war Steinmetz und Bootsführer, geschickt zu jedem Handwerk. Oft legte er auch bei anderen Leuten mit Hand an, denn damals waren die meisten von ihnen nur wenig klüger als eine Herde Esel auf einer Weide. Jenes Jahr war ein ausgezeichnetes Fischjahr. Es war das Jahr, als ich den grauen Kittel trug und ab und zu noch einmal nach der Brust meiner Mutter schielte, denn ich dachte, daß es mir eigentlich zustände, noch daran zu saugen. Ich vermute, daß ich damals seit ungefähr zwei Jahren entwöhnt war.

Eines Morgens zog mein Vater zum Fischen aus. Das Jahr war schon vorgeschritten, und meine Eltern hatten einen tüchtigen Stapel Torf auf dem Berg. Nun hatte man ihnen gesagt, daß aller Torf am Tage vorher gestohlen worden sei, und mein Vater sagte meiner Mutter, sie solle alles versuchen, einen Teil des Torfes nach Hause zu bringen, denn es war ein schöner Tag. Sie warf sich die Kiepe auf den Rücken und hatte sechs Kiepen voll Torf nach Hause gebracht, während das Nesthäkchen noch schlief. Als ich dann erwachte, mußte sie den Torf sich selbst überlassen und ihre Aufmerksamkeit mir zuwenden.

Sie zog mir den grauen Kittel an und gab mir etwas zu essen, und obgleich ich hätte damit zufrieden sein sollen, war ich es nicht. Meine Mutter machte die Kiepe zurecht, um wieder auf den Berg zu gehen, aber ich ließ sie nicht aus den Augen, und es blieb ihr nichts übrig, als mich mitzunehmen. Ich mußte mich sehr anstrengen, den Berg hinaufzukommen, manchmal kroch ich auf allen vieren, und bald wurde ich müde, so daß meine Mutter gezwungen war, mich in die Kiepe zu stecken und den Berg hinaufzutragen.

Als sie die Kiepe mit Torf gefüllt hatte, bedeutete sie mir, ich solle den Berg nun hinuntergehen, aber beim Hinuntersteigen stellte ich mich noch ungeschickter an als beim Hinaufsteigen. Ich weiß noch gut, wie sie mir die Zehen des einen Fußes unter das Hinterteil schob und mich damit vom Boden hob, um mich auf die Beine zu bringen, und wie sie dazu sagte: »Du Nichtsnutz, du hast mir den ganzen Tag verdorben!« Sie mußte mich vor sich her nach Hause tragen, während die Kiepe auf ihrem Rücken genau so voll war wie bei den anderen Gängen. Sie setzte mich auf den Fußboden und befahl Maura, mich unter eine Kiepe zu stecken und mich tot oder lebendig darunter festzuhalten. Trotz all der Streiche, die ich ihr spielte, gelang es ihr, an diesem Tage ein Dutzend Kiepen herunterzubringen, und bis zum Sonntag hatte sie den ganzen großen Torfstapel sicher nach Hause gebracht. Mein Vater fing aber in dieser Woche fünftausend Fische. All das erzählte meine Mutter der alten Hexe von gegenüber.

Als ich noch sehr jung war, kam einmal ein sehr hartes Jahr. In diesem Jahr strandete ein Schiff an der Nordseite der Insel. Das Schiff zerschellte, und seine Fracht – es war eine Art von Palmöl – trieb in Klumpen auf der See. Es war ein wertvolles Zeug, und eine kleine Menge davon brachte einem armen Mann einen halben Sack ungebeuteltes Mehl ein – damals gab es noch kein gelbes Mehl. Zu dieser Zeit lag eine Küstenwache in Dunquin, und das war auch nötig, denn damals wurden häufig Schiffe an die Küste getrieben, da es nur Segelschiffe gab. Als die Blaujacken (so nannte man sie auf dem Lande) von dem Wrack auf der Insel und von seiner Ladung hörten, kamen sie Tag und Nacht zur Insel hinüber, ohne sich auch nur Zeit zum Schlafen zu gönnen. Sie hatten ein ausgezeichnetes, gut ausgerüstetes Boot und waren selbst geschickte Leute. Sie ließen den Inselbewohnern keine Ruhe; diese wieder versuchten, Klumpen des Palmfettes in Höhlen zu verstecken, die so verborgen lagen, daß weder Katzen noch Hunde sie gefunden hätten.

Obschon die Blaujacken taten, was sie konnten, lebten die Inselleute gut in diesem Jahre. Sie brachten eine Menge von dem Palmöl über die Dingle-Bay hinüber und verkauften es nachts an der gegenüberliegenden Küste, obwohl die Blaujacken auch noch genug abbekamen, um ihren Sold zu verdienen. Eines Tages kamen sie zu vieren in ihrem Boot heran, als gerade ein Inselboot mit sechs großen Klumpen eingelaufen war. Die Küstenwachen nahmen das Fett sofort in ihr eigenes Boot hinüber und freuten sich sehr über den Fang, den sie gemacht hatten. An der Landestelle stand eine junge Frau, die einen riesigen scharfkantigen Felsbrocken in den Händen hielt. Sie stieg in das Boot ihres

Vaters, und ehe die Blaujacken sich's versehen hatten, hatte sie das Felsstück in das Wachboot geschleudert, und die See strömte durch das Loch hinein. Die Blaujacken sprangen heraus, die Klumpen Palmöl trieben wieder auf dem Wasser, und die Frauen fischten sie erneut heraus. Die Leute des Königs mußten ihr Boot auf den Strand ziehen und mit einem Stück Zinn flicken, und sobald sie es in Ordnung gebracht hatten, machten sie sich, so schnell sie konnten, davon. Ich vermute, daß sie der Insel während der ganzen Palmölzeit nicht mehr allzu viele Besuche abstatteten.

Einige Zeit danach befanden sich einmal zwei Männer auf dem Berg. Sie bemerkten ein Schaf, das auf einen der Strände hinuntergefallen war. Sie stiegen hinunter, um das Schaf zu retten, aber als sie sich an der Stelle umsahen, bemerkte einer von ihnen unter einem überragenden Felsen einen Kupferbolzen. Er holte ihn hervor. Der Bolzen war vier Fuß lang. Der ganze Strand war voll von Kupfer- und Messingbolzen. Niemand weiß, welche Menge von diesem Metall die beiden an diesem Tage bargen, denn es war der Strand, auf den das Schiff mit dem Palmöl aufgelaufen war; es lagen auch noch große Planken von diesem Schiff dort. Die Inselbewohner lösten in jenem Jahr eine Menge Geld für die Bolzen.

Es waren dies schlimme Jahre, und die alten Leute pflegten zu sagen, daß ohne dieses Wrack kein Mensch auf der Insel am Leben geblieben wäre. Ich hörte oft genug mit meinen eigenen Ohren, wie die alte Hexe von gegenüber sagte, daß Gott selbst den Armen jenes Schiff gesandt habe. Während eines oder zweier Jahre lebten alle dieses Schiffes wegen recht gut, während auf dem Festland überall eine grausame Hungersnot herrschte. Mein Vater brachte oft eine Ladung dieser Bolzen in einem Sack nach Hause, aber meine Kräfte reichten nicht aus, auch nur einen davon aufzuheben. Das wäre ein schlechter Wind, der nicht irgendeinem etwas Gutes brächte, und wir kamen oft mit der Hilfe von Sturm und Unwetter durch ein schlechtes Jahr, obwohl es schlimm genug für die armen Leute war, die dem Sturm ausgeliefert waren.

An dem Tag, als ich meine ersten Hosen bekam, war ich außer mir vor Glück. Ich war wie ein junger Hund, der keinen Augenblick still stehen kann. Ich spürte keinen Hunger und aß auch nicht, sondern lief immer nur hinaus und hinein, hierhin und dorthin, und eins der Geschwister mußte auf mich aufpassen. Einmal, als ich zum Fenster kam, sah meine Mutter mich an und sah einen nassen Fleck auf meiner grauen Hose. »Du lieber Himmel«, rief sie, »das hast du also getan.« Ich sagte ihr, ich hätte Nora gebeten, mir die Knöpfe aufzumachen, und sie habe es nicht getan. Ich glaube, das war die erste Lüge, die ich jemals gesagt habe, denn ich hatte Nora nicht gebeten, die Knöpfe aufzumachen, aber die Mutter schimpfte tüchtig mit ihr, weil sie es nicht getan habe. Es ist bitter, wenn man für ein Verbrechen verdammt wird, das man gar nicht begangen hat, aber da könnt ihr sehen, wie bald sich der Schelm in meiner Natur zeigte. Mein Vater – denn er hatte die Hose genäht – nahm sie noch einmal vor, und er machte seine Arbeit so gut, daß ich von da an nie mehr Last damit hatte.

Wie meine Mutter sagte, war ich damals acht Jahre alt. Gleich am nächsten Morgen machte ich mich zusammen mit Eileen auf den Weg, um jedem Haus im Dorf einen Besuch abzustatten. Damals war es Sitte, daß ein Junge, der einen neuen Anzug oder ein neues Kleidungsstück bekommen hatte, sich in jedem Hause vorstellte. Man bekam dann in jedem Haus einen Penny oder auch zwei, um sie in die neue Tasche zu stecken. Als ich nach Hause kam, hatte ich drei Schilling in den Taschen meiner grauen Hose. Ich weiß noch, daß ich sie meinem Vater gab, obwohl ich sie eher meiner Mutter hätte geben sollen, denn sie hatte mehr Arbeit mit mir als mein Vater. Aber da mein Vater gern rauchte und er ja schließlich die Hose auch genäht hatte, gab ich ihm das Geld.

Bald genug hatte der Hosenboden ein Loch, aus dem ein Hemdzipfel heraushing. Meine Mutter sagte, sie müsse sie flikken, bevor sie zu Bett gehe. Sie tat es auch und sagte, ich solle aufpassen und nicht sobald wieder ein Loch hineinmachen, sonst würde ich eins mit dem Stock drüberkriegen, aber schon am nächsten Morgen war es soweit.

Als ich mein Ei, meine Tasse Milch, und was es sonst noch dazu gab – ich vermute es waren Kartoffeln –, verspeist hatte, war es draußen sehr schön geworden. Während ich dieses Frühstück aß, sah mir die Alte von gegenüber zu. Jetzt, da sie sah, daß ich an Kraft und Munterkeit zunahm, änderte sich ihre Redeweise.

»Mach nur so weiter mit ihm«, sagte sie immer zu meiner Mutter. »Das wird noch einmal ein ganz tüchtiger Kerl.« Aber darin hatte sie unrecht, denn niemand hat mich je wieder für so etwas wie einen Herkules erklärt.

Sie schnurrte wie eine Katze, um sich einzuschmeicheln, denn mein Vater brachte allerhand Beute nach Hause, während ihr eigener Mann in dieser Hinsicht nichts taugte. Er war ein Stümper, ob er nun auf dem Berg arbeitete oder auf dem Feld, die guten Bissen ergatterte die Alte immer in unserem Hause.

An jenem Morgen sprang ich vergnügt auf den Boden, ich platzte fast vor Selbstzufriedenheit; die graue Hose saß stramm und reichte fast bis unter die Arme, ich war randvoll von gutem Essen; und wenn es zu dieser Tageszeit Menschen gab, die die Last des Lebens schwer auf ihren Schultern fühlten, so gehörte ich gewiß nicht zu ihnen.

Als die Sonne höher stieg, wurde ich mit Maura zum Weißen Strand geschickt; als wir dort angekommen waren, rannte ich davon, so schnell ich konnte. Maura blickte den Strand entlang und sah, wie ein Schwarm Tümmler von Süden her um eine Landzunge, die Gob genannt wurde, herumschwamm. Sie kamen immer näher, bis sie dicht vor der Stelle des Strandes, an der wir uns befanden, angekommen waren; ihre großen Flossen ragten aus dem Wasser heraus, sie waren so dicht beisammen wie jeder andere Schwarm von Fischen. Maura hatte schon oft einen einzelnen Tümmler im Wasser gesehen, aber noch nie einen so großen Schwarm. Sie glaubte, sie würden an Land kommen, und war außer sich vor Schrecken. Sie nahm mich auf den Rücken und rannte mit mir nach Hause.

Als wir zu Hause ankamen, rief meine Mutter, daß die Boote hereinkämen, daß einige von ihnen die Tümmler einkreisten und versuchten, sie auf den Strand zu treiben. Damals gab es auf der Insel drei große Boote, die mit Schleppnetzen arbeiteten, und sieben in Dunquin. Jedes einzelne dieser Boote war jetzt auf dem Schauplatz erschienen und machte Jagd auf die Tümmler. Die Inselboote versuchten, sie auf den Strand zu treiben, während sich die Boote aus Dunquin in der Nähe hielten und die Inselleute verhöhnten. Schließlich sprang einer der Tümmler hoch und landete auf dem Strand. Ein geschickter Bursche stach ihn ab, und als die anderen Tümmler das Blut rochen, kamen sie Hals über Kopf auf den Strand, um dem auf dem Trockenen beizustehen.

Als die Boote aus Dunquin reiche Beute an Land sahen und beobachteten, wie die Männer an Land die Tiere abstachen, kamen auch sie an Land, um ihre Boote vollzuladen, aber die Männer am Strand wollten ihnen nicht einen Fisch lassen. Bald waren die Männer so blutüberströmt wie die Tümmler, und die Inselbewohner trieben die mit Wunden bedeckten Männer aus Dunquin den Strand hinunter. Auf einem der Boote aus Dunquin aber hatte niemand eine Hand oder einen Fuß gerührt, um sich einzumischen. Die Inselbewohner gaben diesen Männern den schönsten Tümmler, der sich auf dem Strand fand, die sechs anderen Boote aber fuhren ohne einen Happen davon. Für einige war es schwer genug, überhaupt wegzukommen. Es war eine schwere Arbeit, die Tümmler heimzubringen und einzusalzen. Aber die Leute scheuten keine Mühe, denn damals hätte man einen Tümmler nicht einmal für ein Schwein hergegeben. Das Gesicht meines Vaters war rot von seinem eigenen Blut und vom Blut der Tümmler, aber ich erkannte ihn doch, denn ich hatte damals meine Sinne wohl beisammen.

Jedesmal, wenn die alte Frau mit einer Kiepe voll Tümmler auf dem Rücken herankam, lachte ich sie aus. Sie sah aus, als komme sie mit ihrer Kiepe geradewegs aus einem der Tümmler heraus, so dick war sie mit Blut beschmiert, aber sie hatte höchstes Lob verdient, denn sie hatte den Führer eines der Boote aus Dunquin beinahe mit ihrer Schaufel totgeschlagen.

Die Inselleute hatten Fleisch genug für mehr als ein Jahr, und es wäre genug für zwei Jahre gewesen, hätten wir alle nicht so viele Verwandte auf dem Festland gehabt.

Selbst wenn ich hundert Jahre alt würde, würde ich diesen Tag nie vergessen. Man sah kein blasses und kein erdfarbenes Gesicht mehr, alle waren rot von Blut. Und hätten wir das Unglück gehabt, in das Getümmel am Strand hineinzugeraten, so hätte es wohl geschehen können, daß ich und Maura umgekommen wären, bevor noch eins von den Seeschweinen und Seeferkeln getötet war.

An diesem Abend aß die alte Frau mit uns zusammen.

Als ich ein kleiner Junge war, hörte ich oft die Geschichte vom Weizenschiff. Diese Geschichte ist ein anderes Beispiel dafür, wie ein Sturm uns manchmal Hilfe brachte, während er anderen Menschen das schwerste Leid zufügte. Ich weiß nicht mehr, in welchem Jahr dieses Schiff auf den Weißen Strand auflief, denn damals war ich noch nicht geboren. Aber ich weiß genau, wie alles vor sich ging und wieviele Menschen durch dieses Schiff während der großen Hungersnot vom Tode errettet wurden, und ich kann einen genauen Bericht über das Schicksal des Schiffes geben; wie seine ganze Besatzung umkam, als es auf den Strand auflief, und nicht eine Menschenseele gerettet werden konnte. Dies alles erfuhr ich von der Nachbarin und von meiner Mutter, denn sie pflegten immer wieder davon zu erzählen.

Das Schiff hatte bis auf einen Fetzen am Vordermast alle Segel verloren. Sie mußten es am Weißen Strand auflaufen lassen, und da es schwer geladen hatte, ging es weit draußen auf Grund. Die Männer an Bord banden ein Stück Holz an ein Tauende, aber es gelang ihnen nicht, es auf den Strand zu werfen. Nie zuvor hatte man einen solchen Sturm erlebt. Der Sturm blies vom Land her gegen die See. Schließlich gelangte doch ein Balkenstück vom Schiff irgendwo an den Strand. Die Männer an Land und die auf See zogen an dem Seil, aber ach, es riß, und die Seeleute trieben durch die Gischt nach Süden. Die Inselbewohner haben diesen Augenblick nie vergessen können. Kurz darauf barst das Schiff entzwei.

Wenn auch seine eigene Besatzung umgekommen war, so blieben doch durch dieses Schiff viele Menschen während des schlimmsten Hungerjahres am Leben. Die Tausende von Säcken Weizen, die es geladen hatte, retteten die Inselbewohner, denn sie reichten ihnen und ihren Verwandten lange Zeit. Wenn das Schiff nicht gewesen wäre, so wäre kein Mensch auf der Insel am Leben geblieben, und die alte Hexe – das könnt ihr mir glauben – sagte, Gott selber habe den Armen das Schiff gesandt.

Eileen war erst ein Jahr alt, als das Schiff strandete, und sie lebt heute noch im Neuen Land (das ist Amerika). Ihre Altersgenossen bekommen hier schon seit drei Jahren eine Rente, sie ist also dreiundsiebzig. Meine Mutter war damals am Strand, obwohl sie erst sechs Tage vorher aus dem Kindbett aufgestanden war. Auch mein Bruder Pats war schon groß genug, um dabei zu sein, obwohl er dort eher eine Last als eine Hilfe bedeutete, denn man mußte noch auf ihn aufpassen. Obwohl der Wind vom Lande her gegen die See blies und viel von der Ladung abgetrieben wurde, wurde doch noch manches angeschwemmt.

Als das Schiff geborsten war, begann der Weizen herauszurieseln. Ich vermute, daß er nicht in Säcken, sondern lose hineingeschaufelt worden war wie Kohle oder Salz, denn die Leute sammelten das meiste bei Flut ein. Mit jeder Flut wurde ein Teil des Weizens angeschwemmt, und die Leute sagten, dies geschähe, damit sie ihn in Ruhe bergen könnten. Sie mußten die Körner in Wasser waschen, um das Salz herauszuspülen, danach breiteten sie das Getreide in der Sonne aus und trockneten es zuletzt am Feuer. Dann kochten sie es, bis es weich wurde und einen dicken Brei bildete. Das nannten die Leute Baighrean. Auch alles andere, was angeschwemmt wurde, bedeutete den Inselbewohnern eine große Hilfe und trug dazu bei, sie am Leben zu erhalten. Ich hörte immer wieder, wie die alte Vettel zu meiner Mutter sagte, sie habe nie in ihrem Leben besser gelebt als zu der Zeit, wo sie das Getreide hatten. Sie hatte ja zwei Reihen Zähne und zwei Kiefer, mit denen sie es mahlen konnte. Man erzählte von ihr, daß sie wie eine Kuh wiederkäue.

Als ich schon die graue Hose trug und allein umherstreifte, ging ich jeden Abend zum Strand, um die Boote zu erwarten. Der Fisch, der damals meist gefangen wurde, war eine Art Pilchard. Er ist Heringen sehr ähnlich und voller Gräten. Die Fischer haben nichts für ihn übrig. Es sind kleine Fische, von denen eine ganze Menge auf ein Pfund gehen, dazu verderben sie noch die Netze.

Eines Abends rief mein Vater mich ins Boot, während sie die Fische ausluden, und setzte mich hinter sich ins Heck. Ich spähte um mich und erblickte eine Angelschnur, an deren Haken ein Stückchen Pilchard als Köder befestigt war. Ich hatte nichts Eiligeres zu tun, als den Köder auszuwerfen. Mein Vater sah es, kümmerte sich aber nicht um mich, weil er glaubte, daß so dicht am Land kein Fisch sein könnte. Aber bald biß ein Fisch an, und die Angelschnur wickelte sich um meine Beine. Der Fisch zog mich über Bord. Alle Männer im Hafen schrien meinem Vater laut zu, aber als dieser sich umwandte, sah er sein Nesthäkchen schon davontreiben. Er stach mir den Bootshaken in den grauen Hosenboden, der sich über meinem Hinterteil blähte, und zog mich ins Heck des Bootes zurück. Er zog die Leine ein und hatte Mühe, den Fisch ins Boot zu bekommen. Es war ein riesengroßer Meeraal von sechs Fuß Länge.

Ich hatte schreckliche Angst, meine Mutter würde mich totschlagen, weil ich die Hose naß gemacht hatte. Die Mädchen lachten sich halb tot über mich, aber ich war noch nicht erwachsen genug, um gekränkt zu sein. Sie waren damals stämmige junge Frauen, sie standen bis zu den Hüften im Wasser und entluden die Boote, so stark und voller Kraft, wie nur je ein Mädchen in Irland.

Ich ging an Noras Hand heim, aber als wir in die Nähe des Hauses gekommen waren, sträubte ich mich und sagte, ich ginge keinen Schritt weiter, denn die Mutter schlüge mich bestimmt tot. Sie versuchte mich zu beruhigen. Aber es war ein Glück, daß mein Vater vorbeikam. Er trug eine Kiepe mit Fischen auf dem Rücken. »Was ist denn, Nora«, sagte er, »warum bringst du ihn denn nicht nach Hause, er ist doch klatschnaß.« »Er will nicht mitkommen«, sagte sie, »er hat Angst vor Mutter.« »Komm nur, mein Junge«, sagte mein Vater, »ich bin schuld, daß du naß geworden bist, denn ich habe dich ins Boot gerufen.« Er nahm mich bei der Hand, und ich ging mit ihm.

Als ich ins Haus trat, war ich nicht so lebhaft und munter wie gewöhnlich. Meine Mutter merkte gleich, daß irgend etwas nicht in Ordnung war. Sie setzte mich ans Feuer, denn sie dachte, daß ich nicht ganz wohl sei, und bald war die Herdschwelle tropfnaß.

Mein Vater kam herein. »Hast du ihn noch nicht ausgezogen? Er ist doch ganz durchnäßt«, sagte er. Er schleifte den Meeraal hinter sich her, der war so lang wie die Feuerstelle.

»Ach, er ist also in die See gefallen?« sagte sie.

»Siehst du nicht, was für einen schönen großen Fisch er gefangen hat? Für den ersten Fisch, den er je gefangen hat, ist das doch wahrhaftig ein guter Fang«, sagte mein Vater.

Dann erzählte er ihr die ganze Geschichte und rettete mich so vor der Strafe. Die Kleider wurden mir abgestreift, und ich bekam trockenes Zeug an. Die Hosen, die ich bekam, mißfielen mir sehr, denn es war ein altes geflicktes Paar. Die Mutter gab mir auch keinen Tee, sondern einen Becher voll Haferbrei mit Milch; das bekam ich, weil ich so tüchtig geschwommen hatte.

Meine Schulzeit

Meine erste Lehrerin
Die Schule
Der Apfel
Die Mütze aus Dingle
Das schadhafte Boot
Mauras Hochzeit
Die Frauen auf dem Strand

An einem wunderschönen Tag – es war ein Sonntag – näherte sich von Dunquin her ein großes Boot, das offenbar auf unsere Insel zufuhr; damals kannte man noch keine leichten Ruderboote, es dauerte noch einige Zeit, bis sie aufkamen. Als das Boot den Hafen erreicht hatte, sagten die Leute, es sei eine Dame an Bord; es stellte sich heraus, daß diese Dame eine Lehrerin war. Als ich das hörte, war ich keineswegs erfreut, denn damals begann ich gerade, allein auf dem Berg und am Strand auf Jagd zu gehen, niemand ging mehr mit, um auf mich aufzupassen, denn sie fanden, ich sei jetzt ein großer Junge. Ich hatte schon eine kleine Angel. Wir Jungen fischten alle zwischen den Klippen nach Ellritzen; sie waren nicht viel wert, aber wir hielten uns gezähmte Möwen, und für diese waren die Ellritzen gerade das richtige.

Nun, der Montag kam, und als das Frühstück vorüber war, konnte man den jungen Mann mit der grauen Hose nicht finden. Die Mädchen standen bereit, um zur Schule zu gehen, aber den Herrn Jäger mußte man suchen. Maura wurde ausgeschickt, aber sie kam und berichtete meiner Mutter, daß ich mit zwei anderen Jungen, Johnny Meg und Mike Peg, Ellritzen fangen sei.

»Heute soll es ihm noch einmal durchgehen«, sagte meine Mutter, »aber Gott soll meine Seele zu sich nehmen, wenn er sich morgen wieder davonmacht, ohne mir etwas zu sagen.«

Ich ging zu meiner Möwe und gab ihr die Ellritzen, die ich gefangen hatte. Als ich ins Haus kam, war ich meiner selbst nicht so sicher wie sonst. Ich sah, daß meine Mutter schon auf mich lauerte, außerdem war die Alte von nebenan vor mir hereingeschlüpft, um die Prügel nicht zu versäumen, die ich bekommen würde, denn damals pflegte sie mich schon unbarmherzig zu verspotten. Aber meine Mutter war schlauer als sie. Als die Mädchen aus der Schule kamen, fragte die Mutter sie nach der Lehrerin aus, was für eine Frau das sei – freundlich oder böse. Sie sagten alle, sie sei eine großartige Frau, und sie haue und prügele nicht. Jetzt erst brachte meine Mutter die Rede auf mich.

»Seht euch diesen Burschen an, seit dem Morgen rennt er herum, riskiert es, Hals über Kopf in ein Wasserloch zu stürzen, um Fische für seine Möwe zu fangen. Aber er soll sich nur merken, daß es gut für ihn wäre, sich morgen früh bereit zu halten, mit euch zu gehen, so wahr mir Gott helfe.« »Vielleicht«, sagte Kate, »spielt er dir morgen denselben Streich, weil du ihn heute nicht bestraft hast.«

Kate war die keckste, und ich hatte sie am liebsten von allen. »Oh, morgen wird er schon artig sein«, sagte meine Mutter, »der Anfang ist immer am schwersten, Kate.«

Wir plauderten heiter, bis es Zeit war, zu Bett zu gehen; die Mädchen erzählten aus der Schule und wollten meiner Mutter sagen, wie die Lehrerin hieß, aber bis zum späten Abend konnten sie den Namen nicht mehr zusammenbekommen, und dann fingen sie an, sich zu zanken, und nun war die Reihe zu lachen an mir. Schließlich fiel Maura doch noch der Name ein - Nancy Donoghue. Dieser Name machte ihnen Schwierigkeiten, weil es keinen ähnlichen Namen auf der Insel gab. Dann standen wir alle auf und gingen zu Bett.

Am nächsten Morgen war jeder bereit, an die Arbeit zu gehen, und wir frühstückten sehr früh - denn ... »die Flut bleibt nicht bis Mittag stehen.«

Pats war damals ein tüchtiger Bursche, er war der zweitälteste von uns, nur Maura war älter als er. Mein Vater ging im Hause hin und her, um für sich und Pats Seile und eine Sichel zusammenzusuchen. Maura und meine Mutter sollten mit ihnen gehen. Es war Flut, das richtige Wetter, um Tang zum Düngen zu schneiden. Kate sollte das Haus hüten, Eileen, Nora und ich sollten zur Schule gehen - so waren wir für diesen Tag eingeteilt.

Es gab einen Topf voll gekochter Kartoffeln, dazu Fisch und Milch, damit füllten wir alle, jung und alt, uns den Bauch. Was den Tee betrifft, so hatte niemand auf der Insel damals je auch nur einen Teekessel gesehen, und das sollte auch noch einige Zeit dauern.

Das Horn ertönte, und die Tangsammler und Schüler machten sich auf den Weg.

Kate blieb zu Hause, sie war schon ganz erwachsen. »Tom, sei artig in der Schule, mein Junge«, sagte meine Mutter, und bevor sie zum Strand ging, schrubbte sie mich so, daß ich glaubte, von meiner Haut und meiner Nase würde nichts mehr übrig bleiben.

Meine Mutter erzählte mir später, daß ich an dem Tag, als ich zum erstenmal zur Schule ging, zehn Jahre alt war; es war um 1866 herum.

Keck und munter trat ich, Hand in Hand mit Nora, in das Schulgebäude. Die arme Nora hatte gefürchtet, ich würde sie blamieren, aber es war keineswegs so. Die Lehrerin stand in der Tür und gab mir einen schönen Apfel, und als ich in die Klasse kam, war ich überrascht, daß ich der einzige war, der einen Apfel bekommen hatte. Ich dachte damals, wir würden jeden Tag einen Apfel bekommen, aber so war es keineswegs. Diesen Apfel bekam jeder Schüler am ersten Tag als Handgeld, und weil dies mein erster Schultag war, bekam ich ihn.

Bis ich den Apfel verputzt hatte, waren meine Leistungen in der Schule gering genug; meine Mahlwerkzeuge waren damals gut; leider kann ich das heute nicht mehr von ihnen sagen.

Um mir alles genau anzusehen, brauchte ich nicht lange: Überall lagen kleine Stapel von Büchern und Papier. An der Wand hing eine Tafel, mit weißen Zeichen bedeckt, die offenbar mit Kreide gemacht worden waren; ich war sehr gespannt, was diese Zeichen wohl bedeuten mochten, da rief die Lehrerin die ältesten Mädchen an die Tafel und zeigte mit dem Stock auf diese Zeichen, und ich hörte, wie sie in einer Art von Kauderwelsch mit ihnen redete.

Ich stieß Pats Micky an, der neben mir in der Bank saß; es ist derselbe Pats Micky, der jetzt seit langer Zeit schon unser König ist. Flüsternd fragte ich ihn, was das für ein Quatsch sei, den die Lehrerin da den Mädchen an der Tafel erzählte. »Verdammt, das weiß ich auch nicht«, sagte er, »und ich glaube, diese Sprache wird hier niemals jemand verstehen.« Ich dachte, ich würde noch vor Hunger umkommen in der Schule, aber Gott sei Dank war es nicht so, denn bald schon sagte die Lehrerin »Pause«.

Ich war starr vor Staunen über dieses Wort, denn ich hatte nicht die blasseste Ahnung, was es bedeuten könne. Aber da sah ich die ganze Klasse aufspringen und durch die Tür hinausrennen. Ich bewegte mich nicht von meiner Bank weg, bis Nora mich bei der Hand nahm. Wir liefen alle nach Hause.

Ein paar kalte Kartoffeln warteten da auf uns. Sie standen neben dem Herd, wir aßen Fisch dazu, gesalzene Makrelen, das ist ein sehr milder Fisch. Meine Mutter, die, während wir in der Schule waren, zurückgekommen war, hatte einen Teller voll Napfmuscheln vom Strand mitgebracht. Sie röstete die Muscheln und warf sie uns einzeln hin, wie eine Henne es mit ihren Küken macht. Wir drei sagten nicht viel, wir waren zu sehr mit Kauen beschäftigt. Erst als wir satt waren, fing meine Mutter an, mich über die Schule auszufragen, denn sie fürchtete, ich würde erstikken, wenn ich mit vollem Mund antwortete.

»Nun, mein Junge«, sagte sie, »ist es nicht schön in der Schule? Wie hat dir denn das Fräulein gefallen?«

»Oh, sie hat ihm einen Riesenapfel gegeben«, sagte Nora. Ich war böse auf Nora, weil sie mich nicht selbst antworten ließ.

»Hast du wirklich einen bekommen, Tom?«

»Ja, Mama, aber Nora hat einmal abgebissen und Eileen auch.« »Aber der Apfel war doch so groß«, sagte Nora, »wir haben genug für dich übrig gelassen.«

»Geh jetzt wieder, mein Junge«, sagte meine Mutter zu mir. Wir verbrachten noch einige Stunden in der Schule, und der König hatte wieder seinen Platz auf dem Schemel neben mir. Er war ein kräftiger, gutmütiger Bengel; das blieb er auch später. Wir waren gleich alt. Er wies oft mit dem Finger auf Jungen, die ungezogen waren, kreischten, miteinander rauften oder denen die Nase lief. Ein solcher Anblick ärgerte den König, und er wies mich immer darauf hin. Schon als er noch ein Kind war, haßte er jeden widerwärtigen und gemeinen Anblick, der den anderen ganz gleichgültig war. Als daher verständige Leute zu uns kamen und fanden, daß jemand mit dem Rang eines Königs auf der Insel sein sollte, wählten sie diesen Mann, und das ist nicht zu verwundern. Er war fähig, diesen Titel in Ehren zu tragen.

Der Schultag war mir nicht lang genug, und ich wäre gern noch geblieben, als die Lehrerin sagte: »Lauft jetzt heim!« An der Tür entstand ein Gedränge, so eilig hatten es manche wegzukommen.

Zu Hause standen für uns ein Stück Brot und ein Schluck Milch bereit. Es war auch immer gekochter Fisch da, aber wir hatten nicht immer Lust darauf. Mein Bruder Pats fing damals schon ebensoviel Fisch wie mein Vater; in unserer Hütte herrschte Überfluß, immer brannte ein prächtiges Feuer, und es gab alle Art von Nahrung, die Land und See boten.

Für den Rest des Tages liefen wir an den Strand hinunter. Am nächsten Tag gingen wir Geschwister alle zur Schule, denn die Flut war nicht günstig zum Tangschneiden.

Ich sah, daß meine Mutter ihr neues Kleid anhatte, und fragte mich, was wohl der Grund sein mochte. Sie kam zu mir herübergelaufen, nahm mich bei der Hand, zog mir die Kleider an, gab mir einen Kuß und sagte: »Sei artig, bis ich wieder zurückkomme. Ich bringe dir auch Bonbons aus Dingle mit. Tu, was Kate und Maura dir sagen, und geh zu Bett, wenn sie es sagen.«

Ich begann zu weinen, aber das währte nicht lange. Ich machte mich mit Nora und Eileen auf den Schulweg. Maura und Kate blieben zu Hause, um das Haus zu hüten, weil meine Mutter fortging.

Als wir in die Schule kamen, war die ganze Klasse schon versammelt, aber mein Freund, den ich am liebsten von allen hatte, war noch nicht da. An diesem Tag wurden kleine Bücher ausgegeben, die alten Zeichen an der Tafel wurden ausgewischt und neue hingeschrieben. Große Gegenstände wurden hier und dort an die Wand gehängt, ich starrte sie alle der Reihe nach an.

Ich hatte sie eben alle in Augenschein genommen, als der König hereinkam. Ich war froh, ihn zu sehen. Sein Platz war noch leer, und er bahnte sich einen Weg zu dem Sitz an meiner Seite, und aus der Art, wie er sich durch die anderen zwängte, um neben mir sitzen zu können, sah ich, daß er mich ebenso gern hatte wie ich ihn.

»Ich komme zu spät«, flüsterte er mir zu.

»Die meisten sind gerade erst gekommen«, sagte ich.

Die Lehrerin rief uns an die Tafel. Sie erklärte uns die Buchstaben, die darauf standen, sechsmal hintereinander.

Der Freitag kam, und als wir am Ende des Unterrichts uns bereitmachten, nach Hause zu gehen, sagte sie uns, wir sollten erst am Montag wiederkommen. Die meisten waren entzückt von dieser Ankündigung, aber mir war es nicht ganz recht, ich wäre lieber zur Schule gekommen; ich glaube nicht aus Lernbegier, sondern weil ich so gern mit meinem Freund, dem König, zusammen war.

Meine Mutter sollte erst am Sonntag von Dingle zurücksein, und Maura und Kate fürchteten, sie würden mich nicht ins Bett bekommen, und so begannen sie mir zu schmeicheln und sehr nett zu mir zu sein. Aber bevor es noch Zeit war, zu Bett zu gehen, war ich auf den Knien meines Vaters fest eingeschlafen, und er sagte den Mädchen, sie sollten mich hinlegen. Sie taten es sofort. Am nächsten Tag weckte mich der Hahn, als es schon Mittag war. Da ich ihnen am Abend vorher keinen Schlaf geraubt hatte, bemühten sich jetzt alle um mich und bedienten mich. Aber ihr könnt mir glauben, daß ich nicht so dumm war, wie sie dachten. Ich hatte jetzt alle Zähne und konnte sie auch gebrauchen, und ich war für mein Alter weiter, als man hätte denken sollen. Das kann ich beweisen, denn die Alte von gegenüber hatte aufgehört, mich Mutters Herzblatt und das Kalb einer alten Kuh zu nennen – so hatte sie immer zu meiner Mutter gesagt, obwohl jedermann schwören würde, daß die Kuh, deren Kalb sie war, sicher fünfzig Jahre alt gewesen war, als sie zur Welt kam.

Am Sonntag kam meine Mutter aus der Stadt zurück. Sie hatte einen weißen Sack und einen Sack aus grobem Zeug bei sich, und darin waren alle möglichen Dinge. Aber es war kein Körnchen Tee oder Zucker darin, denn diese Dinge kannte man damals noch nicht bei uns. Ich durfte den weißen Sack nach Hause tragen, und ich fand ihn ziemlich schwer, obgleich er hauptsächlich Kleider für die Mädchen enthielt. Als ich nach Hause kam, wartete dort schon die alte graue Hexe, um die Neuigkeiten aus Dingle zu hören.

Das erste, was meine Mutter aus dem Sack zog, war eine Mütze mit zwei Ecken, und die setzte sie mir auf den Kopf. »Heilige Jungfrau«, rief mein Vater, »du hast einen kompletten Gendarmen aus ihm gemacht.« – Und alle lachten aus vollem Hals.

»Nun, vielleicht wird er sogar noch Beamter», sagte meine Mutter. »Er ist noch jung, und heutzutage kann man ja was lernen; er kann in die Schule gehen, bis er alles gelernt hat, was es dort zu lernen gibt.«

Wie gut erinnere ich mich noch an diese Rede, aber das harte Leben hatte eine andere Melodie für mich bereit.

Sie hatte Äpfel mitgebracht, Bonbons, Kuchen, Brote, Tabak für meinen Vater, ein Paar Stiefel für Pats, weiße Kleider für die Mädchen und noch manches mehr. Die graue Alte bekam von allem zu kosten, immer nahm sie gern eine Kostprobe von allem, was es gerade gab.

Wir gingen jetzt alle täglich zur Schule, außer Pats, der ein erwachsener junger Mann war und mit dem Vater fischen ging. Auch Maura ging nicht mehr lange zur Schule, sie war damals schon eine erwachsene Jungfrau. Wir andern vier machten gute Fortschritte, denn wir halfen uns gegenseitig beim Lernen.

Als wir eines Tages aus der Schule kamen, sahen wir, daß alle Dorfbewohner auf den Klippen über dem Hafen versammelt waren. Wir Kinder und auch die Lehrerin waren neugierig, zu erfahren, was es da wohl gab. Einer der Jungen spähte angestrengt nach Slea Head hinüber.

»Heilige Maria«, rief er, »da draußen sind die Boote mitten im Sturm und in der Gischt.«

Man hatte die Boote schon verloren gegeben, und niemand glaubte, daß wir auch nur einen Mann der Besatzung je wiedersehen würden. Die Inselboote hatten ein fremdes Boot im Schlepptau, und die Brecher schlugen über sie hin. Schließlich erreichten sie doch den Hafen, denn die Flut war mit ihnen, und das bedeutete eine große Hilfe. Sie hatten ein schönes großes Boot im Schlepptau. Der Kapitän war darin mit zwei Männern und einem jungen Mann von ungefähr sechzehn Jahren, der in den letzten Zügen lag. Sie hoben ihn aus dem Boot und brachten ihn an Land, wo er augenblicklich starb. Er liegt auf Castle Point begraben, so heißt die Stelle, wo die Burg des Pierce Ferriter stand, als dieser noch hier herrschte.

Obwohl alle Inselbewohner Hand anlegten, gelang es nicht, das schiffbrüchige Boot auf den Strand zu ziehen. Mein Vater befand sich als Bootsführer darin. Die wilde Brandung riß es wieder hinaus. Der Kapitän des Bootes, ein großer, stattlicher Mann, hieß Alec. Heute noch erinnert man sich auf der Insel an seinen Namen, denn es leben heute noch viele Leute auf der Insel, die in dem Jahr geboren wurden, als das Boot an Land gebracht wurde. Wir bekamen Bergegeld für die Rettung der Schiffbrüchigen, und die Leute, die die Schiffbrüchigen aufnahmen, wurden gut dafür bezahlt. Bis vor kurzem noch benutzten wir eine Art Säge, die mein Vater aus dem Wrack mitgebracht hatte.

Meine Schwester Maura war inzwischen zu einer schönen, starken Jungfrau herangewachsen, und da wir außer ihr noch drei Mädchen hatten, beschlossen die Eltern, ihr ein eigenes Heim in einem der anderen Häuser zu suchen. Der angesehenste Mann auf der Insel war damals Paddy Martin. Er hatte lange Zeit hindurch zehn Milchkühe; aber ich selbst habe nicht mehr erlebt, daß er so viele besaß, denn er hatte zwei Söhne in andere Häuser verheiratet, und ohne Zweifel hatte er ihnen einen Teil seines Landes und auch Kühe mitgegeben. Damals hatte er fünf Kühe, und sein jüngster Sohn lebte noch unverheiratet zu Hause, es war der junge Martin. Maura und Martin wurden einander versprochen, denn was Martin brauchte, war eine Frau, die wußte, was arbeiten heißt, und auch die nötigen Kräfte besaß, und, alles was wahr ist, Maura war eine solche Frau; ich sage das nicht nur, weil sie meine Schwester war. Sie verlangten keine Mitgift von meinem Vater, denn sie wußten, daß er sie nicht geben konnte. Er hatte Mühe genug gehabt, uns lebend über die schwierigsten Zeiten hinwegzubringen. Martin und seine Eltern lebten damals zusammen in einem Hause, und nach der Hochzeit waren sie mit Maura zu vieren. Martin lebte nur noch ein Jahr lang nach seiner Hochzeit, und dann mußte Maura nach Hause zurückkommen, weil einer der Brüder zu seinen alten Eltern zog. Sie weigerten sich, Maura irgend etwas mitzugeben, obwohl Maura einen Sohn von Martin hatte. Maura ließ den Jungen bei uns und ging nach Amerika. Nach drei Jahren kam sie wieder nach Hause. Sie verklagte ihre Schwiegereltern und bekam das Erbe des Vaters für ihren Sohn.

Kurze Zeit darauf, in der Fastenzeit, wurde die Lehrerin nach Hause gerufen, denn sie sollte heiraten. Das bedeutete, daß die Schule geschlossen wurde, bis ein neuer Lehrer kam. Der neue

Lehrer war dünn wie eine Latte; er hieß Robert Smith. Er behandelte den Schülerschwarm, den er vorfand, nicht gerade nett. Mein Busenfreund, der König, mochte ihn gar nicht. Der Lehrer hatte etwas Unfreundliches an sich. Der König sagte immer im Scherz zu mir, dieser Mann käme sicher aus Rußland. Er hatte einen großen Mund, hohle Augen und eine ölige, gelbliche Haut. Er hatte vorstehende Zähne, und unter seiner Nase hing ein Haarbüschel wie ein Ziegenbärtchen. Aber dieses Haarbüschel war nicht das Schlechteste an ihm, denn es war blond und verbarg seinen häßlichen Mund. Die Lehrerin heiratete in ein Dorf in der Pfarre von Ballyferriter. Ihr Mann war ein Grobschmied, ich glaube, daß der Pfarrer ein gutes Wort für ihn eingelegt hatte. Sie übernahm die Schule in ihrem Dorf und blieb dort bis zu ihrer Pensionierung. Die beiden liegen jetzt auf dem Friedhof, nach einem achtzigjährigen Leben. So verloren wir also die erste Lehrerin, die je auf die Blasketinsel gekommen war. Bald schon pfiffen die Jungen Robert aus, und die Mädchen lachten über ihn, und ich kann euch sagen, damals gab es in der Schule richtige große Weibsstücke. Robert sah bald ein, daß er nie mit ihnen zurecht kommen würde. Er blieb nur drei Monate bei uns, dann machte er sich davon.

Eines Morgens saß ich beim Frühstück, und während ich futterte, ließ ich meine Augen hierhin und dorthin gehen. Meine Mutter kam zur Tür herein. Sie hielt ein spitzes Stück Eisen in der Hand - ein Stück von einem Bootshaken. Sie setzte sich nicht hin, sondern fing an, nach etwas anderem zu suchen. Schließlich fand sie einen Sack. Ich beobachtete sie, wie die Katze eine Maus beobachtet, denn ich wußte, daß sie jetzt zum Strand hinuntergehen würde.

»Hört mal«, sagte sie, »würde einer von euch gern zum Strand hinuntergehen. Der Tag ist so schön.«

Es ist hier immer Sitte gewesen, zum Strand zu gehen und Muscheln zu sammeln, die am Karfreitag gegessen werden.

»Aber ja, Mama«, sagte ich, »ich gehe mit.« Und ich sprang vom Tisch auf, obwohl ich meine Mahlzeit noch nicht beendet hatte.

»Natürlich, mein Herz, aber iß erst fertig. Ich warte auf dich«, sagte sie.

»Ich gehe auch mit«, sagte Nora.

»Und ich auch«, sage Eileen.

»Ich habe nichts dagegen«, sagte die Mutter, »da das Leben es so gut mit euch meint und die Schule schließt.«

Mein Vater und Pats gruben auf dem Feld, Kate hütete das Haus – sie hütete auch das kleine Kind, denn Maura war drüben in den Staaten. Meine Mutter sagte Kate, sie solle, bis sie zurückkäme, sich um nichts in der Welt kümmern als um das Kind.

Wir traten vor die Tür und wandten uns dem Strand zu. Ich war außer mir vor Freude, so erpicht war ich darauf, in meiner grauen Hose in der See herumzuwaten. Als wir zum Strand kamen, war jeder einzelne Felsen von einer Frau oder einem Kind besetzt, die Tellermuscheln und Uferschnecken und alle möglichen anderen Schalentiere suchten. Es war Ebbe vor einer Springflut, und westlich vor dem Strande lag eine Insel, die Fraueninsel genannt, die man nur bei sehr niedrigem Wasserstand erreichen konnte: Dort gab es große Mengen von Tellermuscheln und Uferschnecken, weil sie dort nie gesammelt wurden. Die Insel war durch eine tiefe Wasserrinne von der Küste getrennt, aber an diesem Tage war nicht viel Wasser in der Rinne. Bald sah ich, wie meine Mutter ihre Röcke raffte und sie von hinten nach vorne zwischen ihren Beinen hindurchzog. Ich hatte gar nichts dagegen, daß die Welt ein wenig von den Beinen und Waden meiner Mutter sah, denn es war nichts Verkümmertes und auch nichts Knotiges an ihr, sie war eine schöne, wohlgewachsene Frau, hellhäutig und wohlgestaltet vom Kopf bis zu den Füßen. Mein großer Kummer ist, daß ich ihr in meiner Erscheinung nicht nachschlage. Aber ich glaube, was mich so zu kurz kommen ließ, war die Tatsache, daß ich »das Kalb einer alten Kuh« war, denn alle meine Geschwister waren recht ansehnlich. Ich beobachtete meine Mutter gespannt, um zu sehen, was sie wohl vorhatte. Da rief sie den Frauen, die ihr am nächsten standen, zu, sie sollten mit ihr zu der Insel hinüberwaten. Vier von ihnen waren sofort bereit: die alte Vettel von gegenüber, meine Tante, die weiße Johanna und »Ventry«. Das Wasser ging ihnen bis über die Knie, da riß eine Welle meiner Tante und der Ventry die Beine unter dem Leib weg und sie stürzten. Ventry griff nach meiner Tante, aber die andern halfen ihnen wieder auf die Beine. Man hätte schwören können, daß die alte Hexe und meine Tante Geschwister seien, sie hatten die gleiche Hautfarbe, waren von der gleichen Größe und hatten die gleichen Bewegungen.

Bald begann ich leise zu schluchzen, denn meine Mutter war schon eine Zeitlang außer Sichtweite. Nora stachelte mich noch an, aber Eileen versuchte mich zu trösten. Nora war immer hinter mir her, wir konnten uns nicht vertragen. Aber als ich älter wurde, begann ich, den Grund zu verstehen, die alte Hexe gab mir auch einen Wink, denn wir zankten uns öfter, als wir beteten. Bevor ich geboren wurde, war Nora fünf Jahre lang im Hause der Liebling gewesen. Ich kam unerwartet, und ich war kaum da, da war Nora entthront. Das ist der Grund, daß sie mich weniger mochte als die andern. Plötzlich hörten wir hier und dort Rufe, die Frauen auf der Insel seien durch die Flut, die in der Wasserrinne gestiegen war, abgeschnitten. Nicht eine einzige von ihnen war zu sehen. Nun liefen alle zur Wasserrinne, die Flut strömte hinein und stand schon mannshoch darin. In diesem Augenblick kamen die Frauen in Sicht. Jede von ihnen trug einen vollen Sack. Sie mußten bleiben, wo sie waren. Alle Anwesenden sagten, sie würden bis zum nächsten Morgen dort warten müssen. Ich war ganz außer mir, als ich das hörte.

Ein paar Mädchen liefen davon, um den Männern auf dem Feld die Nachricht zu bringen, daß die Frauen auf der Insel von der Flut abgeschnitten waren. Die meisten Männer machten sich gleich zum Strand auf, aber mein Vater lief nach Hause, um eine Leiter zu holen. Bald sah ich ihn mit der zwanzig Fuß langen Leiter auf der Schulter auf mich zukommen. Die Männer legten die Leiter quer über die Rinne, aber sie war zu schwer, als daß man sie auf dem gegenüberliegenden Ufer richtig hätte auflegen können. Mein armer Vater mußte ins Wasser hinein und hinüberschwimmen, um das Ende der Leiter zu ergreifen und in einer Klippenspalte festzuklemmen. Meine Mutter sollte als erste über die Leiter gehen, die Ventry folgte ihr, und die beiden kamen glatt hinüber. Dann wagten sich die drei anderen auf die Leiter. Zwei gingen auf dem einen Holmen, die dritte auf dem anderen. So verlor die Leiter das Gleichgewicht und kippte um, und die drei fielen in die See.

Ich war voller Freude, nun da ich meine Mutter wieder hatte, und sang »Donal na Greine«. Aber ich wechselte schon bald die Melodie, denn mein Vater mußte noch einmal ins Wasser springen. Er zog erst seine Schwester ans Ufer und faßte dann die weiße Joan; die alte Hexe von gegenüber ging schon unter, als er sie noch beim Haar zu fassen bekam. Ich konnte kaum noch atmen, als mein Vater endlich an Land kam. Die Alte hätte ihn beinahe unter Wasser gezogen, als er versuchte, sie zu retten, denn ihre Schürze war voll von Tellermuscheln.

Unsere Häuser

Ihr Grundriß
Ihre Ausstattung
Unser Vieh und unser Geflügel
Unsere Speise und unser Trank

Am besten gebe ich hier einen kurzen Bericht darüber, wie wir auf unserer Insel lebten, als ich jung war, besonders da jene Welt vergangen ist und niemand außer ein paar alten Leuten sich noch an sie erinnert.

Was die Häuser betrifft, in denen wir zu meiner Jugendzeit lebten, so waren sie untereinander verschieden, ebenso wie in anderen Orten. Einige stachen durch ihre Schmuckheit unter den übrigen hervor, andere wieder waren elende Hütten. Ein Teil der Häuser war nur zehn mal acht Fuß groß. Andere waren größer; die größten waren fünfzehn oder zwanzig Fuß lang. Das Haus wurde durch einen Geschirrschrank, der quer zu der Längswand stand, in zwei Räume geteilt. Der Schrank reichte bis zur Mitte des Fußbodens und traf dort mit einer hölzernen Trennwand zusammen. In dem hinteren Teil des Hauses standen zwei Betten. Unter diesen Betten wurden die Kartoffeln aufbewahrt. Zwischen den beiden Betten, an der Giebelwand, stand eine große Truhe. Auf der anderen Seite der Trennwand, das war die Küchenseite, verbrachte die Familie den ganzen Tag oder einen Teil des Tages, manchmal mochten es zehn Menschen sein. Gegen die Trennwand war ein Hühnerstall gebaut, und daneben saß eine brütende Henne in einem alten Kochtopf. Des Nachts standen ein paar Kühe in diesem Raum, ein paar Kälber, der Esel, der Hund war an der Wand angekettet oder lief frei im Haus umher. War die Familie, die in dem Hause lebte, sehr zahlreich, so befand sich in diesem Raum noch ein Schrankbett oder ein Lager auf dem Boden. Die Großeltern verbrachten die Nacht in dem Schrankbett neben der Feuerstelle. Die alte, kurze Tonpfeife brannte unentwegt, und wenn sie beide noch lebten, so waren es zwei Pfeifen. Sie hatten ein Bündel Strohhalme zum Anzünden der Pfeife. Bis zum Morgen schwelte ein gutes Torffeuer. Jedesmal, wenn die Alten aufwachten, holten sie Feuer aus dem Kamin und zogen an der Pfeife. Wenn die Großmutter noch lebte, so streckte der Großvater den Arm hinüber und gab ihr mit dem Strohhalm Feuer. Dann zog der Rauch aus den beiden alten Pfeifen den Kamin hinauf, man hätte denken können, das Bett des alten Paares sei ein Dampfschiff, wenn sie so mit aller Macht qualmten.

Vor dem Bett lagen ausgestreckt zwei oder drei Hunde. Am unteren Ende des Raumes, mit dem Kopf zur Wand, standen die Kuh oder die Kühe, ein oder zwei Kälber durften frei in der Küche herumlaufen, oder sie lagen vor dem Kamin, die Schnauze dem Feuer zugekehrt. Den Kühen gegenüber war der Esel festgebunden, und eine Katze, vielleicht mit ein paar Jungen, saß am Kaminwinkel. Der Rest des Hausrates wurde für die Nacht unter dem Pfostenbett verstaut. Dieses Bett war mehr als zwei Fuß vom Boden entfernt, es war aus Holz oder aus Eisen. Ein Teil der Häuser hatte keine Trennwand, in diesen stand in einer Ecke ein Pfostenbett, in der anderen Ecke war ein Lager auf dem Boden. Der Geschirrschrank stand an der Längs- oder an der Giebelwand. In jedem Haus standen zwei oder drei Fässer mit Fisch. Und neben all den anderen Tieren liefen noch ein oder mehrere Lieblingslämmchen im Hause herum.

Diese Häuser waren aus Stein, mit Lehm verschmiert, die meisten waren sehr grob gebaut, man baute sehr schnell, und jeder im Dorf legte auch mit Hand an. Die Dächer waren mit Schilf oder Binsen gedeckt, die man über eine Lage dicker Rasenstücke legte. Diese Dächer wären haltbar genug gewesen, wenn die Hühner sie in Ruhe gelassen hätten, aber da war nichts zu machen. Sobald die Binsen anfingen zu verrotten und man Würmer darin finden konnte, hätte selbst ein Mann mit einem Gewehr die Hühner nicht weghalten können. Sie kratzten auf den Dächern herum und bauten Nester dort. Dann fing es im Hause an zu tröpfeln, und das Wasser, das herunterkam, war sehr schmutzig, denn es war mit Ruß gemischt. Die Hennen machten ihre Nester so tief in die Binsen hinein, daß die Frauen sie manchmal nicht finden konnten, denn die brütenden Hennen folgten manchmal nicht einmal, wenn man zum Fressen lockte. Die kleinen Mädchen brachten manchmal einen Hut oder eine Mütze voll Eier von den Dächern herunter. Auch die Kinder, die nach den Eiern suchten, brachten das Dachstroh in Unordnung. Es war so gut wie ein Tag auf dem Jahrmarkt, wenn man zwei Frauen zuhörte, deren Häuser aneinander stießen und die sich um die Eier stritten.

Die besseren Häuser waren zehn bis zwölf Fuß breit und zwanzig bis fünfundzwanzig Fuß lang. Sie hatten eine Anrichte und einen Schrank, die im rechten Winkel zueinander standen und den hinteren Teil des Hauses noch einmal in zwei Räume trennten. In diesen Häusern standen zwei große Pfostenbetten. Sie waren ebenso gedeckt wie die kleinen Häuser, aber die Hühner hatten es mit den kleinen Häusern leichter, weil sie niedriger waren. Aber ich erinnere mich noch an einen komischen Vorfall in einem der größeren Häuser, der auch mit den Hennen zusammenhing. Etwas Ähnliches ist niemals in einem der kleinen Häuser geschehen. Die Familie in diesem Hause war vollzählig um den Abendbrottisch versammelt. Sie hatten ein reichliches Mahl von Kartoffeln, Fisch und Milch vor sich stehen. Alle Zähne waren damit beschäftigt, diese Dinge zu vertilgen. Der Hausherr saß am Kopf des Tisches, einen hölzernen Becher voll Milch vor sich. Er hatte gerade die Hand auf den Teller gesenkt, um sich ein Stück Fisch zu angeln, als er etwas in den Becher fallen sah. Er schaute hinein, ein Knäuel versank gerade in der Milch. Sie mußten die Feuerzange holen, um das Ding herauszuholen, niemand hatte die geringste Ahnung, was es sein mochte.

»Es ist ein Kükchen«, sagte die Hausfrau, »wo zum Teufel ist es wohl hergekommen?«

Der Hausherr sagte: »Das verdammte Ding, was es auch immer sein mag, hat dich schnell genug um den Verstand gebracht. Wo in aller Welt soll ein solches Ding in deinem Haus wohl herkommen?«

Die Tischrunde wurde immer verrückter, und der Himmel weiß, wie der Abend noch geendet hätte, wenn nicht ein anderes Küken lebhaft strampelnd auf die Kartoffeln gefallen wäre.

»Um Himmels willen«, rief die Hausfrau, »wo kommen sie nur her?«

»Jedenfalls nicht aus der Hölle«, sagte der Hausherr, »das kannst du doch wohl sehen. Es ist schon ein Trost, daß sie von oben kommen.«

Ein Junge am unteren Ende des Tisches sah zu den Dachbalken empor und sah, wie der Wind und die Sonne hinein drangen.

»Der Teufel soll's holen«, sagte er zu seinem Vater, »das Haus hat ein Loch, komm her, dann wirst du es sehen.«

Als der Hausherr das Loch sah, sagte er: »Ich wünschte, der Satan fegte alle Hennen und Küken und Eier in die See.«

»Der Herr möge dir sein Ohr verschließen«, sagte seine Frau. Als sie das Loch untersuchten, um es zu schließen, fanden sie die Henne und noch zehn Küken.

Meine Wiege stand in einem Haus von mittlerer Größe. Es war ein kleines Haus, zu eng für uns alle, aber es war gut instand gehalten, denn mein Vater war ein sehr geschickter Mann, und meine Mutter kannte keinen Müßiggang. Sie hatte ein Spinnrad für Wolle und ein anderes für Flachs und Kämme zum Krempeln, und sie hatte gewöhnlich die Aufgabe, Garn für den Schneider auf der Kunkel ihres eigenen Rades zu spinnen. Oft genug spann sie es auch für die anderen Frauen, die zu ungeschickt oder zu faul waren, es selbst zu tun, auch wenn sie wußten, wie es gemacht wurde.

Ungefähr zehn Jahre nach meiner Heirat baute ich ein neues Haus. Niemand reichte mir auch nur einen Stein oder eine Schaufel Mörtel an während der ganzen Zeit, in der ich daran baute. Ich deckte es auch selber. Es ist kein großes Haus, aber wenn König Georg einen Monat Ferien darin machen wollte, so würde er sicher nicht sterben, weil das Haus nicht hübsch genug ist. Es ist mit Filz gedeckt, wie jedes andere Haus und jeder Schuppen auf der Insel es später war, bis zu der Zeit, wo die Regierung sechs schiefergedeckte Häuser errichtete. Als das neue Haus fertig war, flatterte eine Henne auf das Dach. Gerade ging mein Onkel Diarmid vorüber. Er blieb stehen, um den verzweifelten Anstrengungen zuzusehen, die die Henne machte, um sich auf dem Dach zu halten, aber auf dem glatten Filz rutschte sie ab.

»Der Teufel soll dich holen, du Vieh,« sagte mein Onkel, »jetzt ist also endlich der Tag gekommen, wo du vom Dach über die Klippe rutschst.«

In meinen jungen Jahren waren Patrick Keane und, noch etwas früher als er, Patrick Guiheen die beiden angesehendsten Männer auf der Insel. Ich weiß noch, daß Patrick Keane – der vier oder fünf Milchkühe hatte. Den anderen, Guiheen, habe ich nicht mehr gekannt; zu meiner Zeit lebten nur noch seine Enkel. Ich habe oft erzählen hören, daß er acht oder zehn Milchkühe, ein Pferd und einen hölzernen Pflug besaß. Das Pferd war eine rote Stute. Sie half, den Kies für den alten Turm heranzuschaffen, der auf der Insel steht und der damals gebaut wurde. Guiheen führte dieses Pferd schon, als er sechzehn Jahre alt war. Der Dichter John Dunlevy war damals noch ein Wickelkind. Der Dichter war also sechzehn Jahre jünger als der Großvater des Königs. Ein Mann in seiner Stellung besaß ungefähr ein halbes Dutzend ansehnlicher Häuser.

Die Tische, die man in den kleinen Häusern benutzte, waren fast wie Knettröge – es war ein Brett mit einem erhöhten Rand, der die Kartoffeln oder andere Dinge, die man darauflegte, am Herunterfallen hinderte. Dieses Brett lag auf einem dreifüßigen Bock, den man zusammenklappen konnte. Wenn der Tisch nicht benutzt wurde, hing man das trogförmige Brett und den Bock an die Wand.

Eines Tages kam mein Onkel Liam mit einem Bärenhunger vom Strand herauf. Der dreifüßige Bock stand bereit, der Trog stand darauf, voller Kartoffeln und Muscheln, oder was es gerade zu den Kartoffeln gab. Eine dicke Kartoffel fiel vom Tisch herunter. Sofort schoß der Hund darauf los, er riß das Fußgestell mit, und der Trog und alles, was darauf war, rollte nach allen Seiten hin durch das Haus. Liams Frau stürzte herbei, um die Kartoffeln aufzulesen. »Heilige Maria, Frauchen«, rief Liam, »das ist ja, als ob du Kirmes hättest.« In jedem Haus gab es Schüsseln und Teller, Holzbecher, einen oder zwei Sessel und ein paar Schemel. Die Sessel hatten geflochtene Sitze aus Stroh- oder Heuseilen. In jedem Haus war über dem Feuer ein eiserner Galgen, an den man die Töpfe hängte, diese Galgen sind heute noch dort, und neben dem Feuer hing eine Feuerzange.

Heute gibt es in jedem Hause Tassen und Untertassen, die Anrichte ist voller Geschirr, es sieht prächtig aus. Heute wohnen in den Häusern nur die Menschen, die Tiere haben ihre Ställe draußen. Die früheste Art von Beleuchtung, die ich kannte, waren eiserneÖlleuchter mit Fischöl, in denen Dochte oder Binsen brannten, die man erneuerte, wenn sie abgebrannt waren. Das Öl war das Fett von Makrelen oder Pollok. Das Makrelenöl nannten wir »Tunke«, das Pollocköl nannten wir »Leber«. Dieses Fett wurde geschmolzen. Man benutzte auch Robbenöl zur Beleuchtung, aber die Leute taten nicht viel davon in die Eisenleuchter, sie aßen es lieber, tunkten ihr Brot aus Mais hinein, und sie hatten dieses Fett zur Ernährung wirklich nötig. Ich glaube, als ich fünfzehn oder sechzehn Jahre war, war diese Art von Beleuchtung noch üblich. Die Eisenleuchter waren kleine Gefäße in der Form eines Bootes. Sie liefen an einem oder auch an beiden Enden spitz zu. Sie hatten drei oder vier Füße und an der Seite einen Henkel – das Ganze war drei oder vier Zoll lang. Das Fisch- oder Robbenöl wurde hineingegossen, der Docht wurde in das Öl getaucht und über das spitze Ende des Gefäßes gelegt und so, wie er abbrannte, nachgezogen. Das Mark der Binsen bildete den Docht, man benutzte auch einen locker gedrehten Leinen- oder Baumwollfaden dafür. Als Leuchter diente manchmal statt des Eisengefäßes eine große Muschel. Ich weiß nicht mehr, wann zuerst Parafinöl bei uns auftauchte. Ich habe sagen hören, daß man in noch früherer Zeit ein Stück Torf oder morsches Holz aus dem Moor zum Beleuchten gebrauchte.

Als Kind und noch lange Zeit später lebte ich von zwei Mahlzeiten täglich. Ich hatte immer schon eine Menge Arbeit am Strand, auf dem Berg oder dem Feld hinter mir, und die Kühe kamen schon zum Melken herein, ehe ich daran dachte, zu frühstücken, und die Sonne stand tief im Westen, wenn ich meine Abendmahlzeit nahm. Wir sprachen nie von Frühstück oder Abendessen, sondern nur von der Morgen- und der Abendmahlzeit.

In jenen Tagen lebten wir von Kartoffeln, Fisch und ein wenig Milch, wenn eben welche da war. Wenn die Kartoffelernte ausblieb, gab es nur Mais, der bloß enthülst wurde. Die Menschen von heute würden es nicht über sich bringen, so sehr sie es auch versuchten, das Brot zu essen, das aus diesem Mais gebacken wurde; sie haben einfach nicht mehr die Zähne dazu. Mir tut es leid, daß ich heute nicht mehr die gleiche Nahrung mit den gleichen guten Zähnen und bei gleich guter Gesundheit verspeisen kann.

In jener Zeit, als ich noch jung war, kamen jedes Jahr nur zu Weihnachten zwölf Kilo Mehl auf die Insel. Ich war schon erwachsen, als der Tee bei uns bekannt wurde, und wenn wir Weihnachten einmal zu einem Pfund Tee kamen, so mußte er bis zum nächsten Weihnachtsfest reichen. Aber die Nahrung hat sich schon seit langer Zeit völlig geändert. Wir haben jetzt Weizenmehl, Tee und Zucker. Manche Leute nehmen sich die Zeit, viermal am Tag zu essen. Wir damals aßen zu einer einzigen Mahlzeit ebensoviel, wie diese zu allen vier. Wenn es einmal nötig war, so reichte uns eine Mahlzeit für zwei Tage. Heutzutage kann ein Mann keinen Steinwurf weit gehen, ohne auf den Rücken zu fallen, denn man ißt überhaupt keine richtige Mahlzeit mehr, sondern nur ein paar elende Bissen.

In die Schule und aus der Schule

Die Familie von gegenüber
Eine neue Lehrerin kommt
Die Krebse
Der vieräugige Inspektor

Zwischen unserem Hause und dem Haus gegenüber war nur ein Meter Abstand, und jedes der beiden Häuser hatte nur eine Tür. Die andere Familie benutzte die untere Hälfte des Hofes, wir die obere, und die beiden Türen lagen sich genau gegenüber. Wenn die alte Hexe gewollt hätte, hätte sie meine Mutter von ihrer Schwelle aus mit heißem Wasser verbrühen können, und meine Mutter hätte das gleiche tun können. Meine Mutter sagte mir oft, ich solle mich von der grauen Alten fernhalten, denn diese hatte eine launenhafte Natur, und meine Mutter selbst mußte den Frieden von ihr teuer erkaufen. Trotzdem hatte die Alte stets ein gutes Herz.

Meine Mutter pflegte alle Arbeit für sie zu tun, denn sie war sehr unordentlich; mit ihrem Mann war es genau so, mein Vater brachte alles in Ordnung, den Spaten, das Eselsgeschirr, sogar das Stroh auf seinem Dach. Ich habe nie einen Mann gesehen, der bei seiner Arbeit so ungeschickt war, aber er war ein durch und durch anständiger Kerl. Man nannte ihn den kahlen Tom oder Tom mit den Stutzohren, denn seine Ohren waren nicht einmal so breit wie ein Knopf. Aber in seinem Kopf saß der Verstand von sieben Sehern, und wenn er die richtige Ausbildung gehabt hätte, so hätte er der klügste Mann von ganz Irland sein können. Meine Mutter schickte mich oft zu ihm, um zu fragen, auf welchen Tag ein bestimmtes Kirchenfest fiele, und wenn sie irgend etwas zu essen hatten, so stellten sich die beiden vor die Tür, um mich zu zwingen, ein wenig davon anzunehmen. Ich habe nie eine gastfreundlichere Hütte gekannt, und da alle, die zu meiner Zeit darin lebten, in die Schar der Toten aufgenommen sind, ich aber noch immer lebe, so bitte ich Gott, daß er ihnen eine bessere Wohnung gewähren möge als jene arme, elende Hütte.

Sie hatten einen Sohn und eine Tochter. Ich weiß nicht, ob sie noch andere Kinder gehabt hatten. Die Tochter hatte das wilde Haar ihrer Mutter, und der Sohn war ein verkümmerter, mißmutiger Lümmel, der ebenso unordentlich war wie sein Vater. Die See war nichts für ihn. Kaum hatte er seinen Fuß in ein Boot gesetzt, so begann er schon, heftig zu erbrechen. Deshalb brachte er nie einen Fang heim und arbeitete die meiste Zeit als Tagelöhner.

Es gab niemanden, ob jung oder alt auf der Insel oder in den Pfarreien des Festlandes, dessen genaues Alter der kahle Tom nicht gekannt hätte; er kannte den Geburtstag, ja die Geburtsstunde eines jeden. Die Leute sagten, daß es seit Menschengedenken niemanden wie ihn in der Gegend gegeben habe, aber das ABC kannte er in keiner Sprache. Oft erzählte er mir, daß die Weihnachtsbrote schon gebacken gewesen seien, als ich am Tage des heiligen Thomas geboren wurde, drei Tage vor Weihnachten, das war der Tag, an dem meine Mutter mich auf dem Weißen Strand fand. »Wie viele Jahre ist das jetzt her«, fragte dann die alte Frau. Ohne zu zögern antwortete er dann: »Kommende Weihnachten vor vierzehn Jahren.«

Von dieser Zeit an schmeichelte die Alte mir immer, denn die Meinen hatten mich zum Boten zwischen den beiden Häusern gemacht. Ich nahm immer mehr aus unserem Hause mit, als ich zurückbrachte. Aber ich will damit nicht prahlen. Vielleicht wäre es anders gewesen, wenn im Nachbarhause Überfluß geherrscht hätte.

Ich erinnere mich an einen Sonntag, an dem jeder Junge und jedes Mädel, mit einem Hurlingschläger bewaffnet, zum Weißen Strand eilte, und das nach einer Mahlzeit von Kartoffeln, nicht von Brot. Auch ich war bald bereit. Meine Kleider waren ordentlich zugeknöpft, ich hatte eine neue saubere Hose aus ungebleichter Schafswolle, meine Polizistenmütze mit den zwei Ecken, und mein Gesicht war in eine Schüssel Wasser getaucht und geschrubbt worden. Damals wusch meine Mutter mich nicht mehr, ich war ein erwachsener Mann; so ein Kerl!

Ich machte mich zum Strand auf mit meinem Hurlingsschläger, das war ein Stechginsterast, der am Ende eine Krümmung hatte. Nora und Eileen gingen mit mir, und wir liefen geradewegs mitten in das Gewimmel hinein, und nicht ein einziger am Strand trug Schuhe oder Strümpfe. Man kann sich kaum etwas Härteres denken als dieses Hurlingspiel auf dem Strand an den Sonntagen.

Da erspähte jemand ein Boot, das mit vollen Segeln von Dunquin her kam, und als es den Hafen erreichte, verließen wir alle den Strand und liefen ihm entgegen. Im Heck saß eine Frau, eine neue Lehrerin, es war die Schwester der ersten Lehrerin, Kate Donoghue, ein hübsches, anmutiges Mädchen. Am Montag wurde also wieder Schule gehalten, und ich kann euch versichern, daß wir alle zur Stelle waren. Und wie ganz selbstverständlich setzte sich der König wieder neben mich. Da ich zehn Jahre alt war, als ich zum erstenmal zur Schule ging (1866), so muß ich damals vierzehn gewesen sein, denn es war im Jahre 1870. Die Lehrerin hatte neue kleine Bücher mitgebracht, die sie verteilte. Sie benutzte auch fleißig die Tafel, und sie war erstaunt, denn sie mochte an die Tafel schreiben, was sie wollte, irgendeiner von uns konnte es immer erklären. Sie mußte also schwerere Aufgaben stellen. Die Inselkinder hatten große Freude an dieser neuen Beschäftigung, und deshalb lernten sie leicht und schnell. Einige von uns hatten den Geist von Königen in sich, alle aber den Geist der See, des weiten Ozeans. Jeden Morgen hatten wir das Rauschen des Windes, der vom Strand her wehte, in den Ohren, er fegte unser Gehirn, blies den Staub aus unsern Schädeln. Mein Nachbar in der Schule hatte das Zeug zu einem König in sich, und die Hämmer einer Eisenschmelze hätten ihn nicht von meiner Seite gebracht - obgleich ich nicht weiß, warum er so großes Interesse an mir nahm -, aber er hinderte mich daran, so aufzupassen, wie ich gewollt hätte, denn seine Augen gingen immer ruhelos hin und her. Das war sein Hauptfehler, denn immer, wenn ich gerade fleißig war, lenkte er meine Aufmerksamkeit ab. Wir lernten fleißig in der Schule, aber dennoch waren wir froh, wenn der Samstag kam und wir frei auf der Insel herumstreifen konnten.

Ich erinnere mich noch gut an einen dieser Samstage nach dem St.-Patricks-Tag. Es war ein schönes Jahr gewesen, das Wetter war ruhig, und es herrschte Überfluß an Fisch im Dorf. Mein Vater, der auf dem Feld gearbeitet hatte, kam zur Tür herein, aber das Essen für ihn war noch nicht fertig. »Was hat dich denn nach Hause getrieben?« sagte meine Mutter zu ihm. »Der Tag ist schön und ruhig«, sagte er, »wenn es mir gelingt, einen Krebs zu bekommen, kann ich vielleicht Glück haben und ein ganzes Bündel Grundeln fangen.« Damit ging er wieder nach draußen.

Ich lief, so schnell ich konnte, hinter ihm her. »Wo willst du denn hin?« fragte er, als er mich hinter sich herkommen sah. »Laß mich mitgehen und nach Krebsen für dich suchen«, sagte ich. Er ging nach Osten, an der Landestelle vorbei zu einer kleinen Insel, die dort lag. Zu dieser Insel mußte er hinüberschwimmen. Dort tauchte er und brachte aus einem Loch gleich zwei Krebse nach oben.

Er brachte sie zu mir herüber und gab sie mir zum Aufbewahren – es war ein männlicher und ein weiblicher Krebs. Solche Krebse, die sich zu zweien in einem Loch finden, nennen wir »collach« und »fuaiscean«. Collach ist der Name für den männlichen Krebs, und ich hatte diesen nicht lange in der Hand gehalten, als er seine Schere öffnete, und als er sie wieder schloß, waren mein Daumen und mein Zeigefinger eingeklemmt, und ich vermochte nicht, ihn abzuschütteln. Ich schrie entsetzt, und mein Vater hörte mich sofort; er kam angelaufen, denn er wußte wohl, warum ich so geschrien hatte. Der Krebs hatte mich so fest gepackt, daß mein Vater die Schere abbrechen mußte, und selbst dann konnte er die Schere nicht öffnen, ohne sie mit einem Stein zu zerschmettern.

Nun, mit diesen beiden Fingern konnte ich nichts mehr anfangen, und dazu war es noch an meiner rechten Hand. Mein Blut war auf die Erde gespritzt, und meine Finger waren schwarz wie Kohle, aber mein Vater war nicht besorgt, weil ich nicht ohnmächtig geworden war; doch viel hatte nicht daran gefehlt. Er wickelte sein Hutfutter um meine Finger. Er glaubte, meine Mutter werde böse sein, weil er mich mitgenommen hatte, aber sie war nicht böse. Meine Schwestern bedauerten mich sehr. Meine Mutter tauchte meine Hand in heißes Wasser und wusch sie sorgfältig. Das tat mir sehr wohl. Dann holte sie ein Pflaster und verband die verletzten Finger, und die Schmerzen ließen nach.

Sofort begann ich wieder, »Donal na Greine« zu singen. Die Alte kam herein, um sich nach mir zu erkundigen. Wenn sie auch ein altes Klatschmaul war, so wollte sie doch nicht, daß ich meine Finger verlor. Ich gebe mir große Mühe, ihr gerecht zu werden; doch ich kann nicht über mein Leben berichten, ohne daß sie immer wieder auftaucht. Denn nicht an einem Morgen des Jahres konnte ich einen Blick auf den Himmel werfen, ohne gleichzeitig sie zu sehen.

Mein Vater hatte vier Krebse gefangen. Er warf sie in einen Sack und ging wieder davon. Er ging eine weite Strecke am Fuße des Berges entlang, um die Stellen aufzusuchen, die für sein Unternehmen am günstigsten waren. Er blieb weg, solange es Flut war, und noch darüber hinaus, und er kam nicht mit leeren Händen zurück. Sein Sack war voll schöner gefleckter Grundeln, und als meine Mutter den Sack ausleerte, war es ein ganzer Haufen Fische. Sie hob einen besonders großen auf, wandte sich mir zu und sagte: »Hier, mein Junge, bring den hier schnell der Alten hinüber.«

Ich hätte es meiner Mutter nicht abgeschlagen, selbst wenn ich nicht hätte gehen wollen – aber ich ging gern. Schnell sprang ich hinüber und brachte der Alten die Grundel. Sie wunderte sich, denn sie wußte noch gar nicht, daß mein Vater fischen gewesen war. Sie hatte mich jetzt sehr gern, obwohl wir nicht immer gute Freunde gewesen waren. Sie schmeichelte mir, daß man hätte glauben können, ich sei ein kleiner Gott. Auch ihr Mann, der kahle Tom, war zu Hause, und auch ihr Sohn und ihre Tochter. Sie hatten eben ihre Morgenmahlzeit beendet.

»Hast du nichts, was du ihm anbieten kannst?« sagte der kahle Tom.

»Ich habe nichts, was er nicht schon hätte«, sagte sie. »Aber wenn er zwei Jahre älter ist, will ich ihm dies Mädel hier zur Frau geben.«

Obwohl sie mir nichts hätte anbieten können, das für sie selbst kostbarer war als die Frucht ihres eigenen Schoßes, so fühlte ich doch gleich, daß dieses Versprechen mir mehr Kummer als Glück bringen würde. Die gefleckte Grundel und die Rede der Alten füllten mein Herz mit Verzweiflung. Das werdet ihr verstehen, wenn ihr bedenkt, was für ein Geschenk ich in zwei Jahren bekommen sollte.

Die neue Lehrerin blieb drei Jahre bei uns, ehe sie dem gleichen Übel zum Opfer fiel wie ihre Schwester – einem Heiratsantrag. Ihre Familie stammte aus der Gegend von Dingle, und ein

Bursche aus dieser Stadt heiratete sie, ein angenehmer, ansehnlicher Mann.

Eines Tages, während wir in der Schule waren, kam ein Boot von Dunquin. Wir unterhielten damals einen ständigen Posten, der nach Booten ausschaute, denn es waren sehr unliebsame Leute unterwegs, Steuereintreiber und Büttel, die nach allem Ausschau hielten, auf das sie ihre Hand legen konnten, und denen es ganz gleich war, ob wir Hungers starben.

Aber der Mann, der an diesem Tag kam, war nicht von dieser Sorte; es war ein Schulrat. Als wir das hörten, wurde uns angst und bange. Immer lief einer der Jungen zur Tür, um zu sehen, ob er noch nicht in Sicht wäre. Eines der großen Mädchen erblickte ihn zuerst. Mit schreckensstarrem Blick fuhr sie von der Tür zurück. Da trat er auch schon ein. Hier und da sah man ein Kind, das sich die Hand vor den Mund hielt, und dann platzte eines der großen Mädchen in Lachen aus, und bald folgte ein anderes. Der Schulrat starr mit hocherhobenem Kopf bald auf die Wand, bald auf die Dachbalken, bald auf die Schulkinder.

»Heilige Mutter Gottes«, flüsterte mir der König zu, »der hat ja vier Augen.«

»Ja«, sagte ich, »und wie sie funkeln.«

»Ich hab noch nie einen solchen Mann gesehen«, sagte er. Sobald der Schulrat den Kopf wandte, glitzerte es in seinen Augen. Schließlich brach die ganze Schar in lautes Lachen aus – wenigstens die großen Schüler; die Kleinen kreischten vor Angst. Die Lehrerin wurde fast ohnmächtig, so schämte sie sich, und der Schulrat war außer sich vor Wut.

»Das wird noch einen Mord geben«, sagte der König wieder mit verhaltener Stimme. »Ich möchte doch wissen, ob es sonst noch Menschen mit vier Augen gibt.«

Der Schulrat war der erste Mann mit einer Brille, den wir Kinder sahen.

Er redete heftig auf die Lehrerin ein, in einer Sprache, die weder ich noch sonst eins der Kinder verstand, und als er ausgeredet hatte, ergriff er seine Tasche, ging zur Tür hinaus und stieg gleich in das Boot, das auf ihn wartete, und kam niemals auf die Blasketinsel zurück.

Dieser Verrückte verließ die Schule so, wie er sie betreten hatte, er stellte nicht eine einzige Frage an die Kinder, und ich möchte mit meinen Lesern wetten, daß sie in ihrem ganzen Leben nie von einem ähnlichen Fall gehört haben. Als der Schulrat gegangen war, fiel die arme Lehrerin in Ohnmacht. Eileen schickte mich zum nächsten Hause, um ihr einen Becher frischen Wassers zu holen.

Wir hatten Zeit genug, über alles zu reden, bevor die Lehrerin wieder zu sich kam.

»Am besten laufen wir nach Hause, bevor sie wieder bei Kräften ist«, sagte der König zu mir, »denn wenn sie zu sich kommt, haut sie uns bestimmt tot.«

»Du bist mir ein netter Held«, sagte ich. »Wart ein bißchen, dann bekommen wir dasselbe, was die anderen bekommen.« In einer halben Stunde hatte die Lehrerin sich wieder erholt. Wir alle dachten, sie würde uns schlagen, aber manchmal kommt es ganz anders, als man denkt, und so war es auch diesmal. Sie tat keinen einzigen Schlag und sprach kein scharfes Wort. Wenn es sich um einen oder zwei Schüler gehandelt hätte, wäre sie vielleicht anders verfahren, aber da wir alle die gleiche Schuld hatten, behandelte sie uns milde, und das beweist, daß sie Verstand hatte. Sie schickte uns sofort nach Hause, und sie selbst hatte es wohl ebenso nötig wie wir, schnell heim zu kommen.

Der König war vom Anblick der vier Augen im Kopf eines einzigen Mannes ebenso fasziniert wie die anderen Schüler, aber er sagte nie, was die anderen sagten, daß der Mann aus der Hölle käme.

Nach ein paar Monaten kam ein anderer Schulrat zu uns, ein magerer, dunkler Mann mit runzligem Gesicht, aber er hatte nur zwei Augen im Kopf. Er begab sich sofort an die Arbeit und stellte uns allerhand schwierige Fragen. In meiner Klasse waren acht Schüler. Einer oder zwei übertrafen die anderen bei weitem. Obwohl alle wohlgeformte Schädel hatten und hübsche Gesichter und der Schulrat zu glauben schien, solche Köpfe müßten die Antwort auf jegliche Frage enthalten, so hatte er sich bei manchen doch geirrt; in ihren kleinen Gehirnen war alles durcheinander. Der Schulrat war bester Laune, als er Abschied nahm. Er gab dem besten Schüler einer jeden Klasse einen Schilling, und als er den Schilling für unsere Klasse ausgab, da bekam ihn nicht einer von den großen Burschen, sondern ich selber. Mein Vater war hocherfreut, als ich ihm den Schilling gab. Der Schulrat verhalf ihm zu einem ordentlichen Strang Tabak.

Mein erster Besuch in Dingle

In einem Boot auf der See
Die Aussicht vom Land aus
Jerry seekrank
Dingle
Die neuen Schuhe

Nach diesem Besuch hatten wir eine Zeitlang Ferien. Es war in diesem Jahr schönes ruhiges Wetter. Die großen Boote brachten reichen Fang nach Hause. Jeden Tag waren alle drei bis zum Rand voller Fische. Da mein Vater und auch Pats je einen vollen Anteil bekamen, war unser kleines Haus immer reichlich mit Fisch versorgt.

Ich hatte endlich aufgehört, das verwöhnte Nesthäkchen zu sein; meine Seiten schmerzten vom Heimschleppen der schweren Fischsäcke. Einmal fielen tausend Fische auf jeden Mann, das machte zweitausend für uns. Mein Vater sagte, ich hätte allein mehr als tausend nach Hause getragen. »Und wenn das Wetter morgen schön ist«, sagte er, »so nehme ich dich mit nach Dingle, denn das Boot fährt hin, um Salz zu holen.«

Als ich das hörte, wäre ich vor Freude am liebsten über das Haus hinweg gesprungen.

Aber am nächsten Morgen war nicht ich es, sondern Kate, die als erste zur Tür hinausblickte. Kate ging damals meiner Mutter im Hause zur Hand. Sie war schon zu groß und zu alt, um in die Schule zu gehen, als diese auf der Insel eröffnet wurde.

»Wie ist das Wetter, Kate? fragte ich.

»Sehr schön«, sagte sie.

Mit einem Satz war ich neben ihr am Herd.

»Heilige Maria«, sagte sie, »warum bist du so früh auf, was hast du vor?«

Mein Vater stand als nächster auf und zog seine neuen Kleider an. Er blickte zur Tür hinaus. Dann sagte er Kate, sie solle mir meine besten Sachen geben. Jetzt erst begriff sie, was mir bevorstand.

Mein Vater nahm einen Sack voll Kaninchenfelle und ging zum Hafen hinunter. Auch die anderen Männer kamen, einer nach dem anderen, bis die ganze Bootsmannschaft zusammen war. Sie stellten sich zu beiden Seiten des Bootes auf und schoben es ins Wasser, bis es schwamm. Die Ruder und die Segel wurden an Bord gebracht, und dann drehten sie den Bug der See und das Heck dem Lande zu, wie schon in den uralten Geschichten berichtet wird.

Dann wurden zwei Segel gesetzt, und ein günstiger Wind von Osten trieb uns die Dingle Bay entlang. Im Boot war noch ein anderer Junge meines Alters, ein Vetter namens Jerry. Als das Boot östlich von Slea Head angekommen war, wechselte er die Farbe und wurde weiß wie Papier. Die Männer wußten wohl, was dies zu bedeuten hatte, aber ich hatte nicht die geringste Ahnung. Ich glaubte, er sei dem Tode nahe. Sein Vater nahm sich seiner an und sagte ihm, wenn er erbrechen könne, so werde er sich bald wieder wohl fühlen. Das Boot machte jetzt glatte und schnelle Fahrt, denn der Wind war sehr günstig. Bald sagte einer der Männer, Jerry werde sich jetzt erbrechen. Das tat der arme Bursche denn auch, und alles, was er am Morgen gegessen hatte, ging als Fraß für die Möwen über Bord. Ich lachte mich halbtot, und Jerry weinte.

Einer meiner Onkel saß am Steuer, und ich stellte ihm unentwegt Fragen über alles Neue, was ich sah. Mitten in einem Gehöft sah ich ein großes, schiefergedecktes Haus. »Wer hat in diesem Haus gewohnt, und wer wohnt jetzt darin?« fragte ich.

»Eine schlimme Person«, sagte er, »Betty Rice, hast du schon einmal von ihr gehört?«

»Ich habe meinen Vater und den kahlen Tom oft von ihr reden hören«, sagte ich.

Als der schöne geräumige Hafen von Ventry in Sicht kam, sahen wir viele große weiße Häuser. Der Onkel benannte mir ein jedes von ihnen: die katholische Kirche und die evangelische Kirche, die Polizeikaserne und die Häuser der Küstenwache. Er benannte alles, was meine Neugier erregte. Jetzt, da die Möwen den Inhalt seines Magens verschlungen hatten, kam mein Gefährte wieder zu sich, seine Stimme war ein schwaches, verhungertes Piepsen, und er sah blaß und erschöpft aus. Er kam zu mir und dem Steuermann herüber, der auch sein Onkel war.

»Wie weit ist es noch zum Hafen von Dingle?« fragte er den Bootsführer.

»Meiner Treu«, sagte dieser, »das ist noch ziemlich weit, mein Junge, und ich glaube nicht, daß du lebend dahin kommst, da du nichts mehr in dir hast als deine Därme. Dieser Junge hier, das ist ein anderer Kerl.«

Kaum hatte er diese Worte ausgesprochen, als die Männer eine wilde Windbö herankommen sahen. Sie mußten das Hecksegel reffen, das Boot vermochte kaum das Vordersegel zu tragen unter dem Wind. Die See war weiß von Schaum. Bald danach erreichte das Boot die Einfahrt zum Hafen. Ich glaubte zuerst nicht, daß dies überhaupt ein Hafen sei, so eng war die Einfahrt, aber bald erweiterte sie sich, so daß der Hafen wie ein Binnensee aussah. Wir erreichten den Quai, und vor Überraschung wurden meine Augen so groß wie zwei Tassen. Ich sah feine Leute hier stehen, mit Ketten quer über ihren Bäuchen, halbnackte Arme und Krüppel und einen blinden Mann mit seinem Führer. Am Quai lagen drei große Schiffe mit Gütern aus Übersee, eins war mit gelbem Mais beladen, ein anderes mit Bauholz, das dritte mit Kohle. Bald rief mich mein Vater und sagte, alles sei fertig und die Männer würden jetzt in die Stadt hinaufgehen. Wir machten uns auf den Weg, ich und Jerry, und obgleich er nach dieser Überfahrt wenig genug im Leib hatte, wäre er doch lieber dageblieben, um die Schiffe zu betrachten, als essen zu gehen. Die ganze Bootsbesatzung, groß und klein, drängte sich in ein Haus. Dort war ein Tisch für uns gedeckt mit Brot und Tee, und ich kann euch sagen, es wurde wenig gesprochen, bis wir uns satt gegessen hatten. Die Männer bezahlten die Frau des Hauses für die Mahlzeit und gingen alle wieder nach draußen.

Zuerst gingen alle in den Salzladen. Jeder Mann hatte einen Sack mitgebracht. In jeden Sack wurden zwei Zentner Salz gefüllt; wir ließen das Salz dort stehen bis zur Abfahrt.

Dann folgte ich meinem Vater in alle anderen Läden, und obgleich Jerrys Vater auch da war, blieb er mir doch auf den Fersen. An diesem Tag blieben die Taschen meiner grauen Hose nicht leer. Als das Boot zur Rückfahrt bereit lag, durchsuchte mein Vater meine Taschen, und obgleich der größte Teil des Inhaltes aus Kupfermünzen bestand, so waren es doch sehr viele. Als mein Vater sie zusammengezählt hatte, sagte er: »Bei meiner Seele, es fehlt nur ein Schilling, dann könntest du dir ein Paar Stiefel kaufen.«

In diesem Augenblick war eine seiner Schwestern zugegen, eine Frau, die ständig in Dingle war, die immer zwischen zu

Hause und der Stadt hin und her pendelte. »Wenn es so ist«, sagte sie, »hier hast du den Schilling. Kauf ihm die Stiefel, da er zum erstenmal in der Stadt ist.«

Als ich meine Tante so sprechen hörte, hüpfte mein Herz vor Freude, denn ich wußte, daß mein Vater keinen Rückzieher machen würde; ich hatte recht.

»Dann komm. Wir können sie gleich hier kaufen.«

Außer mir vor Freude lief ich mit ihm. Ich hatte keine Strümpfe anzuziehen, aber die Frau in dem Laden gab mir Strümpfe unter der Bedingung, daß mein Vater sie zurückbringen werde. Dann knarrten die Schuhe an meinen Füßen, und ich fühlte mich wie ein Herr. Und wer hätte es zu sagen gewagt, daß ich keiner war: mit meinem Anzug aus ungebleichter Wolle und meinem Zweispitz. Jerry war voller Freude, als er mich in meinen neuen Stiefeln sah, aber er brachte kein Wort heraus.

Als das Boot die Anlegestelle der Insel erreichte, mit Salz und Lebensmitteln aus Dingle beladen, da war es so, wie es heute noch Sitte auf unserer Insel ist: Die Klippen über der kleinen Bucht waren schwarz vor Menschen, die hören wollten, ob es etwas Neues gab. Jeden im Boot erkannten sie auf den ersten Blick schon von weitem, nur den kleinen Herrn nicht. Einige glaubten, er sei das Kind reicher Leute aus Dingle, die es für eine Woche in Ferien auf die Insel schickten. Meine Schwester Eileen stand auch auf der Klippe, auch sie konnte es nicht glauben, daß ich es sei, als sie die schimmernde Pracht an meinen Füßen sah, ich war ein dünnbeiniges, barfüßiges Kerlchen gewesen, als ich die Insel verließ. Kate und Nora waren zum Wasser hinuntergekommen. Mein Bruder Pats trug den Sack mit den zwei Zentnern Salz auf dem Rücken nach Hause, denn ein Teil der Fische war noch nicht eingesalzen.

Meine Mutter glaubte, da käme ein großer, ausgewachsener Mann, als sie mich in meinen Stiefeln daherstampfen hörte. Alle staunten darüber, daß ich in so jungen Jahren Stiefel bekommen hatte, denn damals trugen Männer wie Frauen gewöhnlich ihre ersten Schuhe an ihrem Hochzeitstag.

Wir beide, die in Dingle gewesen waren, bekamen ein dreiekkiges Stück Brot und einen Topf voll Milch. Wir mochten keinen

Fisch mehr, wir hatten zu viel davon gehabt. Nora sprang auf und kam mit vier Eiern zurück.

»Ich dachte«, sagte meine Mutter, »wir hätten heute kein einziges Ei im Haus.«

»Gestern habe ich auf dem Dach ein Nest mit acht Eiern gefunden«, sagte Nora.

»Ihr könntet lange suchen«, sagte die altkluge Kate, »bis ihr auf einem Schieferdach ein Hühnernest oder auch nur ein Hahnennest fändet.«

Als ich mein Stück gelbes Brot, meinen Topf voll Milch und meine zwei Eier verschmaust hatte, ging ich hinaus und geradewegs in das Haus der alten Hexe, um mit ihr meinen Spaß zu treiben, denn damals konnte ich meine Zunge ebenso gut gebrauchen wie sie. Die arme Frau hieß mich zu Hause willkommen. »Mögest du lange genug leben, um diese Stiefel zu verschleißen«, sagte sie. »Wie früh haben sie dich in Stiefel gesteckt!«

Als ich merkte, wie höflich sie mich behandelte, steckte ich meine Hand in die Tasche und gab ihr einen Apfel. Allen dort im Hause gab ich einen und auch Bonbons, denn meine Mutter hatte mich ermahnt, das zu tun. Die Alte sprang auf, und während sie den Apfel wie ein Pferd mit den Zähnen zermalmte, nahm sie ein halbes Kaninchen aus dem Topf und überreichte es mir.

»Da du jetzt ein Mann bist«, sagte sie, »magst du das vielleicht.«

»Aber ich kann es nicht mehr essen«, sagte ich.

»Dann gib es deiner Mutter«, sagte sie.

Ich nahm das Kaninchen mit und gab es meiner Mutter. Sie gab mir ein Bein davon, und ich nagte es ab.

Die Nacht kam, und bald begann ich einzunicken und ging zu Bett. Ich fiel sofort in tiefen Schlaf, denn nach diesem Besuch in der Stadt war ich todmüde.

Als ich am nächsten Morgen aus dem Bett sprang, war es höchste Zeit, zur Schule zu gehen. Meine Mutter sagte mir, ich hätte wie ein Toter geschlafen. Aber nun war ich wieder munter wie eine Forelle. Ich tauchte meinen Kopf in eine Schüssel Wasser, rieb mir den Schlaf aus den Augen und lief zur Schule.

Der kahle Tom und die alte Zeit

Die Schule wird wieder geschlossen
Ein Angelhaken in meinem Finger
Das Boot aus Gortadoo
Das brennende Schiff
Die Nora Greena
Die Agents

Der König saß am selben Platz wie gewöhnlich; da er groß und schwer war, muß er wohl seine Spur auf dem Schemel hinterlassen haben. Flüsternd sprach er mit mir über Dingle. Er selbst war dreimal dort gewesen, einmal mit seinem Großvater und die anderen Male mit seinem Vater. Aber während des ganzen Geredes drehten sich seine Gedanken nur um Bonbons. Ich wußte das wohl, und ich wäre kein guter Freund gewesen, hätte ich nicht an ihn gedacht. Ich reichte ihm vier Bonbons, und er war mir sehr dankbar.

Mittags durften wir nach Hause gehen.

»Weißt du schon«, sagte er, »die Lehrerin geht bald wieder fort.«

»Woher weißt du das?«

»Sie hat gestern einen Heiratsantrag bekommen. Sie soll sofort heiraten.«

»Was für ein Mann ist es denn?«

»Er ist Kutscher irgendwo bei einem hohen Herrn.«

Er hatte recht. Sie blieb nur noch die Woche über bei uns und fuhr am Sonntag davon. Die Schule wurde wieder geschlossen.

Es war wohl im Jahre 1873, als die zweite Lehrerin uns verließ. Das heißt, ich war damals sechzehn. Ich war sechs Jahre zur Schule gegangen, aber ich konnte noch immer kein Wort Englisch.

Da am Montag keine Schule war, kam der König schon früh zu mir, als ich gerade zu frühstücken anfing. Ich aß frisches, gelbes Brot, das gerade aus dem Feuer gekommen war; dazu hatte ich ein Stück Butter, und das war so selten wie eine gesattelte Katze, wie man bei uns zu sagen pflegt. Wir hatten eine gute Milchkuh, und meine Mutter hatte in einer Büchse ein schönes Stück Butter gemacht. Ich hatte außerdem noch eine gesalzene Makrele und einen Topf Milch, und vor allem eine Mühle, meine Zähne, um alles damit zu zermahlen.

Meine Mutter wollte dem König ein Stück Brot und etwas Butter aufdrängen, aber er wollte es nicht annehmen. Wahrscheinlich hatte er an diesem Morgen nicht mehr viel Hunger. Meine Mutter hätte ihm niemals das gelbe Brot angeboten, wenn er damals schon den Titel eines Königs getragen hätte, aber so weit war es noch nicht.

Der König wollte mich mitnehmen, um von den Klippen aus zu fischen, wenn es uns gelang, einen Krebs als Köder zu fangen.

»Paßt nur auf, wenn ihr nach den Krebsen sucht«, sagte meine Mutter, »es ist Ebbe.«

Wir machten uns davon, um nach Krebsen zu suchen, aber wir hatten kein Glück.

»In diesen kleinen Löchern ist nichts«, sagte der König. »Am besten, wir ziehen uns aus und tauchen an einer anderen Stelle.«

Schon hatten wir die Kleider abgeworfen, tauchten und kamen gleichzeitig wieder hoch. Ich tauchte in ein Loch hinunter, das war so tief, wie ich groß war, und als ich mit dem Fuß den Boden erreichte, fühlte ich dort einen Krebs. Es war sehr schwer und sehr unangenehm, den Kopf so tief hinunter zu bücken, aber ich wollte mir den Fang auch nicht entgehen lassen. Ich bückte mich, aber das Wasser drückte mich nach oben, und es gelang mir nicht, mit der Hand bis hinunter zu reichen. Ich senkte noch einmal den Fuß in das Loch, und was glaubt ihr, ich bekam den Krebs mit den Zehen zu fassen und holte ihn nach oben. Es war ein riesengroßes männliches Tier. Wenn ein solches in einem Loch sitzt, ist das Weibchen meistens in der Nähe. Ich senkte den Fuß noch einmal nach unten und fand auch das Weibchen. Es war kleiner und war leichter nach oben zu ziehen. Nun hatte ich genug Köder für den ganzen Tag.

Der König kam zu mir, schon vollständig angezogen.

»Komm«, sagte er, »wir haben Köder genug für heute. Du hast zwei schöne Krebse und ich auch.«

Ich zog mich an, und wir liefen über die Klippen. Der König mußte ins Oberdorf zurück, um eine Leine und Angelhaken zu holen. Aber er war im Handumdrehen wieder bei mir. Wir gingen nach Westen zu Dunlevys Landzunge, die ihren Namen von unserem Inseldichter bekommen hat. Die Grundeln bissen gut an, und jeden Augenblick zogen wir einen Fisch an Land und legten ihn hinter uns. Dann warf ich wieder meine Leine, und der Haken verfing sich in meinem Finger. Für diesen Tag hatte ich meinen letzten Fisch gefangen. Der König mußte den Zwirn, mit dem der Haken an der Leine befestigt war, durchschneiden. Ich fühlte nicht viel Schmerz, da der Haken nicht sehr tief saß. Der Haken stak in meinem Finger, und der Zwirn hing daran herunter. Wir hatten vierzig Grundeln, zwanzig für jeden von uns. Der König trug sie alle heim, und wir teilten sie in unserem Haus. Der Haken wurde sofort herausgezogen; Kate schnitt das Stück Haut, in dem er festsaß, mit dem Rasiermesser weg. Mein Finger schmerzte jetzt sehr, und ich machte viel durch, bevor er verheilt war.

Der kahle Tom saß jeden Abend bis zum Schlafengehen bei uns. Er war ein ausgezeichneter Gesellschafter, und ich merkte kaum etwas von meinem wunden Finger, wenn er sprach und Geschichten aus den schweren Zeiten erzählte, die er erlebt hatte. Obgleich mein Vater ungefähr im gleichen Alter war, hatte er doch bei weitem nicht wie Tom die Gabe, sich der Vergangenheit zu erinnern und sich jede Einzelheit zurückzurufen.

»Ich weiß nicht mehr«, sagte mein Vater eines Abends, »was war es eigentlich, das damals die Pfarreien von Dunquin und Ballyferriter für so lange Zeit entzweite?«

»Oh«, sagte der kahle Tom, »hast du denn nicht von dem Boot von Gortadoo gehört?«

»Doch«, sagte mein Vater, »aber ich erinnere mich nicht mehr genau.«

»Nördlich von Beginish trieb ein Wrack, und ein Boot aus Dunquin fuhr zu ihm hinaus. Sie enterten das Schiff und warfen alles, was ihnen darauf nützlich schien, in ihr Boot hinunter. Auch ein Boot von Gortadoo mit einundzwanzig Mann fuhr aus – es waren die angesehensten Männer der Pfarrei. Auch sie fuhren zu dem verlassenen Schiff hinaus. Sie kletterten an Bord und sahen sich nach Beute um und nahmen Dinge, die die Dunquinleute schon für sich bereit gelegt hatten. Es kam zu einer Schlägerei, und die Leute aus Dunquin wurden von dem Schiff hinuntergetrieben. Die Mannschaft aus Ballyferriter warf so lange Gegenstände in ihr Boot hinunter, bis dieses überladen war und sank, und alle Leute darin ertranken, bis auf zwei, die an Bord geblieben waren, um die Beutestücke hinunter zu werfen, und diese beiden kamen nie mehr von dem Wrack herunter.«

»Vielleicht leben diese beiden noch darin«, sagte ich zu dem kahlen Tom.

»Still, du junger Hund«, sagte er. »Das Wrack wurde an Ferriters Raven noch am selben Nachmittag zu Atomen zerschmettert.«

»Und wie kam es denn«, sagte mein Vater wieder zum kahlen Tom, »daß die Leute aus der nördlichen Pfarrei noch so lange gegen die Leute aus Dunquin Bitterkeit empfanden?«

»Siehst du, mein Freund«, sagte Tomas, »sie haben nicht einen einzigen aus der See gefischt, obwohl die Ertrinkenden sie anflehten, nach den Ruderblättern griffen und sie flehentlich baten, sie ins Boot zu nehmen. Aber die Dunquinleute zogen die Ruder aus ihrem Bereich und sahen zu, wie sie von der Flut abgetrieben wurden.«

»Natürlich hätte das Boot nicht alle einundzwanzig aufnehmen können«, sagte mein Vater, »aber hätten sie nicht wenigstens einige retten können?«

»Sie hätten sie nicht alle aufnehmen können«, sagte Tom, »und sie wollten es auch nicht, sie hatten sie ja auf dem Schiff angegriffen, hatten alles, was sie brauchen konnten, wieder aus dem Dunquinboot herausgeholt, und hatten sie, so lange sie da waren, nicht mehr an das Wrack herangelassen.«

»Aber«, sagte mein Vater, »die beiden Mannschaften waren doch miteinander verwandt.«

»Das stimmt«, sagte Tomas, »einige waren sogar nahe verwandt, und das hätte das Dunquinboot beinahe zum Kentern gebracht, denn einer der Männer versuchte, einen Verwandten, der sich an sein Ruderblatt klammerte, ins Boot zu ziehen. Aber der Kapitän hinderte ihn daran und sagte: 'Alle hier würden versuchen, ihre Verwandten zu retten, und das Boot würde sie nicht fassen.' So ertrank die ganze Besatzung aus Gortadoo, einundzwanzig Mann, und das Boot aus Dunquin kam mit der ganzen Besatzung heil nach Hause.«

»Ich kann mir vorstellen, daß die Leute aus der nördlichen Pfarrei rasend auf sie waren«, sagte mein Vater zu Tom.

»Das will ich glauben, Mann«, sagte Tom. »Sie lauerten ihnen an der Kirche und auf dem Jahrmarkt auf. Sie kamen bei finsterer

Nacht, drangen in die Häuser ein und mißhandelten die Leute. Sie töteten einen stattlichen jungen Burschen, den Sohn einer Witwe aus meiner Verwandtschaft, in der Mühle von Belaha auf dem Festland, und an jedem Markttag in Dingle gab es sechs oder sieben Männer, die nach den Schlägereien eines Priesters bedurften.«

»Und wie wurde dann schließlich wieder Frieden geschlossen?« sagte mein Vater.

»Das will ich dir erzählen«, sagte Tom. »Ein Mädchen von der feindlichen Partei heiratete einen Mann aus Dunquin. Aber das geschah lange nachher, erst nachdem sie sich gegenseitig fast umgebracht hatten.«

»Gott sei ihren armen Seelen gnädig«, sagte meine Mutter. »Ich habe heute zum erstenmal richtig gehört, wie es damals zuging. Wie wild und erbarmungslos die Menschen damals waren. Ich kann Gott nicht genug danken, daß diese Zeiten vorbei sind.«

Es wurde langsam Zeit, zu Bett zu gehen. Tom machte sich auf den Heimweg, und meine Geschwister, die Besuche in der Nachbarschaft gemacht hatten, kehrten einer nach dem andern zurück.

Einen ganzen Monat lang litt ich an der Wunde an meinem Finger, hatte wenig Vergnügung und Abwechslung. Aber ich fühlte weder Schmerzen noch Verdruß, wenn Tom seine Geschichten erzählte. Er kam jeden Abend zu uns, und auch den Rosenkranz, den mein Vater jeden Sonntagabend vorbetete, betete er mit uns; er machte seine Sache gut, wenn die Reihe an ihm war, ein Gesetz vorzubeten.

Tom war immer arm. Er mußte seinen Sohn nach Ballyferriter verdingen, wo er fünf Jahre lang Vieh hütete; niemals bekam er während dieser Zeit Schuhe oder Strümpfe an die Füße. Bald nachdem der Sohn gegangen war, schickte ein Onkel mütterlicherseits der Tochter Geld für die Überfahrt nach Amerika. Das Mädchen machte sich sofort auf den Weg und blieb fünf Jahre fort. Da mußten sie den Sohn wieder nach Hause holen. Die Tochter schickte gelegentlich ein paar Pfund aus Amerika, und das bedeutete für die Familie eine große Hilfe.

Nachdem die Tochter gegangen war, stand die Alte von gegenüber oft schon in aller Frühe auf, und ich hörte sie in der Dämmerung laut jammern wie um eine Tote. Wir verstanden sie, denn die Tochter war ihr ein und alles gewesen, und sie glaubte nicht, daß sie sie jemals wiedersehen werde. Immer wenn ich sie jammern hörte, spürte ich ein heftiges Mitleid mit ihr.

Eines Morgens war sie früh draußen und erblickte einen Dampfer, der außerhalb des Hafens vor dem Weißen Strand vor Anker lag. Das Deck war voll von dunklen Männern, das heißt Männern in dunklen Kleidern und dunklen Mützen. In Todesangst stürzte sie davon und hämmerte an unsere Tür.

»Donal«, schrie sie.

»Hallo«, sagte mein Vater. Er dachte, es sei irgend etwas mit ihrem Sohn oder mit Tom. »Was ist los?« fragte er.

»Ein großes Schiff liegt in der Bucht vor Anker, genau eurem Haus gegenüber, es ist voll von Männern in dunklen Uniformen und hohen Mützen.«

»Das ist es also«, sagte mein Vater. »Früher oder später mußte es kommen, und ich glaube, ehe es Abend wird, stehen auf dieser Insel nicht mehr viele Häuser.«

»Der allmächtige Gott erbarme sich unser«, schrie sie. »Die Zeiten werden immer schlimmer, aber wenn wir kein Dach mehr über dem Kopf haben, ist unser Elend vollständig.«

Im Handumdrehen waren wir alle auf den Beinen und unten am Landeplatz.

Als ich auf dem Schauplatz erschien, hatten die Frauen eine Aufgabe für mich. Ich sollte ihnen helfen, Steine zu sammeln. Wir ruhten nicht, bis wir eine Schiffsladung von Steinen auf einem Haufen liegen hatten. Eine der Frauen sagte, jetzt hätten wir genug Munition; bis wir die verschossen hätten, würde sich etwas entschieden haben. »Aber ich glaube«, sagte eine andere Frau, »bis dahin sind wir alle von Kugeln durchbohrt.«

»In Gottes Namen! Dann wollen wir so sterben, wie sie damals auf der Düne starben. Besser tot, als aus dem Hause vertrieben und im Straßengraben liegen müssen.«

Ein großes, dichtbemanntes Boot stieß jetzt von dem Schiff ab, und als es sich der Küste näherte und die Menschenmenge oberhalb des Landeplatzes sichtbar wurde, wunderten sich die Soldaten sehr. Sie hatten wohl erwartet, daß jedes Lebewesen sich voller Angst verkrochen hätte. Und das war kein Wunder, denn jeder von ihnen hielt eine schußbereite Waffe in der Hand. Aber die Frauen hatten nicht die geringste Angst vor ihnen.

Die Männer gingen davon, und die Frauen zogen sich am Rande der Klippe zusammen, jede mit einem Felsbrocken in der Hand. Als die Männer im Boot sahen, daß die Frauen nicht von der Stelle wichen, wußten sie nicht, was sie davon halten sollten, und verlangsamten ihre Fahrt. Schließlich ließen sie den Steven des Bootes auf die Klippe auflaufen. Zwei Männer blieben mit angelegtem Gewehr im Bug stehen, um jeden, der sie angreifen würde, abzuwehren. Aber sobald der erste Mann das Boot verließ, schleuderte eine Frau einen Stein, der ihn beinahe umgeworfen hätte. Er schaute zur Klippe hinauf und legte sein Gewehr auf die Frauen an, aber keine rührte sich von der Stelle. Ihre Kampflinie oberhalb der Landestelle war ungebrochen. Dann warf eine Frau den zweiten Stein, ein anderer folgte, dann noch einer, noch einer, und bald hallte der Strand vom Getöse der rollenden Steine wider. Keiner der Männer wagte es mehr, den Strand zu betreten, im Gegenteil, sie bemühten sich, den einen, der an Land gegangen war, so schnell wie möglich wieder ins Boot zu ziehen. Dann ruderten sie ihr Boot in aller Eile wieder seewärts. Zwei weitere Boote kamen ihnen vom Schiff aus entgegen. Sie hielten beieinander und berieten sich. Dann fuhren die beiden neuen Boote in wütender Hast in die Hafeneinfahrt hinein. Sie ließen den Bug des Bootes mit aller Wucht auf die Klippe auflaufen, und die Männer sprangen an Land. Aber trotzdem prasselten die Steine auf sie hinunter, und einer der Männer wurde am Kopf getroffen und stürzte zu Boden. Es war ein leichter Stein gewesen, den eins der kleinen Mädchen geworfen hatte. Hätte eine der starken Frauen ihn geschleudert, der Mann wäre mausetot gewesen.

Die Bootsführer befahlen sofort den Rückzug in die Boote. Die Soldaten kamen dem Befehl nach; hätten sie nicht den halbtoten Mann mitschleppen müssen, so wären sie noch schneller gewesen. Die drei mit bewaffneten Männern dichtbesetzten Boote hielten in einiger Entfernung; es wurde beraten. Dann kamen sie überein, noch einen Angriff zu wagen, denn sie dachten wohl, die Frauen hätten inzwischen ihre Munition verschossen. Aber wir Jungen hatten einen neuen Haufen Steine zusammengetragen, und die Frauen fingen sofort wieder an, sie hinunterzuschleudern, und obwohl die Gefahr bestand, daß die Soldaten auf sie schossen, hatten sie nicht die geringste Angst. Die Furcht, die sie einflößten, war größer als die, die sie empfanden.

Auf der einen Seite der Klippe standen fünf Frauen, denen die Steine ausgegangen waren. Eine von ihnen hielt einen dicken Brocken von einem Jungen auf dem Arm, und ihr könnt euch denken, wie rasend vor Wut sie gewesen sein muß, denn als sie zwei Polizisten erblickte, die versuchten, den grasbewachsenen Abhang der Klippe unter ihr zu erklettern, rief sie, als sie nichts fand, das sie auf sie hätte hinunterschleudern können: »Der Teufel soll mich holen. Ich schmeiße ihnen das Kind an den Kopf.«

»Um Gottes willen, du verdammte Närrin«, rief die Frau, die neben ihr stand, »du hast wohl den Verstand verloren. Halt nur ja das Kind fest.«

Die Frau hatte schon mit dem Kind ausgeholt, um es hinunterzuschleudern, als die Nachbarin es ergriff. In diesem Augenblick hatte eine andere Frau die Klippe von hinten erklommen. Sie warf einen großen Torfklumpen auf die Polizisten hinab. Die beiden verloren den Halt und purzelten den Hang hinunter. Das Kind, das beinahe als Wurfgeschoß gedient hätte, lebt heute gesund und wohlbehalten in Amerika.

An diesem Tage fuhr das Schiff mit seiner ganzen Mannschaft ab, ohne einen roten Heller mitzunehmen.

Als es im Lande bekannt wurde, daß ein Dampfboot mit bewaffneten Männern die große Blasketinsel angelaufen hatte und daß es ihnen nicht gelungen war, Steuern oder Abgaben einzutreiben, da wunderte sich ganz Irland. Für einige Zeit blieb alles ruhig. Ein paar Jahre später legte ein ähnliches Schiff unterhalb des Dorfes an. Ein paar Zivilisten und ein paar Bewaffnete kamen an Land. Die Inselbewohner waren rechtzeitig gewarnt worden, man hatte ihnen gesagt, sie sollten sie ruhig an Land kommen lassen, vorher aber alle Rinder und Schafe ans Westende der Insel zu treiben. So machte man es dann auch. Die Jungen trieben das Vieh bis zur äußersten Spitze der Insel. Der Polizeihauptmann mit all seinen Gendarmen war an Bord. Man leistete ihnen keinen Widerstand, aber die Inselleute taten auch nichts, um ihnen bei ihrem Geschäft entgegenzukommen. Als sie im Dorf kein Vieh fanden, gingen sie alle, die Steuereintreiber und die Polizei, den Berg hinauf. Der Polizeihauptmann ging bis zu dem alten Turm und fand nichts. Er schickte einige seiner Leute über die halbe Insel, sie fanden nur zwei alte Esel, an denen nichts mehr lebendig war als die Augen. Sie fragten den Hauptmann, ob sie die beiden Esel mitnehmen sollten, aber der wollte sie nicht. Er sagte, die Leute würden ihn doch nur auslachen. Sie gingen, wie sie gekommen waren, ohne eine Kuh, ein Pferd oder ein Schaf.

An einem kalten Winterabend trat der kahle Tom, wie es so seine Gewohnheit war, bei uns ein. Im Kamin brannte ein mächtiges Torffeuer, und da das Haus klein war, war es trotz der Kälte draußen drinnen sehr warm. Der Mann mit den verstümmelten Ohren war hereingekommen, bevor ich Zeit gehabt hatte, mich davonzumachen. Die anderen jungen Leute waren fortgegangen, um Besuche zu machen; das war seit alters her der Brauch, und unsere jungen Leute halten es heute noch so. »Wenn du vernünftig bist«, sagte meine Mutter, »dann bleibst du hübsch zu Hause, statt in die anderen Häuser zu gehen, die ohne Feuer und Wärme sind. Mit Vater und dem kahlen Tom wird es dir an Unterhaltung nicht fehlen.«

Meine Mutter hätte mir das gar nicht zu sagen brauchen, ich war auf Toms Geschichten leidenschaftlich versessen, und so beschloß ich, dazubleiben und ihm zuzuhören. Zuerst begannen die beiden vom brennenden Schiff zu erzählen.

»Weißt du noch, Tom«, sagte mein Vater, »wie wir geschwitzt haben, damals an dem Tag, als das Schiff brannte?«

»Ja«, sagte Tom, »zwei von unserer Mannschaft fielen beinahe tot um, als sie endlich aufhörten zu rudern.«

»Da das Schiff sich fortbewegte«, sagte mein Vater, »hätten wir eigentlich merken müssen, daß irgend etwas es antrieb und daß es gar nicht brannte, denn es war windstill, und das Schiff hatte auch keine Segel gesetzt, und wir fuhren in unseren Booten hinterher und ruderten uns fast die Eingeweide aus dem Leib, um es einzuholen.«

»Es war der erste Dampfer, der hier vorbeikam«, sagte Tom, »und wir dachten, auf dem Schiff sei ein Brand ausgebrochen, und fuhren wie verrückt hinterher. Das Schiff war mit einer Ladung von indischem Mais auf dem Weg nach Limerick.« »Auch aus Dunquin und Ballyferriter kamen die Boote, als es weiter nach Norden fuhr«, sagte mein Vater.

»War es eigentlich lange nachher, daß die fetten Robbenbullen angeschwemmt wurden?« fragte mein Vater.

»Es war genau ein Jahr danach, im Frühling«, sagte Tom, »eine Woche vor dem St.-Patricks-Tag.«

»Eine große Zahl wurde an Land gespült«, sagte mein Vater, »und sie waren völlig unverletzt.«

»Niemand weiß, wie viele es waren«, sagte Tom. »Aber in einem einzigen Haus in Fearann in der Pfarre von Ballyferriter hatten sie zwölf Fässer Fleisch eingesalzen.«

»Ich glaube«, sagte mein Vater, »wir bekamen noch das wenigste davon.«

»Ja, und das hatte auch seinen Grund. – Das Wetter war stürmisch, und die Männer konnten nicht ausfahren, um Salz zu holen. Aber so wenig wir auch mitbekamen, sogar derjenige, der am wenigsten hatte, war mindestens für ein Jahr mit Fleisch versorgt. Mein Vorrat reichte für länger als ein Jahr, obwohl ich am schlechtesten dran war, da ich kein Salz hatte. Ich glaube, Donal, du hattest genug, um deine Pacht damit zu bezahlen.«

»Ich hatte vier Fässer randvoll mit gesalzenem und gepökeltem Fleisch «, sagte mein Vater. »In jenem Jahr gab es auch reichlich Fisch und Kartoffeln.«

»Jeder Mann in unserem Boot verdiente dreißig Pfund«, sagte Tom.

»War es nicht auch um diese Zeit, als die Nora Creena hierherkam?«

»Das war im Jahr darauf. In dem Jahr machten wir nicht ein einziges Pfund, denn die Schurken auf dem alten Pott fingen jeden Fisch in der Nähe der Insel, und ich bin ganz sicher, daß jemand das Schiff verfluchte, denn als es einmal vollbeladen mit

Fisch nach Dingle zurückfuhr und an Edge Rock vorbeikam, fiel der Boden heraus.«

»Oh, ich bin sicher, daß jedermann auf der Insel es verfluchte«, sagte mein Vater.

»Das ist wahr«, sagte Tom, »und auch der Fluch Gottes traf sie.«

»Wie willst du das denn wissen«, sagte mein Vater. »Du weißt doch, daß nicht eine Seele ertrank, als dem alten Pott der Boden herausfiel. Wie wurden sie eigentlich gerettet?«

»Sie führten ein sehr großes Boot im Schlepptau, und als das Wasser aus allen Ritzen hochschoß, sprangen sie alle hinein«, sagte Tom.

»Aber in welcher Weise soll der Fluch Gottes sie denn getroffen haben?« sagte mein Vater.

»Das war so«, sagte der kahle Tom. »Etwa vierzig von diesen Männern kamen zur Zeit der großen Drangsal auf diese Insel, um die Pacht einzutreiben, und nicht einer von ihnen starb in seinem eigenen Hause, außer einem, der da draußen in Coumeenole wohnte. Sie alle starben in großem Elend im Armenhaus, und das geschah ihnen nur recht. Gepriesen sei der Herr, daß sie alle tot sind und wir noch leben.«

»John Hussy war der erste anständige Mann, der hierher kam, um Steuern einzutreiben«, sagte mein Vater.

»Und er war ein wirklich ehrlicher Mann«, sagte Tom. »Niemals hat er, solange er das Amt inne hatte, auch nur einem Menschen einen Penny zuviel abgenommen.«

»Das ist wahr, Tom, aber er bedrückte die Leute mit Arbeiten, die er von ihnen verlangte. Boote mußten mit ihm hinausfahren, um Tang zu schneiden und Muscheln zum Düngen zu sammeln, die Leute mußten ohne Lohn Schafe scheren und bekamen nur schlechtes Essen – ein Stück dunkles, drei Tage altes Brot und einen Krug saurer Magermilch. Und die Leute hatten noch Glück, denn er ersäufte sie nicht und sie überlebten ihn sogar noch.«

»Oh, der Fluch der vierundzwanzig Männer möge auf ihm bleiben!« sagte der Mann mit den verkrüppelten Ohren. »Eines seiner Boote, in dem auch ich war, wäre fast untergegangen, als wir mit einer Ladung von Schwarztang bei Flut auf den Hafen von Keel zu fuhren. Die Strömung war zu stark, und das Boot hatte zu schwer geladen. Zwei mutige Männer warfen im letzten Augenblick fünf oder sechs Pferdeladungen von dem Tang über Bord.«

»Einmal«, sagte mein Vater, »nahm er zwei Bootsmannschaften von hier mit zum Schafscheren nach Inishvickillaun. Drei Tage lang schoren wir dort Schafe. Der Wächter der Insel hatte Treibgut geborgen, das mußten wir dann noch nach Osten, nach Beal Dearg, bringen.«

So erzählten die beiden, und ich merkte gar nicht, wie der Abend verstrich.

Mein letztes Schuljahr

Ein alter Soldat als Lehrer
Der Schulrat kommt
Ich selber als Lehrer
Kaninchenjagd

Eines schönen Sonntags kam ein Boot mit Fremden vom Festland her. Da niemand wußte, wer die Fremden waren, liefen alle auf den Klippen über der Landestelle zusammen. Im Boot saß ein großer, magerer, schlaksiger Kerl, der dazu noch alt und kränklich aussah. Er hatte eine Frau und zwei Kinder bei sich. Die Frau hatte drei Beine – ein gesundes Bein, eins, das zu kurz war, und ein hölzernes. Hier und da fing jemand in der Menge an, höhnisch zu kichern, und einer sagte:

»Sie sehen wahrhaftig elend genug aus, aber seht doch, was für prächtige Kinder sie haben.«

»Das liegt nun mal in Gottes Hand«, sagte ein anderer – einer, der sich besser auf die Wahrheiten des Glaubens verstand.

Die Fremden gingen ins Schulhaus. Dieses bestand aus zwei Räumen; in einem davon wohnte immer der Lehrer. Die Leute brachten eine Menge Torf für den Lehrer, und dieser richtete sich ein. Er war ein alter Soldat, der ein paar Kugeln mitbekommen hatte, und deshalb bekam er eine Rente von Sixpence pro Tag. Er konnte sich weder die Schuhe selbst anziehen noch sich überhaupt bücken, denn in seinem Schenkel steckte noch eine Kugel. Die beiden waren ein elendes Paar, aber ich will sie deshalb nicht etwa verächtlich machen. Die dreibeinige Frau war immer noch ein wenig besser dran; wenn sie mit ihrem Stock daher kam, dann war sie oft schneller als eine zweibeinige Frau.

Die Schule war fast ein ganzes Jahr geschlossen gewesen, und nun wurde sie am Montag wieder geöffnet. Niemand fehlte an diesem Tag, wie ihr euch wohl denken könnt. Alle wollten den neuen Lehrer sehen. Die Erwachsenen wären am liebsten auch gekommen, um zu sehen, wie der Neue zurechtkam. Damals gab es wenig Lehrer, und es dauerte immer lange, bis ein neuer kam. Der Pfarrer hatte niemanden finden können, und da er meinte, die Schule sei schon zu lange geschlossen, hatte er schließlich diesen Mann geschickt. Der neue Lehrer hatte nie ein Seminar gesehen, er hatte selber nicht einmal in der Volksschule allzugut abgeschnitten. Trotzdem, am Montagmorgen begann der Unterricht.

Pünktlich auf die Minute erwartete mich der König auf seinem Schemel. Er winkte mir, ich solle mich neben ihn setzen, und das tat ich auch.

»Der alte Kerl hat ja die ganze Haut voll Löcher«, flüsterte er mir zu.

»Ja, der ist ganz pockig«, sagte ich. Mein Vater hatte mir gesagt, daß die Narben von Blattern herrührten, aber der König wußte damals gar nicht, was Blattern waren.

An diesem Tag lernten die Kinder nicht viel, denn sie achteten weder auf ihre Bücher noch auf ihre Hefte, sie starrten immer nur die dreibeinige Frau an, die von Zeit zu Zeit hereinkam. Der Lehrer war ein sanfter Mann, und wir hatten keine Angst vor ihm, wie wir es vor einem übellaunigen gehabt hätten. Jedenfalls benahmen sich die Schüler sehr ordentlich.

Alle Vierteljahre einmal fuhr er in die Stadt und brachte dann eine Schachtel Bonbons und Äpfel für die Schüler mit. Wenn eines der Kinder einmal nicht zur Schule kam, so besuchte er es, brachte ihm einen Bonbon oder einen Apfel, und das Kind ging dann gern mit ihm, wie ein Pferd an einem Stück Apfel kauend. Er hatte etwas so Freundliches, daß kaum jemals ein Kind die Schule versäumte.

Dies war der letzte Lehrer, bei dem ich zur Schule ging, auch für den König und viele andere war es der letzte, denn er blieb ziemlich lange auf der Insel. Schließlich mußte er weggehen, weil er zu kränklich war. Er wollte nach Cork gehen, aber der arme Kerl starb schon unterwegs in der Nähe von Tralee. Alles, was er wußte, hatte er uns beigebracht.

Gewöhnlich war das Gesicht des Lehrers mager und bleich, aber an dem Tag, als der Schulrat zur Tür herein kam, sah er ganz verändert aus. Sein Gesicht war gerötet, so als sei er nicht ganz bei sich, und ich glaube, daß er es auch nicht war. Ich nehme es ihm auch nicht übel, daß er sich so veränderte, als der Kerl hereinkam, denn auch die Schüler zitterten, als sie ihn sahen. Seine Haut war so dick und gelb, als habe seine Wiege irgendwo in China gestanden. Keiner von uns konnte einen Ton herausbringen; wir fuhren alle ganz still mit unserer Arbeit fort. Auf einmal kam der Lehrer mit einer Schiefertafel zu mir, auf der ein paar Zahlen standen, und sagte mir, ich solle sie so schnell wie möglich zusammenzählen. Das war für mich ein Leichtes; ich war schnell damit fertig.

Der Schulrat hatte dem Lehrer diese Aufgabe gestellt, und dieser war so verwirrt, daß er die Summe nicht herausbrachte.

Da der Lehrer kränklich war, gab ihm die Angst, die der Schulrat ihm eingejagt hatte, den Rest. Trotzdem sollte der Unterricht weiter gehen. Der Lehrer sagte mir, er werde mir ewig dankbar sein, wenn ich seine Stelle in der Schule einnähme. Der König sollte mir dabei helfen. Seine Frau, die nähen konnte, kam zu meiner Mutter und bat sie, ein Wort bei mir einzulegen, damit ich Schule hielte, solange der Lehrer krank war. »Wenn Sie eine Decke zu steppen oder sonst etwas zu nähen haben, so will ich es für Sie machen«, sagte sie.

Einen Monat lang waren wir beide, der König und ich, die Lehrer. Aber - sagen Sie es nicht weiter - wir machten unsere Sache jämmerlich schlecht. Es war nicht nur unsere Schuld. Damals ging eine ganze Reihe strammer junger Dinger in die Inselschule, die mehr darauf bedacht waren, Streiche zu spielen und den Jungen die Köpfe zu verdrehen, als sich Gelehrsamkeit anzueignen. Jedenfalls brachten wir diesen Monat recht sorglos und munter hin.

Bald darauf starb der Lehrer. Die Schule wurde wieder geschlossen, und der König und ich waren wieder frei, uns auf der See und den Bergen zu tummeln. Ich war ein wenig verwöhnt, weil ich der Jüngste zu Hause war, und der König war verwöhnt, weil er der Älteste war. Wir beide konnten so ziemlich alles tun, wozu wir Lust hatten, Gutes und Übles.

Eines Morgens kam der König sehr früh zu mir.

»Du hast doch sicher etwas vor, daß du so früh kommst«, sagte meine Mutter.

»Wir wollen auf die Jagd gehen«, sagte er. »Das Wetter ist so schön. Wir wollen von hier zum Black Head, vielleicht bringen wir ein halbes Dutzend Kaninchen mit. Wo ist Tom? Er schläft sicher noch.«

»Das tut er allerdings«, sagte sie.

»Da bin ich schon«, rief ich, denn ich kannte seine Stimme besser als die irgendeines anderen Besuchers.

»Raus mit dir«, sagte er, »wir wollen auf die Jagd gehen.«

»Aber womit soll ich denn schießen«, sagte ich.

»Ich nehme ein Frettchen mit«, sagte er.

»Aber ich glaube nicht«, sagte ich, »daß sie dir das Frettchen mitgeben werden.«

»Ich nehme es meinem Großvater heimlich weg.«

Meine Mutter gab mir mein Frühstück: ein Stück grobes Maisbrot, das hart genug für ein Pferd gewesen wäre, eine Makrele und Milch, die mit Wasser gemischt war. Ich machte mich flink darüber her, und was sich nicht gleich hinunterschlucken ließ, das zermahlte ich zwischen meinen starken Zähnen.

Dann machten wir zwei uns auf den Weg. Der König stopfte sich das Frettchen unter die Jacke; wir hatten zwei tüchtige Hunde bei uns, und ich trug einen Spaten über der Schulter. So schnell wir konnten, stiegen wir den Berg hinauf. Bald kamen wir an eine Stelle, wo es Kaninchen gab, und fanden einen Bau. Der König holte das Frettchen hervor, band es an eine Kordel und schickte es in den Bau. Dann legte er über jeden der Ausgänge ein Netz. Bald kam ein Kaninchen herausgeschossen und verfing sich in dem Netz. Es war gefangen, denn durch den Rand des Netzes lief eine Schnur, die es sofort zu einem Beutel zusammenzog. Der König holte das Tier aus dem Netz und legte dieses sogleich wieder an seine Stelle. Jetzt kam ein zweites Kaninchen aus einem anderen Loch geschossen. Das Frettchen kam nicht eher zum Vorschein, bis es uns das letzte Kaninchen zugetrieben hatte. Wenn die Frettchen nichts mehr im Bau finden, kommen sie immer wieder heraus. Unser Frettchen hatte sieben fette Kaninchen herausgetrieben. Nun machten wir uns zu einem anderen Jagdgefilde auf. Wieder schickte der König das Frettchen in einen Bau, aber es dauerte einige Zeit, bis etwas zum Vorschein kam. Schließlich kam ein sehr großes starkes Tier aus einem der Löcher. Es verfing sich im Netz, aber es riß den Pflock, der das Netz hielt, aus dem Boden und stürzte mit Netz und allem den Berg hinunter, doch die beiden Hunde hatten es bald eingeholt.

Als es schon spät geworden war und die Sonne schon tief im Westen stand, sagte der König:

»Ich bin so hungrig, daß ich die Kaninchen nicht mehr nach Hause werde tragen können.«

»Ich habe noch nie einen kräftigen Kerl gesehen, der so schnell vor Hunger schlapp macht, wie dich«, sagte ich. »Wenn wir nicht mehr fangen, dann trage ich das ganze Bündel allein nach Hause.«

Wir hatten bis dahin anderthalb Dutzend Kaninchen gefangen, das war eine gehörige Last – und wir dachten daran, uns auf den Heimweg zu machen. Ich hatte einen Rock mit einer großen Innentasche an, und in dieser Tasche steckte eine große Kruste Brot. Nicht ich hatte sie hineingesteckt, sondern meine Mutter. Sicher hatte sie gedacht, daß ein Tag lang ist und junge Menschen immer Hunger haben, und da hatte sie recht gehabt.

Ich nahm das Brot heraus, brach es und gab die Hälfte dem König. In jenen Tagen waren Könige noch leichter zufriedenzustellen als heute. Mit großer Befriedigung mampfte er das Brot, und es schien ihm zu schmecken, denn er hätte gern noch mehr gehabt. Als er seine Mahlzeit beendet hatte, fühlte er sich wieder stark, und er schickte das Frettchen in ein Loch nach dem anderen, bis wir für jeden ein ganzes Dutzend Kaninchen hatten. Als wir endlich nach Hause gingen, standen die Sterne schon am Himmel.

Hochzeit

Unsere Familie zerstreut sich
Die Jäger, die nach Belfast entführt wurden
Pats Heamish in Dingle
Farbstoff für die Unterröcke

Meine Schwester Kate heiratete und zog in ein kleines Haus im Dorf. Ihr Mann war ein guter Fischer. Oft, wenn wir Krebse, die wir als Köder benutzten, suchten, drückte ich ihn mit einem Ruder unter Wasser. Eines Tages hielt ich ihn zu lange unter Wasser. Als er wieder hochkam, war er ganz blau, es war höchste Zeit gewesen. Seitdem vertraute er sich mir nie mehr an.

Das Haus, in das meine Schwester zog, war genau wie das, das sie verlassen hatte – auch hier konnte man Eier auf dem Dach finden. Ihr Mann wurde Pats Heamish, die Nachgeburt, genannt; sein Vater hieß der große James. Bevor Pats heiratete, hatte er daran gedacht, zur Armee zu gehen, aber sein Vater sagte immer zu ihm: »Junge, denk doch an das Gewicht, das du dann auf deinen Schultern zu tragen hast.« Wenn die Bauern auf den Märkten und Kirmessen ihre Schlägereien hatten, so war der große James immer der Anführer der einen Partei, denn er stammte aus Ballyferriter und war erst später auf unsere Insel gekommen. Die beiden, Vater und Sohn, waren gut für grobe Arbeiten, aber sie waren nicht sehr geschickt. Kate kletterte immer auf das Dach, um nach Eiern zu suchen, das hatte sie heraus; sie suchte sie dort ebenso gern wie im Hühnerstall.

Ich muß die beiden jetzt für eine Weile sich selbst überlassen, bis meine Geschichte mich wieder zu ihnen zurückbringt.

Ein Jahr nach Kate heiratete auch mein Bruder Pats. Seine Frau war ein Mädchen aus Dunquin, die Tochter eines Webers. Sie bekamen zwei Jungen, dann starb die Frau. Das jüngste Kind war erst drei Monate alt, und meine Mutter, deren eigene Brut gerade flügge war, mußte nun die Sorge für den Jungen übernehmen.

Maura war damals in Amerika, Nora und Eileen waren noch zu Hause. Maura wollte in Amerika bleiben und die anderen beiden nachkommen lassen, und so geschah es auch, denn sie schickte ihnen schon bald das Geld für die Überfahrt. Noch im selben Jahr zogen sie davon. Sobald Maura aber sah, daß die beiden Schwestern sich in Amerika zurechtzufinden begannen, dachte sie an die Rückkehr, denn ihr Sohn war noch in Irland, und sie wollte ihm und auch sich selbst zu ihrem Recht verhelfen und eine Klage gegen den Onkel des Jungen führen, der sie aus dem

Hause getrieben hatte. Im Spätherbst kam sie auf der Insel an. Sie brachte ihre Ersparnisse von fast hundert Pfund mit. Kaum war sie zu Hause angekommen, so fing sie auch schon den Prozeß gegen den Bruder ihres Mannes an, und sie bekam am Ende recht gegen ihn. Sie selbst bekam etwas Geld; das Geld, das ihrem Sohn zugesprochen wurde, wurde bei einer Bank hinterlegt. Bald aber stach sie der Hafer, und sie dachte daran, sich wieder zu verheiraten. Diesmal nahm sie sich einen zähen, stattlichen und starken Burschen, der nichts auf dieser Welt besaß als das, was er auf dem Leibe trug, und das war in keinem besonders guten Zustand. Sie bauten sich ein winziges Häuschen und schlugen sich dann durch wie alle anderen auch. Der junge Bursche war ein guter Fischer, und was sie betraf, sie hätte in einem Kaninchenloch leben können, wie alle die, die eine zeitlang in Amerika gewesen waren.

Bald darauf stach der Hafer meinen Bruder Pats. Bevor noch jemand wußte, wohin er verschwunden war, war er schon halbwegs in Amerika; seine beiden Jungen hatte er meiner Mutter dagelassen. Mein Vater war alt geworden, und es war nun niemand mehr da, der die Verantwortung für das kleine Hauswesen hätte tragen können, niemand außer dem verwöhnten Nesthäkchen - und das war ich.

Ihr seht also, wie schnell sich unsere Familie zerstreut hatte. Immer war es bei uns lustig zugegangen - vor den Mahlzeiten, während den Mahlzeiten und nach den Mahlzeiten -, nie hatten die Späße und das muntere Geplauder aufgehört, nun war es aus damit; kein Laut war zu hören als die Stimme der alten Hexe von gegenüber und das Murmeln des kahlen Tom, ja, »es war ein kleiner Trost, daß wenigstens sie da waren«, wie man so sagt. »Gott tröste die Seelen deiner Verstorbenen«, sagte meine Mutter eines Abends zu Tom, »kennst du die Geschichte von den Inseljägern, die nach Belfast verschleppt wurden?«

»Das ist eine sonderbare Frage«, sagte Tom, »mein Vater war doch damals mit dabei.«

»Gott erbarme sich deiner«, sagte sie.

»Wirklich und wahrhaftig. Vierzehn unselige Tage lang war er von Hause fort. Ich war damals noch ein kleiner Kerl, aber ich weiß noch genau, als er zurückkam, konnte ich nicht glauben, daß dies mein Vater sei. An einem schönen sonnigen Tag fuhr ein vollbemanntes Boot an der Insel entlang bis zum Mullach Rour, um dort Kaninchen zu jagen. Sie ließen das Boot in einer kleinen Bucht und begannen den Berg hinaufzusteigen. Bald sahen sie ein Schiff vom Norden her durch den Sund kommen, und das Schiff sah so aus, als ob irgend etwas damit nicht stimmte. Sie eilten zu ihrem Boot hinunter und ruderten auf das Schiff zu; sie wären besser geblieben, wo sie waren. Der Kapitän hatte zu wenig Mann an Bord. Er war ein ausgemachter Schurke und sah auch so aus. Kaum hatten die Männer ihr Boot verlassen und waren an Deck geklettert, da zog der Kapitän eine Pistole und richtete sie auf die Männer. Er warf das Seil des Inselbootes in die See, ließ es mit der Flut abtreiben und hinderte die Männer daran, wieder in ihr Boot zu gehen. Er zwang sie, alle Segel für ihn zu setzen. In dieser Nacht erhob sich ein heftiger Sturm. Der Kapitän nahm die Männer mit bis nach Nordirland - das war sein Reiseziel, und hätte er weiter fahren wollen, so hätte er sie auch noch weiter mitgeschleppt.

Er brachte sie dort in einem Wirtshaus unter und befahl der Wirtin, sie festzuhalten, bis er wiederkäme. Einer von den Männern machte sich heimlich davon - es war der Vater des großen James -, sein Heimweg quer durch ganz Irland war voller Mühsal und Entbehrung. Er hatte keine Schuhe an den Füßen, fast nichts am Leibe, Hunger und Kälte quälten ihn, und zudem hatte er ständig Angst, von der Polizei aufgegriffen zu werden. Als der Kapitän zurückkam, ließ er die Männer verhaften und vor Gericht bringen, wo sie verurteilt wurden. Sie verstanden aber nicht, was vor sich ging, denn sie konnten kein Englisch; nur Dunlevys Vater verstand ein paar Worte. Sie wären ins Gefängnis gewandert, wenn sich nicht ein Herr ihrer angenommen hätte. Er kam zufällig am Gerichtsgebäude vorbei und hörte den Lärm. Er fragte einen Jungen, der im Eingang stand, was da los sei. Dieser sagte es ihm, und er sagte auch, woher die Männer kämen. Der Herr war ein Hauptmann, gebürtig aus Kerry. Er ging sofort in den Gerichtssaal, und mit Hilfe dieses Herrn erfuhr der Richter die ganze Wahrheit über die Schurkerei des Kapitäns. Er wurde zur

Zahlung von 40 Pfund verurteilt, dazu mußte er noch das Boot, das er vernichtet hatte, mit 10 Pfund ersetzen.

Der Mann, der sich als erster auf den Weg gemacht hatte, mußte den ganzen Weg vom Norden herunter zu Fuß machen; er kam völlig erschöpft auf der Insel an. Er war arm und hatte eine große Familie; er war aus lauter Angst ausgerissen, sobald sich eine Möglichkeit bot. Mein Vater sagte oft, daß sie alle genau wie er gehandelt hätten, wenn sie nicht die Vereinbarung getroffen hätten, auszuharren. Sie hatten sich überlegt, daß dies die einzige Möglichkeit sei, gerettet zu werden. Dem Kapitän wäre es nur recht gewesen, wenn sie sich alle davongemacht hätten. Obwohl er der Wirtin in ihrer Gegenwart gesagt hatte, sie solle sie festhalten, hatte er sie doch hinter ihrem Rücken verstehen lassen, sie solle sie laufen lassen. Alles, was er wollte, war, sie um ihren Lohn zu betrügen, und das wäre ihm auch fast gelungen.«

»Lang mögest du leben«, sagte meine Mutter, die ebenso gespannt zugehört hatte wie alle anderen.

Bevor wir's uns versahen, trat Pats zur Tür herein, er kam aus Amerika zurück. Er besaß nur das, was er auf dem Leibe trug, und das war wenig genug. Ich glaube, er hatte sich sogar das Geld geliehen, um diese Kleider zu kaufen. Wir glaubten, er werde jetzt für den Rest seines Lebens bei uns bleiben, aber es kommt oft anders, als man denkt, und so war es auch mit Pats. Im nächsten Frühling schon kam für ihn und seine beiden Kinder ein Angebot von Übersee. Er nahm das Angebot sofort an. Er nahm den Kleinen, der eben erst anfing zu laufen, auf den Arm, und so hielt er ihn, bis sie drüben waren. Der andere Junge war schon kräftig genug. Pats fing sofort an, seine Überfahrt und die der Kinder abzuzahlen. Das dauerte zehn Jahre. Dabei arbeitete er jeden Tag schwer. Nach all den Jahren hatte er nicht ein einziges Pfund gespart, obwohl er nicht einmal auch nur Kopfschmerzen gehabt oder einen Tag nicht gearbeitet hätte. Er war groß und hager, arbeitete leidenschaftlich gern, er konnte die Arbeit von zwei Mann leisten. Deshalb war er auch nicht einen Tag ohne Arbeit während all der Zeit, die er in Amerika blieb. Damals waren die Männer dort oft genug arbeitslos, aber die Vorarbeiter hielten die besten Arbeiter immer bis zuletzt, und Pats gehörte immer zu diesen.

Drei Familienmitglieder waren jetzt zu Hause und drei in Übersee. Die alten Eltern mußten sich jetzt an das Nesthäkchen halten; wir waren nur noch zu dreien in der Hütte. Ich war damals etwas über zwanzig Jahre alt, und es ging uns eine Zeitlang gut. Es war immer meine Aufgabe, nach Dingle zum Markt zu gehen. Manchmal setzten wir nur bis Dunquin über und machten den größeren Teil der Reise über Land, manchmal fuhren wir durch die ganze Dinglebay bis zur Stadt; oft hatten wir Schweine, Fische oder Schafe bei uns, gelegentlich auch einen jungen Ochsen oder eine Ladung Wolle. Bei meinen ersten Besuchen überraschte ich die anderen Männer, indem ich ihnen die Bewohner der Häuser nannte. Ich erkannte sie an den Zeichen an der Außenwand. Eines Tages war ich mit Pats Heamish, dem Mann meiner Schwester, in Dingle, und wir verbrachten den ganzen Tag zusammen. Er gehörte zu der Sorte, die ein Glas Whiskey oder Bier nicht lange in der Hand halten können, ohne es in sich hineinzukippen, aber das, was er mit seinem eigenen Geld bezahlt hatte, schmeckte ihm nie so sehr; er hatte es lieber, wenn jemand anders ihn in die Rippen stieß und ihn aufforderte, einen mit ihm zu trinken. Das alles führte dazu, daß er sich an diesem Tage sinnlos betrank. Es blieb ihm nicht mehr Verstand wie an dem Tage, an dem er zum erstenmal aus der Wiege krabbelte. Und da es mir nicht geglückt war, ihn loszuwerden, bevor er seine Besinnung verlor, konnte ich mich jetzt auch nicht mehr davon machen und ihn einfach unter den Pferdebäuchen liegen lassen. Es war schon spät am Abend, als wir durch die Hauptstraße gingen; Scharen von Menschen schlenderten hier auf und ab; ab und zu trat einer zu uns, der uns kannte, und hieß uns auf dem Festland willkommen. Schließlich fing Pats an zu krakeelen. »Wo kommt diese Teufelsbande eigentlich her«, sagte er immer wieder. »Reden ist das einzige, was ihr könnt. Es ist nicht leicht, einen Schluck aus euch rauszukriegen. Und dabei sind unsere armen Kehlen schon ganz ausgedörrt.«

Natürlich sagte er die Wahrheit, aber wozu sollte das führen? Die Wahrheit ist manchmal bitter genug. Es gab mir einen Stich ins Herz, wenn ich sein sinnloses Geschwafel hörte, aber was konnte ich anderes tun, als den Mund halten. Ab und zu kreuzten ein paar Polizisten unseren Weg, dann faßte ich Hoffnung und glaubte, sie würden sich ihn beim Kragen nehmen und ihn irgendwo einsperren, bis er wieder zu Verstand gekommen war. Aber sobald er sie sah, benahm er sich so brav wie ein Küster. Kaum waren des Königs Röcke verschwunden, dann flog sein Hut in die Höhe, und er war wieder der lustigste Mann auf der Straße. Einmal kam ein Bursche auf uns zu und tat so, als wolle er ihm eine Ohrfeige geben, Pats aber wollte ihn unbedingt küssen.

Nun, so weit ging alles gut, und so schlimm war's gar nicht; aber so schlimm auch etwas sein mag, es kann immer noch schlimmer kommen, und obgleich ich jetzt schon den ganzen Tag mit dem Tunichtgut zusammen war, sollte das Schlimmste doch erst kommen. Er schob seine Hand in die Tasche und holte eine Pfeife mit einem Tonkopf hervor, aber nichts war darin als Kalk.

»Heilige Maria, ich habe keinen Krümel Tabak«, sagte er. »Komm hier in den Laden. Da gibt es guten Tabak.«

»Aber wir können auf dem Heimweg guten Tabak kaufen. Geh nicht in diesen Laden.«

»Und wenn ich schon unterwegs wäre, so würde ich doch wieder zurückgehen, um den guten Tabak, den es hier gibt, zu kaufen«, sagte er.

Während er diese Tirade über den Tabak hielt, hätte kein Mensch ihm angemerkt, wie betrunken er war. Ich wußte, daß er nicht auf mich hören würde; also ging ich mit ihm auf die andere Straßenseite. Der Laden war eine Zweigstelle einer auswärtigen Handelsgesellschaft – Atkins –, die alle möglichen Waren verkaufte. Es war ein großer, schöner Laden. Auf einem Stuhl zwischen den beiden Theken stand, mit dem Gesicht zur Tür hin, eine Kleiderpuppe, mit Formen, so rund, wie nur irgendeine Bäuerin sie hat. Als unser Mann zur Tür herein kam, zog er mit großem Schwung seinen Hut vor der Frau.

»Guten Tag, Mrs. Atkins«, sagte er.

Seit den Tagen der großen Hungersnot war in Dingle nicht so gelacht worden. Keiner im Laden, Verkäufer und Geschäftsführer inbegriffen, konnte sich vor Lachen halten, als sie hörten, was der Narr sagte. Wenn man ihm im geringsten angemerkt hätte, daß er betrunken war, hätte man ihm wohl gar keine Beachtung geschenkt, aber es war ihm nichts anzumerken.

Es war inzwischen dunkel geworden, und die anderen Leute von der Insel, die in der Stadt waren, machten sich eilig auf den Heimweg; es hatte keinen Zweck, ihm das zu sagen, er wäre eher nach Osten als nach Westen gegangen, und dahin hätte er auch gehen sollen, denn in dieser Richtung lag das Tollhaus, und dahin gehörte er an diesem Tag.

Als wir aus dem Laden hinausgingen, zündeten sie gerade die Lampen an, und wir waren noch nicht weit gegangen, da sagte er:

»Ich kann nicht mehr weiter, Tom.«

»Was fehlt dir denn?«

»Ich falle um vor Hunger, und durstig bin ich auch.«

Ich schleppte ihn in ein Haus, wo wir etwas zu essen bekommen konnten. Ich dachte, sie würden ihn nicht satt bekommen, aber das, was er aß, hätte kaum eine Ratte am Leben erhalten. Dann ging er zu Bett und schlief bis zum nächsten Morgen um zehn Uhr; wir wußten nicht, ob er lebendig oder tot war.

Als ich schließlich nach Hause kam – wegen Pats Heamish war ich drei Tage fortgewesen, wegen Pats dem Teufelsbraten, Gott möge mir vergeben, daß ich ihn so nenne –, als ich nach Hause kam, schwamm eine ganze Menge Treibgut in der Nähe der Insel, Bauholz und große, volle Kisten. Als man die Kisten öffnete, kannte niemand das Zeug, das sie enthielten. Man brach sie alle auf, leerte den Inhalt auf den Strand und nahm die Kisten mit nach Hause.

Als die Inselleute gemerkt hatten, daß sie mit dem Inhalt der Kisten nichts anfangen konnten, ließen sie sie vorbeischwimmen, wenn eine andere Beute in ihre Nähe kam. Damals trugen die Frauen schwarze Flanellröcke, die sie mit Waid färbten. Sie pflegten sie ins Wasser zu tauchen, bevor sie den dunklen Farbstoff auftrugen. Und denkt euch nur, eine der Hausfrauen, die zwei Röcke zu färben hatte, kam auf den Gedanken, den ersten Rock in Wasser zu tauchen, in das sie etwas von dem Zeug geworfen hatte, das sich in einer der Kisten befand, die ihr Mann heimgebracht hatte. Sie hatte nämlich bemerkt, daß dieses Zeug abfärbte, wenn es feucht wurde. Sofort setzte sie ihre Idee in die Tat um, und der Erfolg war überraschend: Kein anderer Farbstoff war je so tief in das Gewebe eingedrungen. Sie zeigte das gefärbte Stück bei allen Frauen herum, und sie brauchte sich ihrer Arbeit nicht zu schämen.

»Der Kerl, den ich habe«, rief eine Frau, die die vorgefärbten Röcke sah, »ist von allen guten Geistern verlassen. Er hat mir kein Körnchen von dem Zeug nach Hause gebracht; dabei habe ich seit drei Monaten Röcke im Hause liegen und weiß nicht, womit ich sie färben soll. Wenn ich den Kerl erst in die Finger bekomme, dann gnade ihm Gott.«

»Um Himmels willen«, sagte die andere Frau, »laß ihn nur ja in Frieden.«

Bald kam der Mann mit einem riesigen Sack voll Torf den Berg hinunter.

»Der Teufel soll's holen, Joan. Das hat mir bald das Kreuz gebrochen«, sagte er. Wie ihr seht, dachte er, sie werde ihn bemitleiden, aber sie tat genau das Gegenteil.

»Es tut mir nur leid, daß du dir nicht die Hüfte ausgerenkt hast!« sagte sie, »denn ich kann wohl lange warten, bis du mir mal was Besseres in die Küche bringst.« Und ihre Augen funkelten ihn zornig an.

»Hör mal«, sagte er, »ich kann mich nicht erinnern, daß ich jemals einen Sack, den heimzubringen sich gelohnt hätte, nicht gebracht hätte.«

»Was, du Satan, hast du nicht das Zeug aus den Kisten weggeschüttet«, sagte sie, »und ich hätte damit die Röcke vorfärben können. Ich hab jetzt drei Monate auf Farbe gewartet.«

»Aber Frauchen«, sagte er, »du bist ja außer dir.«

»Und das ist auch kein Wunder«, sagte sie. »Die hier hat drei große Kisten von dem Zeug drüben in ihrem Haus, und ich habe nicht soviel, daß ich den Hühnern eine Handvoll hinwerfen könnte.«

»Es ist mir egal, was du hast oder nicht hast, jedenfalls bist du ganz aus dem Häuschen«, sagte der Mann.

»Oh, Unglück über dich«, rief sie, »ein Unglückswurm bist du, und du bringst allen Unglück, die dir nahe kommen. Du kannst mir die Ohren abreißen, aber der Mann, der die Kiste mit nach Hause genommen hat, hat jetzt den Vorteil davon; man konnte sich doch denken, daß in diesen schönen Kisten nichts Schlechtes sein konnte - wo doch jede Kiste innen mit Blei ausgeschlagen ist, so glänzend wie eine Schillingmünze.«

Der Mann war ein starker und gutmütiger Kerl, aber sie brachte ihn so in Wut, daß er nach dem Schüreisen langte.

An einem Tag der darauffolgenden Woche besuchte die Frau wieder jene, die die Röcke gefärbt hatte; die Farbe hatte sich bewährt. Sie hatte noch etwas Neues über das Zeug aus den Kisten zu berichten, sie hatte eine neue Verwendung dafür gefunden. - Sie hatte zwei hungrige Schweine, die nicht sattzukriegen waren, und seit sie angefangen hatte, das Zeug mit einer Handvoll Kleie für sie zu kochen, lagen sie zufrieden und satt im Hof. »Und bald werden sie hübsch fett sein«, sagte die Frau.

»Tod und Verderben wünsch ich dem Kerl, der mir nichts davon nach Hause gebracht hat«, sagte die wütende Frau. »Ich habe selbst zwei Schweine, die mir vor Hunger fast die Kinder auffressen - nur Haut und Knochen sind sie, und dabei sind sie schon fast ein Jahr alt.«

»Hör mal«, sagte die andere Frau, »es ist jetzt nicht mehr zu ändern, laß dir darum nicht anmerken, wie sehr du dich darüber ärgerst.«

Kochend vor Wut ging das böse Weib nach Hause, sie konnte es nicht erwarten, bis ihr Mann nach Hause kam, und dann putzte sie ihn nach allen Regeln der Kunst herunter.

»Hör mal«, sagte er, »schließlich bin ich nicht der einzige Mann, der das Zeug weggeworfen hat.«

»Dann waren die anderen ebensolche Narren wie du«, sagte sie.

Schließlich machte sie ihn so wild, daß die Nachbarn kommen und die beiden trennen mußten.

Am nächsten Morgen machte der Mann sich auf und davon. Er tat so, als gehe er nach Dingle, um Kleie für die Schweine zu holen. Er borgte sich hier ein Kleidungsstück, dort eins und ruhte nicht, bis er in der Stadt angekommen war.

Ein paar Verwandte bezahlten ihm die Überfahrt nach Amerika, und er ist nie wieder zurückgekommen.

Das Zeug in den Kisten war Tee – der erste, der auf die Insel kam. Inzwischen dürften wir das Zeug kennen.

Tangernte

Ich weiß noch, wie ich mich eines Morgens zum Strand aufmachte. Es war die Jahreszeit, wo wir Tang zum Düngen sammelten. Es war noch früh, das Wetter war schön, und ich trug eine neue Heugabel, mit der ich allen Tang zusammenholen wollte, der mir in den Weg kam. Als ich auf die Klippen kam, die oberhalb des Strandes liegen, lehnte ich mich über einen kleinen Wall aus runden Steinen; aber es war noch nicht hell genug, als daß ich unten etwas hätte erkennen können, darum kletterte ich schnell auf den Kiesstrand hinunter. Hoch auf dem Trockenen lag dort ein wenig Tang in einer Linie, bis hierhin war die Flut bei ihrem höchsten Stand gekommen. Ich rechte diesen Tang mit meiner schönen neuen Gabel zusammen. Ich war ganz stolz darauf, daß ich schon ein so gutes Stück Arbeit getan hatte, während die anderen noch schliefen, aber ich glaube, diese Art von Hochmut hält nie lange vor –, und so erging es mir auch.

Plötzlich hörte ich ein häßliches Schnarchen hinter mir, ein ganz sonderbares Schnaufen, das mich zu Tode erschreckte, denn es war niemand in meiner Nähe, ich sah auch niemanden kommen, und es war noch ziemlich dämmrig. Aber dann dachte ich, daß es doch feige sei, besonders da es schon Tag wurde, nicht nachzusehen, woher dieses Schnaufen kam. Sofort wandte ich mich in die Richtung, woher das Geräusch kam, und was sah ich? Eine riesige gefleckte Robbe, die den Kopf erhoben hatte und deren Körper im Sand ruhte. Mein Herz schlug heftig, aber nicht aus Angst vor dem Tier, denn ich wußte, daß es mir nichts tun konnte, solange ich ihm nicht zu nahe kam und es in Ruhe ließ. Ich hatte nur Angst, daß es mir entwischen könnte, denn damals schätzten wir diese Tiere höher als das fetteste Schwein. Die Robbe legte sich wieder hin, um zu schlafen.

Ich sah jetzt, daß es ein Weibchen war, und das gab mir neuen Mut, denn ich hatte immer gehört, es sei leichter, sieben Weibchen zu töten als ein Männchen. Das Tier lag am Rande des Wassers, und es war Ebbe. Während es schlief, holte ich meine Gabel. Ich nahm den gezahnten Teil, der aus Eisen war, in die Hand, streckte den Stiel vor mir her und begann, auf das Tier zuzukriechen, um ihm einen Schlag zu versetzen. Aber es hob den Kopf, als ob es mich gewittert hätte, stieß ein lautes, wildes Schnauben aus und begann, sich aus dem Lager, das es sich in den Kieseln gemacht hatte, herauszuwälzen. Als es sich zur See hinaus wandte, versetzte ich ihm einen Schlag, dann noch sechs Schläge, einen nach dem anderen, aber es kümmerte sich um diese Schläge mit dem Gabelstiel nicht mehr, als hätte ich es mit der Feder geschlagen, die ich jetzt in der Hand halte; und schließlich brach der Gabelstiel in zwei Stücke. Mit dem Stück, das ich noch in der Hand hielt, versetzte ich dem Tier eins über die Schnauze, aber es schnappte danach und zerbiß den Stiel zu Splittern. Nun ergriff ich einen kräftigen Tangast und schlug damit, so schnell ich nur konnte, auf das Tier ein. Ich konnte ihm damit nichts anhaben, aber ich wollte es hindern, tieferes Wasser zu erreichen, das nun nicht mehr weit war. Als wir beide schließlich schon ganz erschöpft waren, gelang es mir, einen Stein zu ergreifen und die Robbe am Kopf zu treffen. Das Tier drehte sich auf den Rücken und blieb liegen, aber es dauerte nicht lange, bis es wieder zu Bewußtsein kam.

Ich schlug immer noch mit dem Tangast auf es ein, dachte aber, daß es nun tot sei. Aber was glaubt ihr, als ich zu nahe an das Tier herantrat, schnappte es plötzlich nach mir. Und es schnappte mich wirklich. Es riß mir ein großes Stück Fleisch aus der Wade – soviel wie es mit seinen vier Vorderzähnen greifen konnte. Ich ließ nicht locker, obwohl ich jetzt genau wie die Robbe in Strömen blutete.

Nun, schließlich tötete ich die Robbe, aber auch ich war beinahe tot; ich dachte, mein letztes Stündlein sei gekommen, als ich mein Bein und die Wunde sah, die das Tier mir gerissen hatte, und das Blut, das wie aus einem Brunnen heraussprang. Ich mußte fast verblutet sein. Ich zog das Hemd aus, wickelte es um das Bein und umschnürte es mit dem Strick, den ich um den Leib trug. Die Flut stieg jetzt, fast hatte sie die Robbe schon erreicht, und ich hatte schreckliche Angst, sie würde das Tier nach all der Mühe, die ich gehabt hatte, wieder wegschwemmen. Keine Menschenseele war weit und breit zu sehen. Es war jetzt heller Tag, ich dachte, es sei alles zu Ende, und warf ab und zu einen Blick auf mein Bein, aus dem das Blut nur so strömte.

Schließlich, als ich schon ganz kraftlos geworden war, erblickte ich einen Mann auf dem Klippenrand. So schnell er konnte, kam er zu mir herunter. Es war ein Onkel, den wir immer den verrückten Diarmid nannten. Er war sehr erstaunt und sagte, eine so große Robbe habe er noch nie tot gesehen.

»Die Robbe habe ich bekommen, Onkel«, sagte ich, »aber mein Bein habe ich verloren.«

Er taumelte zurück und wäre fast umgekippt, als er das Loch in meinem Bein sah. Jetzt kam ein Mann nach dem anderen zu uns herunter. Sie zogen die Robbe aus der Reichweite der Flut und trugen mich nach Hause. Meine Mutter und mein Vater waren außer sich, als sie die Wunde in meinem Bein sahen, und der Seal machte ihnen wenig Freude, da der Sohn, der ihn erlegt hatte, nicht heil nach Hause gekommen war. Eine ganze Schar Männer machte sich unter der Leitung des Verrückten Diarmid auf, um die Robbe abzuhäuten. Mein Vater ging nicht mit ihnen, er war außer sich meines Beines wegen, aber er gab Diarmid den Esel mit, der die Robbe nach Hause tragen sollte, und er sagte Diarmid, er solle jedem der Männer, die beim Abhäuten halfen, ein Stück Fleisch geben.

Die alten Weiber rannten bei uns ein und aus, fragten nach dem Bein, und jede brachte ihr eigenes Heilmittel. Auch die Alte von gegenüber kam sofort, und als sie mein Bein sah, sagte sie: »Hört mal, das mit dem Bein ist gar nicht schlimm.« Ihr könnt mir glauben, ich war ihr dankbar für dieses Wort, denn es gefiel mir besser als das, was die anderen sagten, nämlich, daß ich das Bein verlieren würde. Die Alte sagte, sie habe eine noch größere Wunde gesehen, die eine Robbe einem Mann in Inishvickillaun gerissen hatte und die sei in einer Woche verheilt gewesen. Shaun Maurice Liam war es, der hatte die Robbe getötet, die ihm die Wunde im Bein gerissen hatte. Sein Vater hatte eine andere Robbe getötet, hatte ein frisches Stück von ihrem Fleisch genommen, es auf die Wunde gelegt und es mit einem Stück Leinen umwickelt. Man hatte das Fleisch sieben Tage auf der Wunde liegen lassen. Als sie den Verband lösten, habe sich die Wunde mit natürlichem Fleisch gefüllt, sagte die alte Hexe.

»Und wie lange dauerte es, bis die Haut nachwuchs?« sagte meine Mutter.

»Noch an dem Tag, wo man den Verband abnahm, machte er einen Spaziergang, ließ die Sonne auf das nackte Bein scheinen, und am Abend schon war die Haut nachgewachsen.«

Meine Mutter blickte nach draußen und sah den kahlen Tom gerade mit einem großen Stück Sealfleisch auf dem Rücken herankommen. Das eine Ende des Fleischstückes berührte seinen Nacken, das andere Ende hing ihm in die Kniekehlen. »Eileen«, sagte meine Mutter zu der Alten, »da kommt dein Tom.«

Die Alte sprang auf, lief hinaus, und als sie sah, was ihr Mann da brachte, schrie sie vor Freude auf, denn seit geraumer Zeit hatte sie nichts zu ihren Kartoffeln gegessen als ein wenig grobes Salz.

Dann kam Diarmid mit dem Esel an die Tür, und noch nie hatte man einen Esel so beladen gesehen. Man konnte nur noch seine Ohren und seinen Schwanz sehen, alles andere war von riesigen Stücken Robbenfleisch verdeckt, und der Eseltreiber ging schwer gebückt unter der Last, die er selbst noch auf dem Rücken trug.

Laut und vergnügt schrie alles durcheinander, bis meine Mutter mitten in diesen Lärm hinein sagte:

»Ich fürchte, daß diese Robbe meinem Jungen ein Bein kosten wird.«

»Das wird sie nicht, glaub mir nur«, sagte Diarmid, »er hat die Robbe ja getötet; wenn ihm das nicht gelungen wäre, so stände es schlecht um ihn.«

Nun erzählte ihm die Mutter, was die alte Eileen gesagt hatte.

»So ist es wirklich gewesen, bei meiner Seele«, sagte er. »Ein Stück Fleisch von einer anderen Robbe wurde in die Wunde gelegt. Und, so wahr der Teufel meine Seele nicht haben soll, morgen um diese Zeit sollst du ein Stück von einer anderen Robbe für deine Wade haben, mein Junge«, sagte der wilde Diarmid.

Am nächsten Morgen verließ der SCHWARZE EBER den Hafen der Blasket-Insel mit einer achtköpfigen Mannschaft, mit vier Rudern, zwei Segeln, zwei Masten und zwei Rahen. Eine steife Brise wehte von Nordosten. Der SCHWARZE EBER war ein schönes, großes neues Boot mit einer tüchtigen Mannschaft. Die Segel wurden gesetzt, und man ließ das Boot mit dem Wind fahren. Ein Mann, der gerade seine Pfeife angezündet hatte, verfolgte das Boot, indem er am Berg entlang ging, und noch ehe seine Pfeife erloschen war, hatte es die Insel Inishvickillaun erreicht.

Der Mann, der auf diesem Inselchen lebte, dachte, es sei ein Boot mit Schiffbrüchigen, und er erwartete sie, bis über die Hüften im Wasser der Einfahrt stehend, denn es herrschte eine starke Brandung. Er fragte sie sofort, was sie an einem solchen Tag hierhergebracht hätte.

»Darum sind wir hergekommen«, sagte Diarmid, nachdem er seine Geschichte erzählt hatte, »und wir werden diese Insel nicht verlassen ohne eine Robbe, sei sie tot oder lebendig.«

»Bei meiner Seele«, sagte der Mann von der Insel, »ihr wißt gar nicht, was ihr euch da vorgenommen habt.«

Der Wind wurde immer heftiger, und ich ging im Hause ein und aus, denn das Bein schmerzte nicht. Auch meine Mutter ging unruhig hin und her, wie eine Henne, die ein Ei gelegt hat, horchte auf das Heulen des Sturmes und sagte schließlich: »Ich glaube, die Männer draußen werden es teuer bezahlen müssen, daß sie dein Bein retten wollen.«

Obwohl ich Angst um mein Bein hatte, Angst bei dem Gedanken, daß ich vielleicht mit einem hölzernen Bein würde herumgehen müssen, so war doch im Augenblick meine Angst um den SCHWARZEN EBER und seine Besatzung noch größer. Der Mann von der Insel nahm die Männer mit in sein Haus und gab ihnen zu essen. Als sie gegessen hatten, rief er einige von ihnen zu sich, um mit ihnen nach einer Robbe zu suchen. Sie durchsuchten jede Höhle auf der Insel, ohne auch nur eine einzige Robbe zu finden. So mußten sie sich wieder auf den Heimweg machen.

Diarmid begann jetzt entsetzlich zu jammern, denn er glaubte, der Junge mit dem verletzten Bein müsse sterben. Da sagte der Mann von der Insel, es gebe wohl noch eine Höhle, aber man brauche ein zwanzig Faden langes Seil, um sich hineinzulassen - »und«, so sagte er, »ich habe ein solches Seil, mit dem ich Schafe von sehr gefährlichen Stellen heraufhole.«

»Wo ist das Seil?« fragte Diarmid.

Er warf sich das Seil über die Schulter, machte sich auf den Weg, und die anderen begleiteten ihn. Sie ließen ihn an diesem Seil in den Felsspalt hinunter. Zwischen den Zähnen hielt er ein Messer, unter dem Arm hielt er einen Knüppel, um die Robbe zu erschlagen. Sie ließen ihn an dem Seil hinab, bis er den Eingang der Höhle erreicht hatte, dann ließen sie den Mann von der Insel zu ihm herab.

Das war eine gute Tat, und ich war ihnen bis zu ihrem Tode dankbar dafür. Mögen ihre Seelen die ewige Seligkeit erben! Sie brachten tatsächlich eine Robbe aus der Höhle, aber als sie sie oben hatten, sagten die Männer, daß bei diesem Sturm kein offenes Boot heil nach Hause käme. Diarmid sagte, wenn sie ihm helfen wollten, die Segel zu setzen, so müsse das Boot genauso nach Hause kommen, wie es hergekommen sei. Sie fuhren in die schwere See hinaus, erreichten die Landspitze von Slea ohne Lavieren und die Landestelle auf der Blasket-Insel schon beim zweiten Versuch, und Diarmid ruhte nicht, bis er ein Stück des Robbenfleisches fest in meine Wunde gedrückt hatte, und eine Woche später war ich so munter wie je zuvor.

Die Zeit vergeht

Die Tochter der Frau von gegenüber
Fastenzeit
Verlöbnisse und Hochzeiten
Treibholz
Der Tanzmeister
Der lustige Herr
Der Dichter Dunlevy

Eines Sonntags kam von Dunquin ein Boot herüber, in dem eine Dame saß. Niemand erkannte sie, bis sie mitten unter den Leuten stand. Es war niemand anders, als die Tochter der Frau von gegenüber. Man schüttelte ihr die Hand, bis man hätte glauben können, ihre Schulter müsse jetzt ausgerenkt sein. Sie trug einen großkrempigen Hut, von dem eine neckische Feder oder etwas ähnliches in die Höhe stand. Auf ihrer Bluse lag eine gelbe Kette aus glitzerndem Gold. Sie trug einen Sonnenschirm, und ihre Stimme hatte einen näselnden Ton, ob sie nun englisch oder gälisch sprach. Sie hatte ein paar Schachteln bei sich und, was das Beste war, eine Börse voll Geld aus den Staaten, denn sie wußte das Geld zusammenzuhalten. So aufgetakelt sie auch war in all ihrer Pracht, sie war immer noch so mager wie ein Gerippe. Es war nie viel an ihr dran gewesen, aber nun, da sie fünf Jahre im Land des Schweißes zugebracht hatte, war sie häßlicher denn je.

Viele Leute folgten ihr zu ihrer elenden Hütte. Sie hatte eine Flasche Whiskey bei sich, und da es meist alte Weiber waren, die mit ihr gingen, dauerte es nicht lange, bis sie alle die alten Lieder von Munster sangen und das Mädchen priesen, das ihnen etwas mitgebracht hatte. Sie blieben den ganzen Tag dort, ohne einen Bissen zu essen, denn jede Sängerin bekam für jedes Lied, das sie sang, ein Schlückchen aus der Flasche. Das ging so weiter bis zur Fastenzeit, dann fing die Alte an, mit dem Geld der Amerikanerin, an dem noch nicht viel fehlte, hausieren zu gehen. Da sie uns zwei schon immer hatte verkuppeln wollen, als wir noch Kinder waren, kam ich auf den Gedanken, sie könne wieder davon anfangen, besonders wie die Dinge jetzt standen. Es wäre auch seltsam gewesen, wenn es anders gewesen wäre, denn sie war ein Mädchen mit Geld, und solche Mädchen waren damals selten. Bald fing ihre Mutter, die Alte, an, meiner Mutter gegenüber Anspielungen auf das Gold zu machen, das Mary besaß, und wie sie wünsche, sich auf dem Festland ein Stück Land zu kaufen und sich dort niederzulassen. »Ihr Vater und ich«, so sagte sie, »würden sie lieber in der Nähe behalten. Und wenn dir die Idee gefällt, so halte ich sie gewiß nicht ab, in dein Haus zu ziehen.«

»Ich will dir mal etwas sagen«, sagte meine Mutter. »Unser Sohn ist noch jung, und ich glaube, es hat keinen Zweck, mit ihm über solche Dinge zu reden. Ich glaube nicht, daß er unbedingt hier bleiben will, denn wahrscheinlich werden von der ganzen Familie nur er und seine Schwester hier bleiben, und ich glaube, wenn es nicht unsertwillen wäre, so wäre er schon längst fort.«

»Bei meiner Seele«, sagte die Alte, »da ist er aber dumm. Er könnte lange in ganz Amerika suchen, ehe er ein Mädel fände wie sie.«

Zu Beginn der Fastnachtszeit ging der kahle Tom zum Hauptland hinüber und fand einen Mann und ein Stückchen Land, das nicht viel wert war, dort wuchs nur Gras für eine oder zwei Kühe, an einer armseligen, ungeschützten Stelle, die niemand recht haben wollte. Tom bezahlte nur wenig dafür, denn es wurde nur wenig von ihm verlangt.

Als Tom alles genau geordnet hatte, kam er nach Hause zurück und schickte in jedes Haus im Dorf eine Einladung zur Hochzeit. Die Alte vergaß auch das Haus gegenüber nicht, und ich ging mit allen übrigen zum Fest. Damals wurde noch jede Hochzeit mit großem Aufwand gefeiert, es gab alle nur möglichen Speisen und Schwärme von Leuten, die sie verzehrten. Die Leute von gegenüber hatten acht Fässer Bier, und gegen Morgen war in keinem der Fässer auch nur ein Tröpfchen übrig.

Als das Fest vorüber war, machten sich alle auf den Heimweg, aber als wir die Klippen oberhalb des Hafens von Dunquin erreicht hatten, sahen wir, daß nicht einmal die Möwen den Hafen hätten verlassen können: in jeder kleinen Bucht, in jedem Spalt schlug die Brandung bis über den Rasen hinauf. Wir mußten an diesem Tage auf dem Festland bleiben, auch am folgenden Tag und am übernächsten. Einundzwanzig Tage mußten wir an Land bleiben. Ich glaube, alle verfluchten diese Hochzeit. Die junge Frau lebte also jetzt dort, sie bekam vier Kinder, und dann starb sie.

Als wir nach Hause kamen, war die Insel voller Strandgut. Der Weiße Strand war mit Balken von rotem und weißem Bauholz bedeckt, mit weißen Planken, den Überresten eines untergegangenen Schiffes, ein Stuhl lag dort, ein Schemel, Äpfel und alles nur mögliche. Das Boot, in dem mein Vater arbeitete, fischte zwölf Balken aus dem Wasser. Einige der anderen Boote fischten noch mehr. Das Boot, in dem ich vom Festland herüberkam, traf mitten im Sund auf einen schönen Balken. Wir mußten das Segeltau nehmen, um ihn abzuschleppen, denn wir hatten kein anderes Tau mit. Nachdem wir diesen Balken an Land gebracht hatten, wandten wir uns wieder der See zu. Bald stießen wir auf zwei Balken, die nebeneinander schwammen. Einer davon war achtzig Fuß lang und entsprechend dick. Die Leute sagten, dies sei der stärkste Balken, der seit Menschengedenken auf der Insel an Land gezogen worden sei. Wir hatten an diesem Morgen in Dunquin nichts gegessen, als ein paar elende Kartoffeln, und wir bekamen bis zum Dunkelwerden auch nichts mehr. Bis dahin hatten wir acht Balken an Land gebracht. Aber all diese Mühe war wenig lohnend: für den großen Burschen bekamen wir nur dreißig Schilling – später, während des Weltkrieges, hätte es für diesen Balken zwanzig Pfund gegeben.

Eines Tages kam ein Tanzlehrer auf die Insel und hielt einen Monat lang Tanzstunden ab. Der Unterricht kostete vier Schilling pro Person. Er ließ sich in dem alten Kloster der Protestantischen Mission nieder, in dem Teil, in dem früher die Schule gewesen war. Dieser Raum hatte einen Dielenboden, der jetzt unter den Tanzschritten dröhnte. Dieser Lärm machte, wenigstens im Anfang, den größten Teil des Vergnügens aus. Am ersten Tage ließen sich nicht viele in die Liste eintragen, da die meisten nicht zahlen konnten, aber bald strömten sie einzeln und zu zweien in die Schule. Der Lehrer war sehr tüchtig, und er wollte nicht, daß wir ihn auf den Hochzeiten blamierten. Er hatte meine vier Schillinge eingesteckt, und was das Tanzen anbetrifft, so hatte er schon sehr bald den Gegenwert geleistet, denn er wohnte in einem Haus, das ganz in unserer Nähe lag, und immer, wenn ich zu ihm herüberkam, gab er mir eine Tanzstunde. Bald schon war ich ein ausgezeichneter Tänzer – aber, wie das bis auf den heutigen Tag zu geschehen pflegt, es tauchte jemand auf, der ihm das Tanzstundengeben verbot, und die Tanzschule auf der Insel wurde geschlossen.

Bald nach der Schließung der Tanzschule besuchte ein Herr die Insel, der allerlei Volksbelustigungen arrangierte. Sein Name war Barret. Er hatte Speisen und Getränke aller Art mitgebracht, allein acht Flaschen Whiskey und dazu noch eine Menge anderer Getränke. Nun war die Frage, wer ihm das erste Lied vorsingen sollte, niemand wollte der erste sein, aber als sie sahen, daß er eine gute Flasche Whiskey für den ersten Sänger bereithielt, änderte sich das schnell. Selbst die, die seit sieben Jahren kein Lied mehr gesungen hatten, und die, die gar nicht singen konnten, brauchten jetzt nicht mehr genötigt zu werden. Mit dem Tanzen war es ebenso; auch wer Tanzmusik trällerte, bekam sein Glas.

Selbst die alten Frauen und die bejahrten Männer tanzten.Ich war die meiste Zeit halb betrunken, denn sowohl die alten Frauen wie die jungen Mädchen forderten mich immer wieder zum Tanzen auf: damals war ich ein guter Tänzer. Auch mein Vater konnte tanzen, und er hatte mich schon unterrichtet, bevor der Tanzlehrer kam. Besonders die alten Frauen nötigten mich immer wieder zum Tanzen, und so kam es, daß ich jeden Abend dieser Woche schwankend nach Hause kam. Wenn die anderen sich einmal ausruhen durften, so durfte ich es nicht: denn ich tanzte und sang oder summte die Tanzmusik bei jeder einzelnen Runde; damals war ich wirklich ein fixer Bursche!

In jenem Jahr fischten zwei Boote von Iveragh bei uns nach Hummern. Sie wohnten zusammen mit einem Engländer in einer Hütte auf dem Inselchen Beginish. Obwohl die armen Burschen nach ihrem Tagewerk müde genug waren, fanden sie doch jeden Abend den Weg zum Schulhaus. Einer von ihnen war der beste Tänzer, der je einen Tanzboden betreten hat. Er wurde reichlich mit Schnaps bewirtet, und ein anderer konnte die Tanzmusik trällern, so daß man ihn jedem Musikinstrument vorgezogen hätte.

Der Whiskey hielt nicht die ganze Woche vor, wie der Herr gedacht hatte. Er schickte ein Boot zum nächsten Ort und ließ noch einmal so viel holen. Er muß sich an diese Woche erinnert haben, so lange er lebte, und das taten auch alle anderen, die an dem Fest teilgenommen hatten.

Nachdem er nach Hause zurückgekehrt war, schickte er uns eine Menge Geschenke, dazu ein Pfund Tabak für den Dichter

Dunlevy. Der Dichter ließ es nicht an Dank fehlen, er schrieb später ein Lobgedicht auf Mr. Barret.

In der Fastnachtszeit, nach dem Besuch des Herrn Barret, bekam der König einen Heiratsantrag aus Dunquin. Damals wurde er noch nicht als »König« betrachtet, aber seine Familie war recht wohlhabend. Wahrscheinlich bekam er noch viele Anträge, denn er war damals ein stattlicher Mann.

Ihr könnt euch denken, daß es auf seiner Hochzeit hoch herging; es gab zu essen und zu trinken im Überfluß. Als wir nach Hause kamen, kenterte eins der Boote in der Hafeneinfahrt der Insel. Zwei der Insassen lagen unter dem Boot. Als man sie endlich frei bekam, pfiffen sie aus dem letzten Loch. Einige Frauen, die gerade nährten, gaben von ihrer Milch her, und man flößte sie den Verunglückten mit einem Löffel ein. In etwa einer Stunde erholten sie sich wieder.

An dem Tage, da der König Hochzeit hielt, gab es noch vier andere Hochzeiten in Dunquin, und die Bewohner des Kirchspiels hätten einander beinahe umgebracht. Das war auch kein Wunder, wenn man bedenkt, wie viel es zu trinken gab und wieviel Feindschaft sich durch den Klatsch all der Jahre angesammelt hatte. Nach den Schlägereien der Nacht mußte man sechs Männer ins Krankenhaus bringen. Der eine hatte eins mit der Flasche über den Kopf bekommen, der andere eins mit einem Stein. Einem dritten hatte man einen Schlag mit einem Schürhaken versetzt, so wie ihn damals Owen Rose Sullivan von seiner Frau bekam. Owen war daran gestorben, aber dieser hier kam mit dem Leben davon. Als der Dichter Dunlevy auf der Insel seine Lieder dichtete, war ich ein junger Mann. Ihr wißt, daß die Insel klein ist, und wir liefen uns jeden Tag in die Arme, entweder in den Häusern, auf dem Berg oder auf See.

Eines Tages wollte ich Torf stechen gehen, denn das Wetter war gut, und unser alter Torfvorrat war beinahe verbraucht. Mit einem guten Torfspaten machte ich mich auf den Weg. Und obwohl ich, wenn man den Büchern glauben kann, mich nicht mit den Recken der Vorzeit messen konnte, so war ich doch flink und geschickt und verstand mein Handwerk. Ich machte mich also auf den Weg den Berg hinauf; mein Atem stockte nicht, meine Füße verkrampften sich nicht, meine Hände zitterten nicht und mein Herz schmerzte nicht, bis ich an eine Stelle kam, wo ich genug guten Torf fand, um mich an die Arbeit zu machen. Ich freute mich darauf, ans Werk zu gehen und es schnell zu beenden. Da wir kein junges Volk mehr im Hause hatten, das mir hätte mein Mittagessen bringen können, hatte ich am Morgen ein ordentliches Stück Brot mitgenommen; es war Brot aus grobem Maisschrot, hart und gelb, nur von außen war es mit weißem Mehl bestäubt wie eine gekalkte Hauswand; dazu hatte ich einen halben Liter Milch und ein Stück Butter, so groß wie eine kleine Kartoffel. Und wenn auch heutzutage niemand mehr über solche Nahrung etwas Gutes zu sagen wüßte, so schien sie mir damals doch köstlich, denn ich hatte Mühlsteine im Mund, die sie zerkleinern konnten.

Aber ich hatte an jenem Tag wenig Gelegenheit, aus meiner Arbeitslust Vorteil zu ziehen. Ich hatte gerade angefangen zu arbeiten, als der Dichter Dunlevy mit einem Spaten unter dem Arm herankam, um auch Torf zu stechen, und mit ihm kamen noch viele andere Männer, die alle ins Moor gekommen waren, weil das Wetter so schön und der vorjährige Torf fast gänzlich verbraucht war.

Ich glaube wohl, daß kein Dichter gut zu irgendeiner Arbeit zu gebrauchen ist, die nichts mit Dichten zu tun hat; jedenfalls war es so bei Shane. Ich kann dafür manchen Beweis bringen, denn wenn ich damit beschäftigt bin, Vierzeiler zu dichten, und das tue ich oft, dann wäre ich in einer Arbeitsgruppe wenig nütze.

»Ach«, sagte der Dichter und ließ sich auf einem Grashügel nieder, »ist es nicht schrecklich, daß du an einem so heißen Tag Torf stechen mußt? Setz dich ein wenig hin, der Tag ist noch lang und am Nachmittag wird es kühler sein.«

Ich fand es gar nicht so heiß, aber ich wollte auch nicht unhöflich sein und seine Einladung abschlagen. Außerdem wußte ich, daß der Dichter, wenn ich ihn verärgerte, eine Satire auf mich dichten würde, und das konnte sehr unangenehm sein, besonders da ich noch jung war und mir meinen Platz in der Gesellschaft noch schaffen mußte. Ich setzte mich also neben ihn.

»Hör mal«, sagte der Dichter, »kennst du eigentlich mein Gedicht ‘Das Schaf mit dem schwarzen Gesicht’? Es war das allererste Gedicht, das ich gemacht habe, und ich hatte guten Grund dazu, denn ich war herausgefordert worden.«

Ob ihr es glaubt oder nicht, er lag da flach auf den Rücken ausgestreckt und sagte jedes einzelne Wort des Gedichtes her. Er lag auf einem Polster aus weichem Heidekraut, die Sonne brannte von einem wolkenlosen, tiefblauen Himmel und röstete die Seite des Dichters, die gerade noch oben lag.

Ich lobte sein Gedicht bis in den Himmel, obwohl ich sehr verärgert war, weil er mich von der notwendigen Arbeit abhielt, die zu erledigen ich mir am Morgen fest vorgenommen hatte. Aber das hatte der Dichter mir mit seinem Geschwätz gründlich verdorben.

»Dieses Gedicht wird verlorengehen«, sagte er, »wenn nicht jemand es festhält. Hast du nicht ein Stück Papier in der Tasche, auf das du es aufschreiben könntest?«

Wenn man schon am Morgen Pech hat und Gott einem nicht gewogen ist, so kann es mit dem ganzen Tag nicht viel werden. Ich Unglückswurm stach nicht mehr Torf, als zwei alte Esel nach Hause tragen konnten, und dabei hatte ich an diesem Tag so viel tun wollen. Und das war nur der Anfang, denn wenn ich einmal einen glücklichen Tag hatte, so folgten immer fünf, an denen alles schief ging.

Als ich jetzt den Bleistift zückte, so tat ich es nicht aus Freundschaft für den Dichter, sondern aus Angst, er könne seine spitze Zunge gegen mich wenden. Ich fing also an, die Worte, so wie sie aus seinem Munde kamen, hinzukritzeln. Ich schrieb sie noch nicht in der üblichen Rechtschreibung nieder, denn ich hatte damals darin noch zu wenig Übung.

Ich war nicht sehr glücklich, und das war kein Wunder: ich hatte am Morgen ein vernünftiges Stück Arbeit vor mir gehabt, und nun hatte ich es aufgeben müssen für diese sinnlose Beschäftigung. Wenn der Dichter erst einmal seinen Mund geöffnet hatte, sprudelte es aus ihm heraus wie ein Wasserfall. Ich kritzelte die Worte hin, so gut ich konnte, und wenn ich einmal ein Wort ausließ, so hatte ich einen Lehrer neben mir sitzen, der gern bereit war, sich Zeit zu nehmen und es mir zu erklären. Er hätte es getan, auch wenn Pferd und Pflug in der Furche auf ihn gewartet hätten.

Als wir endlich fertig waren, sank die Sonne schon hinter den Berg, und der arme Tom war halb tot vor Erschöpfung. Sobald der Dichter gegangen war, lief ich zu dem Grasbüschel, hinter dem ich mein Mittagessen versteckt hatte, aber das Brot war steinhart und die Milch war in der Flasche sauer geworden.

Mannesalter

Der große Fischzug
Der Tod der alten Frau von gegenüber
Die sechs Mädchen

Da der Dichter mich an jenem Tag so in der Arbeit gestört hatte, daß ich nur eine einzige Ladung Torf nach Hause brachte, nahm ich mir vor, die Arbeit an einem anderen Tag zu tun. Ich nahm an diesem Tag nichts zu essen mit, da meine Mutter mir versprach, mir ein kleines Mädchen mit warmem Essen zu schicken.

Ich ging also den Berg hinauf und traf zwei andere Männer, die es ebenso eilig hatten wie ich. Unterwegs blickte der eine auf die See hinaus und sah einen großen Schwarm Fische gleich unterhalb unseres Standortes in der Nähe der Klippen.

»Zum Teufel«, sagte er, »seht euch mal diesen Schwarm an.«

So schnell wir konnten, liefen wir den Berg wieder hinunter und nach Hause. Wir ließen ein Boot ins Wasser - warfen die Netze hinein und ruderten ohne aufzuhören, bis wir den Fischschwarm entdeckt hatten. Der Schwarm war immer noch an der Oberfläche des Wassers, so wie wir ihn von oben gesehen hatten. Wir warfen das Netz aus und ruderten um den Schwarm herum. Wir nahmen so viele Fische ins Boot, wie dieses nur tragen konnte, und in dem Netz blieb noch eine zweite Bootsladung Fische zurück.

Wir mußten einen Mann auf den Klippen absetzen, der ein anderes Boot vom Hafen holte, um den Fang nach Hause zu bringen. Sie kamen überein, daß ich dieser Mann sein sollte, und - so unbescheiden es auch klingt - sie hätten nicht leicht einen gefunden, der so schnell wie ich über den Berg hinüber gewesen wäre. Als ich nach Hause kam, konnte ich kaum einen Mann finden; alle waren ihren eigenen Geschäften nachgegangen.

In jenem Jahr gab es auf der Insel nur ein Boot mit einem Schleppnetz. Alles andere waren kleine Boote. Eins von diesen mußte ich ins Wasser lassen, und zwei alte Männer bildeten mit mir zusammen die ganze Besatzung. Nun, weil das Wetter sehr schön war, schafften wir es. Wir erreichten das Boot mit dem Schleppnetz, füllten das kleine Boot bis zum Rande, aber damit war uns noch nicht geholfen, das Netz war immer noch nicht leer. Wir hätten noch ein Boot mit Fisch füllen können. Wir wußten nicht, was wir machen sollten, denn es waren keine Männer mehr im Dorf, die ein neues Boot hätten bemannen können.

Wir entschlossen uns, das kleine Boot nach Hause zu schikken, es sollte den Fang ausladen und dann zurückkommen. Wir gaben dem kleinen Boot vier Ruder und einen Mann zum Steuern mit, und es dauerte nicht lange, bis es zurück war. Nun wurden Netz und Fische hineingeladen, und es war voll bis zum Rande. Beide Boote fuhren nun zusammen nach Hause, bis an den Dollbord im Wasser liegend. Die Fische waren Maimakrelen, jede so lang wie mein Arm. Die alten Männer sagten, sie hätten noch nie eine solche Menge Fisch in einem einzigen Schleppnetz gesehen.

Nun mußte der Fisch eingesalzen werden; das Waschen und Salzen war eine schwere Arbeit, aber damals gab es noch keinen Markt für frischen Fisch. Es waren ungefähr achttausend Fische auf einem Haufen, denn die einzelnen Fische waren sehr groß. Wir waren ganz erschöpft von der langen Tagesarbeit, und ihr braucht nicht zu fürchten, daß wir schlecht schliefen.

Früh am nächsten Morgen klopfte es an unsere Tür. Meine Mutter öffnete, war sehr überrascht, denn es war der Sohn der Nachbarin. Er rief die Männer zusammen, damit sie den Priester für seine Mutter holten, die seit Mitternacht im Sterben lag. Meine Mutter weckte mich aus tiefem Schlaf. Ich sprang sofort auf, denn ich wollte nicht versäumen, mich an dieser Liebespflicht zu beteiligen. Während ich mich anzog, wärmte meine Mutter einen Topf voll Milch für mich. Ich goß sie schnell hinunter, aß ein Stück Brot, und schon war ich zur Tür hinaus. Ich war einer der ersten unten im Hafen, aber dann kamen sie, ein Mann nach dem anderen, bis wir alle beisammen waren. Es war ein schöner milder Morgen, nur war es ziemlich dunkel. Wir stießen ab und waren bald in Dunquin angekommen. Der Sohn der Kranken machte sich mit einem Begleiter auf den Weg nach Ballyferriter, um den Pfarrer zu holen.

Der Tag verging, ohne daß wir etwas von ihnen sahen oder hörten; schließlich, als es schon Abend wurde, kam der Priester, aber die beiden waren nicht bei ihm. Er konnte uns nicht sagen, wo sie waren, sie waren schon am Morgen bei seinem Hause gewesen. Wir ließen das Boot ins Wasser, nahmen den Priester an Bord und fuhren, so schnell wir konnten, zur Insel zurück. Wir waren noch nicht weit vom Lande entfernt, als dichter Nebel fiel, so daß man die Hand nicht vor den Augen sehen konnte, aber wir ruderten noch eine Weile weiter, obwohl wir weder Land noch Häuser sahen. Schließlich wurden wir müde und merkten, daß wir uns verirrt hatten und daß es zwecklos war, weiterzurudern. Der Priester fragte uns, ob wir alle Hoffnung aufgegeben hätten. Wir sagten ja, denn wenn wir in der richtigen Richtung wären, müßten wir die Insel längst erreicht haben. Der Priester begann, sein Brevier zu beten. In diesem Augenblick sah einer der Männer einen Felsen, und wir ruderten darauf zu. Aber ach, wir waren drei Meilen weit abgetrieben.

Nun, es wurde ein wenig heller, und es gelang uns, den Landeplatz zu erreichen. Es war inzwischen Abend. Der Priester hielt sich nicht lange auf. Bald war er wieder bei uns am Landeplatz, und wir stießen noch einmal ab. Es war später Abend, als wir das Festland erreichten. Einer von uns hielt Ausschau und erblickte die beiden Taugenichtse unten am Strand. Sie waren ganz mit Blut beschmiert, denn sie waren immer wieder hingefallen, so betrunken waren sie. Über den einen will ich nichts sagen, aber was soll man von dem anderen denken, dem Sohn der Alten, die im Sterben lag? Wir kehrten sofort zurück; dieser Tag war ebenso hart gewesen wie der Tag vorher, an dem wir den großen Fischzug gemacht hatten.

So geht das Leben hin, und ein großer Teil davon ist nutzlos vertan. Es war mir nicht gelungen, den Torf nach Hause zu bringen, wie ich es mir am Anfang der Woche vorgenommen hatte, aber eine Menge Fische hatte ich gefangen.

Einen oder zwei Tage später starb die graue Alte. Das bedeutete neue Mühe: wir mußten in die Stadt, um alles zu holen, was für die Leichenwache nötig war. Es ist Sitte, daß diejenigen, die den Priester geholt haben, auch die Besorgungen für die Leichenwache machen. So mußte ich mich auch an dieser Fahrt beteiligen, denn der Sohn kam an unsere Schwelle, und ich gab ihm natürlich keine abschlägige Antwort. Im großen Boot machten wir uns auf den Weg, acht Mann mit vier Rudern, an drei Rudern saßen je zwei Mann, am vierten einer und einer saß am Steuer. So kamen wir nach Dunquin. Der Sohn lieh Pferd und Wagen, im

Wagen saßen drei Mann, zwei Männer von der Insel, der Fuhrmann, dazu eine Frau. Es ist eine alte Sitte, daß immer eine Frau mitgeht, wenn die Besorgungen für eine Leichenwache gemacht werden.

Ich blieb in Dunquin zurück. Obwohl ich nichts sagte, so glaubte ich doch, daß der Wagen nicht so bald zurück sein würde. Aber ich hatte Unrecht gehabt. Sie waren bald zurück und hatten alles für die Totenwache der Alten. Bei dieser Totenwache gab es sogar einen halben Liter Bier für jeden und ein Glas Whiskey. Es war ein herrlicher Tag, als wir die Leiche zum Festland hinüberbrachten. Die Begräbnisstätte ihrer Familie lag ziemlich weit entfernt, auf dem Kirchhof von Ventry. In dieser Pfarre gab es auch eine Kneipe, und es war Sitte, daß diejenigen, die mit dem Begräbnis gegangen waren, hinterher sofort ein Trinkgelage feierten. Wir gingen auch fast alle dorthin. Ein paar Leute gingen gleich nach Hause, wo sie spät am Abend noch ankamen. Die anderen blieben bis zum nächsten Tag in Ventry und kamen gegen Mittag erst nach Hause. Damit war also die graue Alte von gegenüber von uns gegangen, und wenn ich nicht ein reicher Mann war an dem Tage, als sie diese Welt verließ, so lag es sicher nicht an ihren mangelnden Segenswünschen. Ich kann nur Gutes von ihr sagen.

Das hatten wir nun also hinter uns gebracht. Aber die Toten ernähren die Lebenden nicht, und jeder von uns mußte daran denken, wieder an die Arbeit zu gehen. Da es die Zeit war, in der der Torf gestochen werden mußte, brachen alle zu den Torfgruben auf, die auf dem Berg liegen. Ich selbst war jeden Tag mit meinem Spaten im Moor und dachte nur daran, mit dem Stechen fertig zu werden, bevor die trockene Jahreszeit einsetzte. Ich fand keine Ruhe, bis meine Hand wieder auf dem Griff des Spatens lag. Den größten Teil des Tages hindurch hatte ich fleißig gearbeitet, als der ganze Schwarm junger Mädchen, den es auf der Insel gab und der gerade die Kühe nach Hause trieb, des Weges daherkam. Sie fielen alle zusammen über mich her, die eine zog mich am Ohr, eine andere riß mir den Spaten aus den Händen, zwei andere versuchten, mich ins Wasser zu werfen, um mich dann ordentlich auslachen zu können. Was der einen nicht einfiel, das kam bestimmt einer anderen in den Kopf.

Als sich der dichte Schopf des ersten Mädchens zwischen mich und das Tageslicht schob, wußte ich ganz genau, daß ich für diesen Tag meinen letzten Spatenstich getan hatte. Denn die jungen Mädchen, die es damals auf der Insel gab, waren eine wilde Bande. Ich war schon müde, als sie kamen, aber sie gaben mir dann den Rest. Und das war kein Wunder, es waren sechs blühende Mädchen, die vor Übermut schäumten, so einfach ihre Nahrung auch war. Es ist leicht, Brot zu backen, wenn man Mehl hat; so war es auch mit ihnen: sie waren stark, wild und ausgelassen, gesund wie Fische im Wasser; sie waren nicht wählerisch, was immer auf den Tisch kam, war ihnen recht.

Was sie auch mit mir anstellen mochten, ihr könnt euch denken, daß ich es nicht übel nahm. Es war ja der Übermut der Jugend, der sie trieb, und hatte ich nicht ein gutes Recht, mich von diesem Übermut mitreißen zu lassen? Und manch anderer junge Mann hätte allen Torf auf dem Berge liegenlassen, um mit ihnen zu tollen.

Am nächsten Tage – es war der Tag, an dem ich hoffte, mit dem Torfstechen für den Winter fertig zu werden – begegnete ich derselben Mädchenschar. Sie holten immer zusammen die Kühe nach Hause und trieben unterwegs allerlei verrückten Schabernack. Sie hatten mich natürlich bald erspäht, fielen über mich her, bewarfen mich mit Gras und Torf. Sie hatten nur Unsinn im Kopf. Da ich mit dem Torfstechen beinahe fertig war, beschloß ich, den Rest des Abends mit ihnen zu verspielen. Es gab keine unter den sechsen, die nicht bereit gewesen wäre, mit mir jenen Knoten zu knüpfen, den man nicht mehr lösen kann, aber das Mädchen, auf das ich damals mein Auge geworfen hatte, war nicht unter den sechsen. Trotzdem dachte ich, es würde mir keinen Schaden tun, wenn ich ein bißchen Spaß mit ihnen trieb, und das tat ich denn auch. Ich vergaß meine Müdigkeit, immer wieder gingen sie aufeinander und auf mich los. Einmal war der eine oben, einmal der andere. Noch lange erinnerte ich mich an diesen Abend, ich erinnere mich heute noch daran. Der Dichter sagt: »Sich mit Frauen abzugeben, hat noch keinem Mann gut getan.« So ging es mir auch, denn von der Zeit an hielten sie mich oft von der Arbeit ab.

Nun, ich hatte recht, wenn ich sagte, daß sie mich eine Zeitlang von der Arbeit abhielten, denn als ich sie an jenem Nachmittag so übereinander purzeln sah, kam mir der Gedanke, daß es das beste sei, mir so ein Mädel wie sie zur Frau zu nehmen - und es war auch höchste Zeit dazu.

Der Tag der Robbenjagd

Das Torflager
Der Hund im Bau
Die Robbenhöhle
Zwei Männer an einem Seil
Der Mann, der nicht schwimmen konnte
Wir erlegen acht Robben
Die Brandung in der Höhle
Wie mein Onkel beinahe ertrunken wäre

Ich hatte jetzt genug Torf gestochen und war zufrieden, wenn es auch noch einmal viel Arbeit geben würde, sobald der Torf trokken war. Das Herannahen der trockenen Jahreszeit machte sich schon bemerkbar. Nun wollte ich noch einen Tag daran setzen, eine Schutzwand für den Torf zu errichten, hinter die ich später den trockenen Torf nur noch zu stapeln brauchte.

Ich wählte einen stürmischen, aber trockenen Tag, der gerade recht war für diese Arbeit. Als ich auf dem Berg angekommen war, zog ich mich bis auf Hemd und Hosen aus, denn die Stelle, wo ich arbeiten wollte, lag sehr geschützt.

Ich begann meine Arbeit mitten in einem alten Steingemäuer, an das seit vierzig oder fünfzig Jahren kein Mensch mehr gerührt hatte; ich begann die Steine zurechtzurücken, um hier eine Art Scheune für den Torf zu errichten. Ich hatte einen jungen Hund bei mir, den ich gar nicht beachtete, bis ich plötzlich sah, wie er mir durch die Beine schlüpfte und unter einem weit vorstehenden flachen Stein in einer Höhlung verschwand. Das Hündchen schlüpfte so tief in das Loch hinein, daß ich keine Spur mehr von ihm sehen konnte.

Ich hatte also meinen schönen Hund verloren; es war wirklich ein guter Hund gewesen. Er trug auch einen ehrenvollen Namen, denn wir waren bis in die Zeit der alten Riesengeschlechter zurückgegangen, um einen Namen für ihn zu finden. Wir hatten ihn Oscar genannt. Das Verschwinden des Hündchens hatte mir den ganzen Tag verdorben; mit meiner ganzen Kraft und Entschlossenheit war es zu Ende. Ich bückte mich tief und spähte in das Loch unter dem Stein und erblickte schließlich ein bißchen von seiner Schwanzspitze. Ich begann, nach ihm zu rufen, aber er rührte sich nicht, und ich merkte, daß er dort unten festsaß. Ich wußte nicht, was tun. Meine neue Scheune war noch nicht errichtet, der Hund war verloren, und ich war voller Angst, was mein Vater wohl sagen würde, denn dieser hatte das Hündchen von Dingle mitgebracht, hatte es acht Meilen weit in einem Korb auf dem Rücken getragen. Ich hatte einen großen Angelhaken und ein Stück Schnur in der Tasche. Das band ich an den Griff des Torfspatens und warf es, soweit ich konnte, in das Loch. Der Haken blieb im Hinterteil des Hündchens stecken. Der Hund ließ sich nun ganz leicht herausziehen. Zwischen den Zähnen hielt er ein totes Kaninchen. Der Hund hatte ein Vorderbein des Kaninchens gefressen, und als ich es ihm jetzt aus dem Maul riß, tat er einen Satz, und schon war er wieder in dem Loch verschwunden. Als ich nach ihm suchte, konnte ich keine Spur mehr von ihm entdecken. Ich war außer mir. Es gelang mir nicht, ihn noch einmal aus dem Loch herauszuholen, und spät am Abend ging ich recht mißmutig nach Hause.

Bedrückt kam ich nach Hause und hing dort das Kaninchen an die Wand. Das Essen stand natürlich schon für mich bereit, und ich setzte mich an den Tisch.

»Sicher hat der Hund das Kaninchen gefangen«, sagte meine Mutter.

»Ja«, sagte ich, »aber er ist selbst dabei umgekommen.«

»Wie ist das denn geschehen?« fragte sie. »Ist er von den Klippen gestürzt?«

Ich erzählte ihr die ganze Geschichte, wie ich ihn mit dem Angelhaken herausgezogen hatte und wie er wieder in das Loch hineingelaufen war. »Und da wird er wohl endgültig bleiben«, sagte ich.

»Laß dir keine grauen Haare drüber wachsen«, sagte sie.

Mein Vater sagte während dieses Wortwechsels keinen Ton, und ich glaubte, er spare sich seine Worte auf, um mir nachher um so ausgiebiger seine Meinung zu sagen, denn ich war sicher, er gebe meiner Unachtsamkeit die Schuld am Verlust des Hundes.

Aber manchmal kommt es ganz anders, als man denkt. So war es auch diesmal, denn als mein Vater sprach, tat er es mit Ruhe und Überlegung.

»Ich glaube«, sagte er, »Oscar wäre nie in das Loch zurückgegangen, wenn nicht noch ein anderes Kaninchen drin gewesen wäre - vielleicht sogar zwei oder drei.«

Es gibt nichts Schöneres für ein Kind, als ein freundliches Wort von Vater und Mutter; auch ich war sehr froh, denn als ich den Berg hinunter gekommen war, hatte mich nichts so sehr bedrückt wie die Angst vor dem, was sie wohl sagen würden. Nun zerstreuten sie selbst all meine Furcht, und so gingen wir zu Bett.

Am anderen Morgen war ich früher auf als sonst, denn ich mußte immer an das Hündchen denken. Ich aß einen Bissen Brot und trank eine Tasse Milch. Meine Mutter hörte mich und fragte, wo ich denn so früh schon hin wollte: »Du hast doch noch den ganzen Tag Zeit«, sagte sie, »und siehst du Vater irgendwo?«

»Nein«, sagte ich.

»Er ist schon vor einer Weile aufgestanden«, sagte sie, »und ich glaube, er ist auf den Berg gegangen.«

Das glaubte ich auch, und bald machte ich mich auf und ging ihm nach. Ich hatte keine Ruhe, bis ich die Stelle erreicht hatte, an der ich am Tage vorher gearbeitet hatte. Das erste, was ich dort erblickte, war Oscar. Er kam auf mich zugelaufen, und man hätte denken sollen, er hätte mich ein halbes Jahr lang nicht gesehen. Mein Vater stand auf dem flachen Stein. Er hatte Oscar eben herausgeholt und mit ihm fünf große Kaninchen. Mein Vater war klüger als ich. Er hatte am anderen Ende des Steines einen Gang gegraben, weil er dort das Ende des Kaninchenbaues vermutete, und dann hatte er seinen Arm hineingesteckt, ein Kaninchen gefunden, dann noch eins und noch eins, bis er schließlich fünf fette Kaninchen aus dem einen Loch geholt hatte. Er warf sie über die Schulter und machte sich auf den Heimweg, und ich baute meinen Torfschuppen fertig.

Nun, nachdem ich den Torf gestochen und den Schutzwall fertig hatte, wollte ich mir etwas Ruhe gönnen, aber daraus wurde wieder nichts. Mein Vater war immer ein tüchtiger Mann gewesen, und er hatte immer wieder gesagt, ein Mann, der noch auf dem Rücken liege, wenn die Sonne schon am Himmel steht, der könne nichts Rechtes zuwege bringen, und außerdem sei es ungesund.

Nun, was er auch immer gesagt hatte, ich hatte mir vorgenommen, an diesem Morgen ein wenig länger liegen zu bleiben, ehe ich mit einer neuen Arbeit begann. Aber bald hörte ich jemanden in der Küche laut sprechen. Ein Mann stand an der Feuerstelle und fragte, ob Tom schon wach sei. Meine Mutter verneinte es.

»Warum fragst du nach ihm?« sagte sie.

»Wir wollen auf Robbenjagd gehen. Das Boot wartet schon.« Es war ein Onkel mütterlicherseits, der so sprach. Ich hatte zuerst gedacht, mein Vater spräche, aber dieser war schon zum Strand hinunter gegangen.

Ich sprang aus dem Bett, und nachdem ich ein paar Bissen gegessen hatte, stopfte ich mir ein Stück Brot in die Tasche und lief zum Boot hinunter. Dort warteten die anderen schon auf mich, sie hatten schon alles zur Robbenjagd Notwendige zusammengetragen: Seile, um die Robben aus den Höhlen zu ziehen, wenn sie erlegt waren, und einen großen dicken Knüppel mit einem verdickten Ende – den würden wir brauchen, um sie umzulegen. Schon stießen wir ab und fuhren aus der kleinen Bucht hinaus.

Schon früher am Morgen war ein anderes Boot ausgefahren, aber es hatte seinen Weg auf die kleineren Blasketinseln zu genommen. Sie waren auf Inishvickillaun an Land gegangen, diese Insel war berühmt wegen ihrer Robbenhöhlen, und es gab viele dieser Höhlen dort.

Man braucht zur Robbenjagd ruhiges Wetter und Springflut. Nun, wir ließen die vier Ruder ins Wasser, »zäh, sanft rauschend, ausdauernd, weiß, mit breitem Blatt«, so wie die Ruder der alten Fenier in den Sagen beschrieben werden, und wir hielten in unserer schnellen Fahrt nicht eher inne, bis wir den Eingang der Höhle, die wir uns zum Ziel genommen hatten, erreichten.

Die Höhle lag am Westende der Hauptinsel. Es war dort sehr gefählich wegen der ständig heftigen Brandung, man mußte eine weite Strecke schwimmen, um in die Höhle hinein zu gelangen, und man muß auf der Seite liegend schwimmen, weil der Spalt in der Klippe gerade breit genug ist, um eine Robbe durchzulassen. Als das Boot vor der Höhle anhielt, ging die Brandung so hoch, daß der Eingang sich immer wieder vollständig mit Wasser füllte, und es sah so aus, als ob jemand, der sich in diese Höhle wagte, nie mehr herauskommen würde. Keiner in unserem kleinen Boot sagte ein Wort, wir warteten stumm. Im Boot waren nur zwei junge Leute, ich und noch ein anderer Bursche, denn für diese Jagd braucht es erfahrene Männer in den besten Jahren.

Der Bootsführer begann zu sprechen. Er sagte: »Also, wozu sind wir eigentlich hergekommen? Ist keiner bereit, es zu versuchen?«

Mein Onkel antwortete: »Wenn noch einer mit mir kommt, will ich hineingehen.«

Ein anderer Mann sagte: »Ich komme mit dir.«

Dieser Mann hätte Robbenfleisch notwendig gebraucht, denn bei ihm zu Hause ging es meist recht knapp zu. Er hatte eine große Kinderschar, aber keins von ihnen war schon alt genug, um eine Hilfe für ihn zu sein.

Die beiden trafen nun ihre Vorbereitungen. Vor dem Eingang der Höhle bildeten die Klippen eine Art Brücke. Das Wasser schlug über und unter dieser Brücke her. Zwei Männer mußten sich auf diese Brücke stellen, um den beiden in die Höhle hineinzuhelfen. Der eine der Männer – es war nicht mein Onkel – war ein guter Schwimmer. Der Schwimmer ging als erster vor, er hielt das Ende des Seiles im Mund, den Knüppel unter der Achsel. Er hatte die Mütze fest in den Kopf gezogen, unter der Mütze waren Streichhölzer und eine Kerze. Die Höhle reichte so tief in den Berg, daß es nutzlos gewesen wäre, ohne Licht hineinzugehen. Mein Onkel folgte als zweiter. Um seinen Leib war ein zweites Seil gebunden, und seine Hand griff das Seil des Schwimmers, das dieser irgendwo drinnen in der Höhle festgemacht hatte. Das andere Ende dieses Seiles war an der Felsenbrücke befestigt. Der andere junge Mann und ich blieben auf der Brücke stehen, um die Robben herauszuziehen. Als die beiden drinnen das Ende der Höhle erreicht hatten, zündeten sie die Kerze an und erblickten einen kleinen Sandstrand voller Robben – es waren große und kleine, männliche und weibliche Tiere. Die weiblichen Robben werden Bainir-seach genannt, die männlichen nennt man Bullen. Es gibt Bullen, die zu töten völlig unmöglich ist, so stark sind sie.

Die beiden in der Höhle bereiteten sich nun auf das große Abenteuer vor. Jeder von ihnen hielt einen Knüppel in der Hand, und damit landeten sie einen Schlag auf dem Kopf eines jeden Tieres. Die brennende Kerze stand auf einem Felsbrocken. Die beiden trugen Flanellhemden, die natürlich von Salzwasser trieften. Als sie das Gemetzel beendet hatten und alle Robben tot dalagen, begann erst die schwerste Arbeit. Viele Robben waren sehr schwer, und es war schwierig, sie aus der Höhle herauszubekommen: zwischen den Tieren und dem Wasser lagen große Felsbrokken, und die Höhle bildete einen sehr langen Gang. Aber in der Not kennen die Kräfte eines Mannes keine Grenze. Und die beiden, die die Robben von dem unterirdischen Strand wegschleppten, arbeiteten wie Pferde. Sie zogen jede einzelne der acht Robben bis an den Rand des Wassers. Als sie mit dieser Arbeit zu Ende waren, brach die Flut in die Höhle hinein, und wir beide, die auf der Brücke standen, mußten uns an den Felsen, die seitlich von uns emporragten, festhalten.

Nachdem die Brandungswelle abgeebbt war, trat eine Ruhepause ein, und einer der Männer schrie uns von drinnen zu, wir sollten das Seil jetzt herausziehen. Wir dachten, einer der Männer sei an dem Seil, aber das war nicht so. Vier riesige Robben waren an dem Seil befestigt. Wir warfen das Ende des Seiles den Leuten im Boot zu, und als diese die Robben ins Boot geholt hatten, mußten wir das Seil in die Höhle zurückschicken. Dieses Seil war mit einer Schlaufe an dem anderen befestigt, das straff zwischen der Felsenbrücke und dem Höhleninneren gespannt war, und der andere Mann, der mit mir auf der Brücke stand, schrie denen in der Höhle zu, daß sie das Seil wieder einziehen sollten. Sie taten es in großer Eile. Bald riefen sie uns von drinnen zu, wir sollten es wieder herausziehen. Die Flutwelle schlug inzwischen mit rasender Gewalt über uns weg. Als wir das Seil anzogen, waren wieder vier Robben daran; wir hatten erwartet, daß es diesmal einer der Männer sein würde. Wir taten wie zuvor und schickten das Seil wieder in die Höhle. Immer wieder mußten wir von der Brücke auf höhere Klippen springen wegen der Gewalt der Brecher, die darüber hinweggingen und den Eingang der Höhle ganz ausfüllten.

Der erste, der an dem Seil zum Vorschein kam, war der Schwimmer. Er hatte es dem anderen Mann überlassen, sich an dem gespannten Seil hinauszuhangeln. Der Schwimmer brauchte eine lange Zeit, um durch den Höhleneingang hinauszukommen, weil der Druck der Brandung sehr stark war. Schließlich kam er mit völlig zerfetztem Hemd nach draußen. Mein Onkel, der, wie ich schon sagte, keinen Schlag schwimmen konnte, hing sich nun an das andere Seil. Das Steigen und Fallen und der Sog der Brandung machten es uns sehr schwer, ihn bis zur

Brücke zu ziehen. Plötzlich riß das Seil, und er wurde wieder in die Höhle hineingeschwemmt. Das Herz schlug mir bis in den Hals, als ich ihn untergehen sah. Ich dachte, er sei verloren. Mit einem Sprung tauchte ich von der Brücke in die überflutete Höhle. Mein Fuß verwickelte sich in dem Seilrest, den er um den Leib gewunden hatte. Mit Gottes Hilfe brachte ich meinen guten Onkel wieder nach oben, aber es war ein verzweifelter Kampf. Damals war ich ein guter Schwimmer.

Unser großes Boot war bis zum Dollbord beladen mit vier Robbenweibchen, zwei Bullen und zwei zweijährigen Tieren – ein Tier also für jeden Mann der Besatzung. Das gab für jeden ein ganzes Faß voll Robbenfleisch, und das galt uns damals für ebenso gut wie ein Faß Schweinefleisch. Für die Häute bekamen wir acht Pfund Sterling.

Es ist seltsam, wie die Zeiten sich ändern. Heutzutage würde niemand auch nur einen Bissen Robbenfleisch in den Mund nehmen. Heute kocht man Öl aus und braucht es zum Beleuchten, denn das Fleisch ist sehr fett. Wenn man heute einem Herrn das Fell schenkte, so würde er es kaum annehmen. Schon seit langem weiß man nichts damit anzufangen, als es den Hunden hinzuwerfen. Aber damals hatten Robben einen großen Wert, sowohl ihr Fleisch als auch ihr Fell. Man konnte für eine Robbe einen ganzen Sack Korn bekommen. Und wenn man Robbenfleisch in einem Hause anbot, so bekam man das gleiche Gewicht Schweinefleisch dafür, wenn gerade welches im Hause war. Die Leute wissen nicht, was ihnen gut tun würde, denn die Männer von damals waren zweimal so stark wie die von heute. Die armen Leute auf dem Festland sagten immer, sie würden gewiß so alt werden wie die Adler, wenn sie nur dieselbe Nahrung hätten wie die Leute in Dingle. Aber es ist tatsächlich so, daß die wohlgenährten Leute schon längst im Grabe liegen, während die, die immer am Rande einer Hungersnot lebten, noch gesund und munter sind.

Eine Frau wird mir angetragen

Die Familie auf der kleinen Insel
Mit Schweinen nach Dingle
»Einer der schönsten Tage unseres Lebens«
Lieder und Lustbarkeiten
Der große Mann
Heimkehr
Kaninchenjagd auf Inishvickillaun

Das Jahr 1878 (oder so ungefähr) war ein gutes Jahr für Kartoffeln, Fisch und Torf, und wenn einmal alles so gut stand, so waren wir armen Leute schnell bereit, uns einen guten Tag zu machen. In einem solchen Jahr wurde viel über Heiraten gesprochen. Um Weihnachten herum hing in jedem Haus auf der Insel ein fettes Schaf, es gab Mengen von Kaninchen und Fleisch aus der Stadt.

Ich glaube, in keinem Dorf in der ganzen Gegend gab es damals mehr Fleisch als auf der Insel. Wir hatten auch die eine oder andere Flasche Whiskey, gekauften oder geschenkten. Ich erinnere mich noch an die Zeit, als es auf der Insel einen einzigen Eisentopf zum Brotbacken gab, und dieser war immer im Feuer, alle sieben Tage der Woche.

In jenen Tagen lebte auf der Insel Inishvickillaun ein Hirte namens Daly. Er führte ein herrliches Leben auf der Insel, das heißt, seit seine Kinder erwachsen waren. Damals herrschte große Nachfrage nach Hummern, und die Söhne des Hirten waren schon erwachsen und hatten ein eigenes Boot. In jenem Sommer verbrachte ich all meine Abende bei ihnen, denn wir fischten immer in der Nähe der Insel, die ziemlich weit von der Hauptinsel entfernt liegt, und wenn wir keinen Fisch nach Hause zu bringen hatten, so ließen wir unser Boot auf der Insel auf den Strand laufen, denn das hatte das alte Ehepaar uns erlaubt.

Die beiden standen in dem Ruf, die besten Eheleute zu sein, die je auf der Insel gelebt haben. Sie hatten fünf Söhne und fünf Töchter; so gute und schöne Kinder hätte man weit und breit suchen müssen, und da ich der einzige junge Mann in unserem Boot war, schloß ich mich sehr an diese jungen Leute an, und bald fand ich großen Gefallen an einer der Töchter, und sie an mir. Sie war ein schönes Mädchen und die beste Sängerin, die ich je gekannt habe. In jenem Sommer legten wir oft an der Insel an und vergnügten uns miteinander. Das Wetter blieb gut bis Weihnachten.

Der Mann auf der Insel hatte zwei fette Schweine, und da er und die Seinen immer so gut zu uns gewesen waren, versprachen wir, die Schweine für ihn zum Markt zu bringen. Eines schönen Morgens kam mein Onkel – der Onkel, um dessentwillen ich mich in solche Gefahr begeben hatte, an jenem Tag in der Robbenhöhle, als das Seil brach.

»Warum hast du es denn so eilig«, sagte ich.

»Ich hab's wirklich eilig, mein Junge. Das Wetter wird heute gut, und wir wollen die Schweine holen - und ich glaube, wenn jemand zögert, mitzugehen, so wirst bestimmt nicht du es sein.«

»Warum er denn ausgerechnet nicht?« sagte meine Mutter.

»Gott steh dir bei, wenn du so ahnungslos bist«, sagte er.

»Die Mädchen auf der Insel sind doch wie wild hinter ihm her - und hübsch genug sind sie! Du könntest doch eine von ihnen als Hilfe hier im Haus gebrauchen.«

»Nun aber vorwärts mit dir«, sagte er zu mir.

Wir fuhren zu der Felseninsel hinaus. Als wir uns mit den Schweinen auf den Weg zum Boot hinunter machen wollten, reichte die Frau ihrem Mann eine Flasche Whiskey, damit der uns davon anbieten sollte. Es gab keine Frau, deren Gastfreundschaft man damals mehr gerühmt hätte als die ihre. Aber soweit ich die beiden kannte, verdiente ihr Mann ebensoviel Lob wie sie.

Wir ließen den Schweinen keine Ruhe, bis wir sie im Boot hatten - es waren schöne, einjährige Tiere. Die Frau selbst und eine der Töchter - es war das Mädchen, mit dem mein Onkel Diarmid mich immer verkuppeln wollte - fuhren mit uns. Wir stießen vom Ufer ab. Schon gingen die Segel in die Höhe. Wir hatten günstigen Wind, der uns bis an die Landestelle auf der Hauptinsel brachte. Hier trugen wir die Tiere an Land. Sie sollten am nächsten Tage mit den Schweinen der Insel nach Dingle gebracht werden.

Am nächsten Morgen machte sich jeder, der ein oder zwei Schweine besaß, bereit, sie aufs Festland zu bringen. Ich selbst hatte ein fettes Schwein, und mein Onkel Diarmid hatte eins, das fast ebenso gut war. Wir brachten die beiden Tiere in das Boot, dazu noch ein Schwein, das einem anderen Dorfbewohner gehörte, die beiden Schweine von der kleinen Insel, die Frau von der kleinen Insel und ihre Tochter. Es war ein großes Boot, aber die Tiere und Menschen, die ich aufgezählt habe, füllten es. In Dunquin wurden alle an Land gesetzt, und das Boot kehrte zur Insel zurück. Es waren noch ein paar andere Boote mit Schweinen gekommen, auch diese kehrten zur Insel zurück. Nun machten wir uns mit unseren Schweinen auf den Weg nach Dingle. Unterwegs legte sich Diarmids Schwein hin, seine Füße schmerzten auf der harten Straße; es war ein schweres Tier mit schwachen Füßen. Aber Diarmid hatte ja damals einen Freund bei sich.

»Bleib du bei dem Schwein«, sagte er zu mir, »der Teufel soll mich holen, wenn ich dir nicht ganz schnell jemand schicke, der das Tier von Irlands Boden aufhebt.«

Ich mußte wohl oder übel tun, worum er mich bat, obwohl mein eigenes Schwein bis nach Tralee gelaufen wäre. Die Frauen von der kleinen Insel warteten mit mir und den Schweinen, bis Diarmid mit Pferd und Wagen, auf dem sich ein großer Weidenkorb befand, zurückkam. Der Fuhrmann war ein Onkel von Diarmid und meiner Mutter.

Wir hoben nun Diarmids Schwein auf den Wagen, und das war die schwerste Arbeit, die ich bis dahin je getan hatte. Der Fuhrmann und Diarmid verschlangen die Hände unter dem Vorderteil, während ich das Hinterteil des Schweines heben sollte. Das Gewicht wäre zu viel für mich gewesen, aber die beiden Frauen von der kleinen Insel halfen mir. Wir betrachteten nun die anderen Schweine, um festzustellen, welches wohl am meisten ermüdet war, und hoben dann noch mein Schwein und eines der Schweine von der kleinen Insel auf den Wagen. Für das vierte Schwein war kein Platz mehr. Wir machten uns also wieder auf den Weg. Da wir fanden, daß wir mit dem Schwein zu langsam vorwärts kamen, fuhr Diarmid mit dem Wagen vor. Er sollte zurückkommen und auch das vierte Schwein holen. Wir gingen also weiter und waren schon bis an den Pier von Dingle gekommen, bevor der Wagen uns entgegenkam. Jetzt lohnte es nicht mehr, das Schwein auf den Wagen zu heben. Als wir an die Hafenmauer kamen, gab Diarmid dem Schwein einen Schlag mit der Peitsche, die er in der Hand hielt. Das tat dem Schwein weh, es stutzte, dann rannte es Hals über Kopf auf das Wasser zu. Der Fuhrmann wollte sich ihm in den Weg stellen, aber es lief ihm zwischen die Beine, riß ihn um, und er flog mit dem Schwein zusammen rücklings ins Wasser.

Diarmid gelang es, den Fuhrmann zu fassen und ihn herauszuziehen. Der war sehr aufgebracht, das Schwein aber schwamm in die See hinaus.

»Heilige Mutter Gottes! Das Schwein der armen Frau geht unter«, rief Diarmid mir zu. »Ist es nicht schrecklich, wo sie doch eine so nette Frau ist.«

Ich merkte schon, was er wollte: ich sollte das Schwein retten, aber er wollte mir nicht geradeheraus sagen, daß ich hinterherschwimmen sollte. Im Hafen war kein einziges Boot frei, und es hätte mir sehr leid getan, das Schwein ertrinken zu sehen. Ich riß die Peitsche meinem Onkel aus der Hand und lief die Hafenmauer hinunter. Ich riß mir die Kleider vom Leib und sprang vom Ende der Mauer aus ins Wasser. Diarmid rief mir von oben her zu: »Was du auch tust, binde das Schwein nicht an dich, sonst zieht es dich mit nach unten.« Er hätte mir das nicht zu sagen brauchen, aber er hatte schreckliche Angst um mich.

Ich hatte das Schwein bald eingeholt und trieb es auf das Land zu. Ich mußte die Peitsche aus dem Mund nehmen und sie gebrauchen, bis ich es soweit hatte, daß es umkehrte. Als es die schräge Anlegestelle erreicht hatte, packte der Fuhrmann es bei den Ohren; es war jetzt leicht, es festzuhalten, so wild es auch gewesen war, als es ihn umriß. Ich schwamm zu meinen Kleidern zurück. Wir brachten nun die Schweine in ein Haus. Der Fuhrmann trank sich noch einen an und ging dann nach Hause.

»Komm Onkel«, sagte ich, »wir wollen sehen, daß wir etwas zu essen bekommen.«

Wir gingen in ein Haus, wo man zu essen bekam, und nahmen eine reichliche Mahlzeit ein. Dann gingen wir, um einen Freund aufzusuchen, dessen Haus jeder Inselbewohner besuchte, der nach Dingle kam. Er begann, mit uns um die Schweine zu handeln, die er schon vorher angesehen hatte. Diarmid und er wurden schnell einig. Dann kamen sie zu mir. Er hatte fünf Pfund zehn Schilling für Diarmids Schwein gegeben und kaufte meins für sechs Pfund. Wir hatten unser Geschäft gerade abgeschlossen, als die beiden Frauen von der kleinen Insel hereinkamen. Ich wandte mich an den Wirt und sagte ihm, er möge ihnen zu trinken geben, was immer sie wünschten, aber die alte Frau sagte gleich, daß sie mir ein Glas schuldig wären, denn ohne mich hätten sie ihr Schwein verloren.

»Laß ihn nur«, sagte Diarmid, »es wird ihm nicht viel ausmachen, uns einen zu spendieren, wo er doch blanke sechs Pfund für sein Schwein eingesackt hat.«

»Wer hat die Schweine denn gekauft?«

»Der Herr des Hauses hier hat beide Schweine gekauft«, sagte Diarmid.

Ich spendierte Diarmid einen Schoppen.

»Hör mal«, sagte ich zu ihm, »nimm das hier ins Hinterzimmer. Ich komme gleich nach.«

»Wo gehst du denn hin?« sagte Diarmid.

»Oh, nur eine kleine Besorgung. In zwei Minuten bin ich wieder hier.«

»Ohne dich macht's uns aber gar keinen Spaß.«

Ich hatte guten Grund, wegzugehen. Ich mußte mir Hosenträger kaufen, denn meine Hose hing nur an einem Stück Kordel, das über eine Schulter lief. Meine Hosenträger waren über all der Arbeit mit den Schweinen ganz in die Brüche gegangen.

Ich verließ also die anderen und ging in einen Kleiderladen. »Sieh da«, sagte die Frau, »willkommen aus dem Westen.«

»Gott möge dir noch hundert Jahre schenken, liebe Frau«, sagte ich darauf. Es war nicht wegen ihrer Verdienste, daß ich sie »liebe Frau« nannte – ich wußte, daß man nicht viel Gutes von ihr sagen konnte; ich sagte es nur aus Höflichkeit.

Sie fragte mich dies und jenes, sah mich dabei immer wieder forschend an, neugierig, wann ich mit meinen Wünschen herausrücken würde. Ab und zu steckte ich die Hand in die Tasche, und dann sprangen ihr die Augen fast aus dem Kopf, eins war auf den Laden, eins auf mich gerichtet.

»Zeigen Sie mir ein paar Hosenträger«, sagte ich schließlich. Ich hätte sie noch ein wenig länger zappeln lassen, ehe ich ihr mein Geld zeigte, wenn ich nicht an Diarmid und den Schoppen gedacht hätte, den er mir sicher spendieren würde. Darum hatte ich ihn auch vorher traktiert. Die Ladeninhaberin holte auch sofort ein paar Hosenträger.

»Sie kosten einen Schilling«, sagte sie, »es ist Importware.« Ich nahm ein paar in die Hand und sah sofort, daß sie nichts taugten.

»Geben Sie mir die allerbesten, wenn Sie welche haben«, sagte ich. »Wenn diese hier importiert sind, dann warten Sie, bis man auch Kunden importiert, die sie kaufen.«

Ich musterte die Ladeninhaberin ganz ruhig, und eine andere Frau, die noch im Laden war, platzte in Lachen aus. Die Ladeninhaberin wurde ganz rot, dann brachte sie die alte Art von Hosenträgern zum Vorschein, ich wählte ein Paar aus, gab ihr einen Schilling und ging zur Tür hinaus.

Als ich zum sonnigen Diarmid zurückkam – und diesen Namen verdiente er damals wahrhaftig –, war die ganze Goatstreet um ihn herum versammelt. Einige saßen auf Schemeln, andere standen. Das Haus war voll, denn alle Inselleute, die mit Schweinen nach Dingle gekommen waren, waren inzwischen aufgetaucht, und eine Runde nach der anderen wurde spendiert. Die alte Frau von der kleinen Insel sang gerade »Um Irlands willen nenn ich ihren Namen nicht«, und man vergaß seinen Hunger, wenn man sie singen hörte. Und ihre Tochter sang noch besser als sie.

Einer der Männer sprach mich an und sagte: »Das ist ja die reinste Feenmusik.«

So ging es weiter bis tief in die Nacht hinein – die Frauen sangen und die Männer tranken, die Stimmen wurden immer lauter und die Gedanken wirrer.

In dieser Nacht schliefen alle in der Stadt. Am nächsten Morgen war die Stadt voller Schweine und Menschen. Dieser Tag war in Dingle ein Tag des Trinkens und der fröhlichen Geselligkeit. Jede Gesellschaft suchte ihre bestimmte Wirtschaft auf. Jede Familie hatte Verwandte in der Stadt und ließ ihr Geld am liebsten im Hause eines Verwandten. Wir gingen zum Hause des Mannes, der unsere Schweine gekauft hatte. Die beiden Frauen von der kleinen Insel blieben bei uns. Andere Leute aus der Gegend sammelten sich um uns, Verwandte und auch solche, die nichts mit uns zu tun hatten.

Viele kannten Diarmid als Spaßmacher. Sie wußten, daß es in seiner Nähe immer lustig zuging, und so war es auch diesmal.

Eine Runde nach der anderen wurde spendiert. Die alte Frau von der kleinen Insel gab die erste Runde, eine halbe Gallone Bier, denn die ganze Bootsmannschaft, die die Schweine hergebracht hatte, war zugegen.

Der lustige Diarmid schüttelte ihr die Hand, und dann kam er zu mir und schüttelte auch mir die Hand.

»Nun stimm ein Lied an, das mir nach den Mühen der Woche das Herz erhebt«, sagte er.

Ich ließ mich nicht lange bitten, denn sonst hätte er mich vor den anderen lächerlich gemacht. Zuerst sang ich »Der sanfte Berg der dunklen Frau«, und man hörte kaum ein Wort, bis ich geendet hatte. Wenn es zwei gab, die besser sangen als ich, so gab es drei, die schlechter sangen. Die alte Frau sang das zweite Lied, und sie sang »Eine glatte Planke«. Sie sang es ohne einen Fehler. Das Bier wurde gezapft und getrunken, bis jeder sein gutes Teil hatte. Das Haus und der Gehsteig davor waren jetzt voller Menschen.

Bald sah ich einen großen Kerl, der sich seinen Weg durch die Menge bahnte. Er sagte: »Mit eurer Erlaubnis, ihr Männer!« und er hielt nicht an, bis er mich erreicht hatte. Dann schüttelte er mir mindestens siebenmal die Hand. »Der Teufel soll mich holen. Bald wäre ich nach Hause gegangen, ohne dich singen zu hören.« Dabei schlug er mit der Faust auf den Tisch. »Einen Schoppen Whiskey!« rief er. »Und jetzt heraus mit der Stimme!«

Wir kannten uns gut, und ich hatte ihm schon oft vorsingen müssen und konnte es auch jetzt nicht abschlagen. Er war ein gewaltiger Trinker, aber er betrank sich nie sinnlos. Der Schoppen kam, und ich konnte ein Glas nicht abschlagen. Dann fing die Musik an. Ich weiß noch genau, welches Lied ich damals sang. Es war: »Um Irlands willen nenn ich ihren Namen nicht«, denn ich wußte, daß dies das Lieblingslied des großen Mannes war. Ich hatte es ihm schon oft vorgesungen. Als ich geendet hatte, gab der große Mann noch eine Runde.

»Gibt's denn sonst niemand hier«, sagte er, »der ein Lied singen kann?«

»Doch«, sagte ich und wies auf die beiden Frauen von der kleinen Insel.

Sie schlugen es ihm nicht ab, und diesmal sangen sie sogar beide zusammen, und das wunderte mich nicht, denn sie waren ja Mutter und Tochter. Ich glaube, fast alle, die dort waren, fühlten so wie ich: Ich hätte zwei Tage, ohne zu essen und zu trinken, dort sitzen und dem Gesang der beiden zuhören können.

Als das Lied zu Ende war, schüttelte der große Mann den beiden Frauen herzlich die Hand, und auch mir schüttelte er die Hand, weil ich ihm zu dieser Feenmusik verholfen hatte. Und dann schlug er auf den Tisch und bestellte noch einen Schoppen Whiskey. Ein Schoppen kostete damals einen Schilling. Heute, wo ich dies niederschreibe, kostet er neun Schilling. Er gab mir die Flasche in die Hand, damit ich einschenken sollte. Aber nur jeder dritte wollte noch trinken. Der sonnige Diarmid saß laut schnarchend in einer Ecke, denn er hatte reichlich getrunken, und ich überlegte, daß ich jetzt noch eine Nacht in der Stadt würde verbringen müssen.

Bald wandte der große Mann sich mir wieder zu und schüttelte mir wieder die Hand.

»Bevor wir uns auf den Heimweg machen, möchte ich noch ein Lied von dir hören«, sagte er. »Es kann wohl lange dauern, bis wir uns noch einmal über den Weg laufen.«

Natürlich gab ich seinen Bitten nach. Ich sang noch ein oder zwei Lieder, und die Frauen von der kleinen Insel sangen drei und dann noch eins, und als ich dann dachte, nun sei es Zeit, nach Hause zu gehen, waren die anderen gar nicht meiner Meinung. Schließlich war der Tag schon sehr vorgeschritten – es war schon die Zeit des Wollmarktes, und dieser findet immer als letzter Markt statt –, und es war höchste Zeit, uns auf den Heimweg zu machen. Aber Diarmid wurde immer ausgelassener, er dachte gar nicht an zu Hause, und er würde auch nicht daran denken, solange es noch etwas zu trinken gab.

Ich sprach heftig auf ihn ein, sagte, daß es nun höchste Zeit sei, heimzugehen, wo wir schon zwei Tage und zwei Nächte von zu Hause weggewesen waren. Aber er stürzte nur auf mich zu und fing an, mich zu umarmen und abzuküssen.

Ich sprach auch mit der Frau von der Insel und deutete ihr das gleiche an.

»Ach was«, sagte sie, »Tage wie die gibt's nicht oft im Leben, und es kann lange dauern, bis wir wieder so einen erleben.« Heute, da ich alt bin, wüßte ich vielleicht mit einer solchen Antwort fertig zu werden, aber damals war ich jung und leichtsinnig. Ich hätte meinen Onkel nach Hause bringen müssen, er hatte ein Haus voller hungriger Kinder, und sie würden kaum etwas in ihre leeren Bäuche bekommen, bis er ihnen etwas vom Erlös der Schweine brachte. Und die Frau von der kleinen Insel hatte auf diesem kleinen Fleckchen im Meer nur zwanzig Pfund Maismehl hinterlassen, aber weder sie noch Diarmid ließen sich von dem Gedanken an zu Hause im geringsten stören. Als ich das bedachte, gab ich es auf und sagte mir, daß ich meine Pflicht getan hätte, indem ich sie ermahnte, und daß ich mich ihnen nun fügen würde, und das tat ich denn auch.

Die meisten Leute hatten inzwischen das Wirtshaus verlassen, aber der große Mann war noch da. Die Frau von der kleinen Insel plauderte mit ihm, und sie sagte, daß sie am nächsten Tage ein Pferd mieten werde, um ihre Sachen nach Dunquin zu bringen.

»Wenn ich heute morgen ein Auge auf die Karren gehabt hätte«, sagte sie, »die wieder aufs Land hinausfahren, so wären meine Sachen schon heute abend dort gewesen.«

»Hast du auch etwas zum Beiladen?« sagte der Mann zu mir.

»Ich werde einen halben Sack geschrotetes Getreide haben«, sagte ich.

»Auch Diarmid wird etwas zum Aufladen haben«, sagte er.

»Gewiß«, sagte ich. Diarmid war schon nicht mehr fähig, eine Antwort zu geben.

»Ich gebe mein feierliches Versprechen«, sagte der Mann, »daß ich morgen früh um acht hier bin – wenn ich bis dahin noch lebe.«

Er holte sein Pferd und fuhr die Hauptstraße hinunter, und sicher war er bald zu Hause.

Ich ging wieder zum leichtsinnigen Diarmid hinein. Er konnte jetzt kaum noch stehen.

Auch die Frau von der Insel kam wieder herein.

»Los«, sagte ich zu ihm. »Wir gehen jetzt nach Hause. Oder hast du gar kein Gefühl mehr für deine Alte, die du daheim allein gelassen hast?«

»Nun, eine Schönheit ist sie ja gerade nicht«, sagte er. »Die kommt schon allein zurecht.«

Wir nahmen ihn zwischen uns und zogen ihn nach draußen. Dann gingen wir zu einem Haus, wo wir zu essen bekommen konnten, aber von dem guten Essen, das sie uns vorsetzten, nahmen wir nur wenig. Ich ging zu Bett und schlief sofort ein. Es war schon tief in der Nacht, als auch mein Onkel kam. Er schlief sofort ein und schlief wie ein Toter. Als ich erwachte, war es schon dämmrig, der Tag brach an. Ich blieb wach, denn ich sagte mir, daß der Mann mit dem Pferd bald kommen werde – das heißt, wenn er sein Wort hielt. Ich rechnete nicht damit, daß er so früh kommen würde, wie er versprochen hatte, aber ich glaubte doch, daß er später am Tage auftauchen würde, denn er hatte einen vernünftigen Eindruck gemacht. Ich hatte diesen Gedanken nicht lange nachgehangen, als ich das Rattern eines Karren hörte; trotzdem wäre es mir nie in den Kopf gekommen, daß es schon der große Mann sein könnte. Aber ich hatte Unrecht; er war es tatsächlich. Er band sein Pferd an seinem gewohnten Platz an und kam zu uns herein. Wir warteten noch auf das Frühstück, dann luden wir unsere Sachen in den Karren; wir hatten sie schon am Abend zuvor zusammengepackt. Der verrückte Diarmid war immer noch nicht wieder bei sich. Aber schließlich verließen wir doch in großer Eile die Stadt, in der wir drei Tage und drei Nächte zugebracht hatten.

Bald hatten wir Dunquin erreicht. Von der kleinen Insel war ein Boot gekommen, um die Frau zu holen. Der Mann mit dem Karren sagte uns Lebewohl und machte sich auf den Weg nach Ballyferriter, wo er selbst wohnte.

Wir gingen sofort zu unserem Boot hinunter, setzten die Segel und nahmen unseren Kurs auf die große Blasketinsel zu. Dort luden wir die Vorräte für die kleine Insel gar nicht aus, denn Diarmid hatte vor, sie sofort dorthin zu bringen, Jagdgerät mitzunehmen und mit einer Ladung Kaninchen wieder nach Hause zu kommen.

Ich war nicht scharf darauf, jetzt gleich nach unserer Rückkehr von Dingle wieder wegzufahren, aber Diarmid war der Bruder meiner Mutter, und zudem war da das Mädchen. Wir beide hatten einander sehr ins Herz geschlossen. Wir setzten also noch einmal die Segel, und in voller Fahrt gings davon nach Inishvickillaun. Wir blieben zwei Tage und zwei Nächte auf der kleinen Felseninsel, brachten jeden Abend reiche Beute von der Jagd nach Hause, sangen ein Lied nach dem anderen bis weit nach Mitternacht und schliefen dann bis in den hellen Mittag hinein. Die ganze Zeit versuchte mein Onkel, uns einander noch näher zu bringen, ein Verlöbnis zwischen uns zustande zu bringen, und ein wenig listig tat das Mädchen das seinige dazu, denn sie sorgte dafür, daß mein Onkel und ich von allen guten Dingen, die es im Hause gab, einen reichen Anteil bekamen, ohne daß ihre Mutter es immer wußte.

Am Morgen des dritten Tages war das Wetter trüb, und wir bereiteten uns auf den Heimweg vor. Schwerbeladen gingen wir zum Boot hinunter, und es gab nicht einen der Inselbewohner, der uns nicht ans Boot begleitete. Sie machten alle lange Gesichter, weil wir gingen. Ich will wohl zugeben, daß ich - wie den anderen zumute war, weiß ich nicht - auch nicht allzu fröhlich war. Und das war kein Wunder, denn die glücklichsten Tage, die ich je erlebt hatte, waren zu Ende, und dem Mädchen, das mir auf der ganzen gesegneten Erde damals am liebsten war, wandte ich den Rücken.

Wir machten uns also auf den Heimweg, und die Leute dort beneideten uns sehr. Wir hatten eine Bootsladung fetter Kaninchen, und die, die daheim geblieben waren, hatten nichts gewonnen als Tang und Torf und Dünger.

Weihnachts-vorbereitungen

Der Tod des kahlen Tom
Weihnachtseinkäufe in Dingle
Die Fischweiber
Toms Schafe
Die verstreute Bootsmannschaft
Eine stürmische Nacht
»Die Ertrunkenen haben Pech gehabt«
»Ein Haar von dem Hund, der dich biß«

Als wir nach Hause kamen, lag der kahle Tom in den letzten Zügen und verlangte nach dem Priester. Die Nacht war schon fast vorüber, da klopfte es an die Tür. Meine Mutter kam und sagte, Paddy warte darauf, daß ich mit ihm komme, um den Priester für seinen Vater zu holen.

Da ich auch den Priester für seine Mutter geholt hatte, konnte ich seine Bitte nicht abschlagen. Ich merkte schon damals, daß es Menschen gibt, die jeder böse Wind, der irgendwo weht, wenigstens streift. Tom hatte nähere Verwandte als mich, aber diese durften sich an jenem Tag ungestört ausschlafen.

Ich aß ein wenig und ging dann mit ihm. Diesmal brauchte Paddy nicht lange, um den Priester nach Dunquin zu holen, und die Reise war bald beendet. Am nächsten Tage war Tom tot. Nun mußte eine neue Fahrt gemacht werden, um die Totenwache vorzubereiten; dann noch eine, um ihn zu begraben. So verging ein Monat von dem Tage an, wo wir die Schweine von der kleinen Insel holten, bis zu dem Tage, an dem wir den kahlen Tom auf dem Kirchhof von Ventry begruben.

Paddy dachte daran, in ein kleineres Haus, das höher am Berg lag, zu ziehen. Das Haus uns gegenüber war beinahe zerfallen, und Paddy hatte inzwischen geheiratet.

Der Christmonat hatte begonnen. Die Fischerei war nun zu Ende, und die Inselbewohner machten sich daran, ihre Felder zu düngen. Von früh bis spät waren wir bei dieser Arbeit. So machten wir es auf der Insel in jedem Jahr bis zum Tag der heiligen Brigitta.

Damals gingen wir immer schon früh in die Stadt, um Weihnachtseinkäufe zu machen. Ich hatte gerade einen Haufen Seetang auf der Klippe oberhalb des Strandes zusammengetragen und wollte ihn mit dem guten Esel, den ich damals hatte, aufs Feld bringen, denn es war ein trockener, windiger Tag. Da sah ich einen Jungen auf mich zukommen. Ich merkte gleich, daß er eine Botschaft für mich hatte.

»Was bringt dich her, mein Junge?« sagte ich.

»Deine Mutter schickt mich, um dich zu fragen, ob du nach Dingle fahren willst«, sagte er, »das ganze Dorf geht nämlich hin.«

Ich dankte ihm und sagte, ich würde mitkommen.

Sofort machte der Junge kehrt und lief zurück.

»Sage meiner Mutter, sie soll meine Kleider bereitlegen; ich bringe dir auch ein paar Bonbons mit«, sagte ich.

Ohne viel Lust ging ich hinter ihm her, denn alle diese Unterbrechungen waren mir lästig; ich hatte den Dünger noch nicht auf das Feld gebracht. Aber da die ganze Insel sich auf Weihnachten vorbereitete, dachte ich, es sei leichter, mit den anderen zu gehen. Wenn ich es aufschob, mußte ich später allein fahren.

Aber als ich nach Hause kam, war ich sehr erfreut, denn ich sah, daß mein Alter den Esel schon bereitstehen hatte.

»Wo liegt denn dein Seetang?« fragte er.

»Es ist der große Haufen«, sagte ich.

Als ich mich fertig gemacht hatte, lief ich nach draußen; alle Männer der Insel waren auf der Klippe über der kleinen Bucht versammelt, alle in ihren besten Kleidern; der eine hatte ein oder zwei Schafe, der andere einen Korb mit Fischen, ein dritter trug einen Sack Wolle, und alle gingen nun zu den Booten hinunter, um die Dingle-Bay entlang zu segeln und die Boote schließlich am Kai von Dingle zu vertäuen.

Meine drei Onkel und Pats Heamish, der Mann meiner Schwester, gingen gerade zum Boot hinunter. Obwohl ich mit allen dreien gut Freund war, so war ich doch nicht erpicht darauf, mit ihnen zu fahren. Ich hatte noch genug von dem Tag, den ich mit Pats Heamish in Dingle verbracht hatte, und die Tage mit Diarmid und den Schweinen hatte ich noch nicht vergessen.

Als ich aber oben auf der Klippe stehen blieb, kam Diarmid, der einen Korb mit Fischen ans Boot gebracht hatte, wieder herauf.

»Fährst du nicht nach Dingle?« sagte er zu mir.

»Doch«, sagte ich, »ich fahre hin.«

»Warum, zum Teufel, bist du dann noch nicht fertig? Hast du keinen Fisch oder sonst etwas zum Mitnehmen?«

»Ich wollte ein halbes Hundert Dorsche mitnehmen, aber jetzt habe ich keine Zeit mehr, sie zusammenzupacken«, sagte ich. »Ihr seid ja schon abfahrbereit.«

»Lauf schnell und hol sie«, sagte er, »das Boot wartet auf dich.«

Diarmid war, wie ich schon früher sagte, der beste von allen, denn, obwohl alle im Boot meine Verwandten waren, sprach keiner so wie er.

Ich lief sofort nach Hause. Die Fische reihte ich auf zwei Seile auf. Ein anderer Junge trug mir das eine Bündel hinunter, und so war ich in einer halben Stunde fertig. Das Boot lag schon im Wasser und wartete auf mich. »Bei der heiligen Jungfrau«, sagte Diarmid, »du hast nicht lange gebraucht.« Sie nahmen die Bündel ins Boot, und wir fuhren in Richtung Dingle davon.

Damals hielten sich auf dem Kai immer Frauen auf, die wir Hökerinnen nannten. Sie kauften und verkauften Fisch und verdienten auf diese Weise ihren Lebensunterhalt. Als wir das Boot entladen und alles nach oben gebracht hatten, stürzten diese Weiber auf mich zu, und bald war mein Fisch verkauft, für fünfzig Schilling das halbe Hundert.

»In Gottes Namen«, sagte Diarmid, »du hast dir das Geld für ein Bier schnell genug verdient.«

»Das hat er«, sagte eins der Fischweiber schlagfertig, »und du bekommst sicher auch ein Glas. Kommt mit.«

Da er großen Durst auf Bier hatte, ging er mit, und wir gingen in dasselbe Wirtshaus wie früher. Die Frau zahlte mir alles auf Heller und Pfennig aus, und als ich das Geld hatte, fragte ich sie, was sie trinken wolle.

Aber da sagte die Frau: »Nein, Ihr sollt erst mit uns trinken.« Sie bestellte Bier und bezahlte es gleich auf der Stelle. Die zweite Runde gab natürlich ich, denn ich hatte ja Geld eingenommen, die dritte Runde gab Diarmid, denn die Frau hatte auch seinen Fisch gekauft.

Diarmid und ich hatten also drei Gläser getrunken, aber da Diarmid ein bißchen verwirrt war, hätte man schwören können, er habe seit Monaten ununterbrochen getrunken. Wir gingen nun zu der Anlegestelle hinunter, wo unser Boot lag, das wir noch nicht vertäut hatten. Kaum sah uns mein Onkel Tom, da bat er mich, mit ihm zu kommen. Er hatte seine beiden Schafe noch nicht verkauft.

»Ich komme«, rief ich.

»Zum Teufel noch mal«, rief Diarmid, »du tätest besser daran, das Boot festzumachen. Es ist schon spät, und vor morgen früh kommt ihr nicht aus der Stadt zurück. Bis dahin könnte die Flut das Boot abgetrieben haben.«

»Der Teufel soll dich holen«, sagte Tom, »du hast dich nicht um das Boot gekümmert, bis du deine Geschäfte erledigt hattest. Jetzt kannst du es festhalten oder meinetwegen auch treiben lassen, du Gauner.« Ich habe in diesem Buch schon einmal gesagt, daß von dem Tag an, wo der Dichter mich mit seinen Liedern vom Torfstechen abhielt - der Wind nicht günstig für mich war.

Als nun einer meiner Onkel den anderen einen Gauner nannte, war es mir gleich klar, daß dieser Tag für mich kein Feiertag werden würde, besonders da der eine, der nie viel Vernunft zeigte, schon ein wenig getrunken hatte. Ich behielt recht, denn es war noch keine Minute vergangen, da hatte Tom schon einen unfairen Schlag gegen das Ohr bekommen. Dieser Schlag riß den dreisten Tom von den Füßen, und er flog über die Schafe hinweg auf den Rücken. Aber kaum war er wieder auf den Beinen, da stürzte er sich auf Diarmid, und wären die Fischweiber nicht gewesen, so hätte er Diarmid ins Jenseits befördert und mich hinter ihm her, denn - darauf könnt ihr euch verlassen, ich hätte mein Leben gegeben, um Diarmid zu retten, so wie ich es beinahe in der Robbenhöhle getan hatte.

Als der Kampf vorüber war, holte ich die Frauen in die Wirtschaft und spendierte ihnen eine Runde. Diarmid war inzwischen in ein anderes Haus, das weiter in der Stadt drin lag, geflüchtet, und ich war froh, daß er weg war. Die Frauen zerrten an meinen Kleidern und wollten mir noch ein Glas aufdrängen, aber ich wollte nicht zwei Glas Bier an einem Tage von ihnen annehmen. Und ich hatte noch einen anderen Grund: ich sah an der Art, wie mein Onkel sich bewegte, daß er bald nicht mehr sehr klar im Kopf sein würde, und da war es besser, daß wenigstens einer einen klaren Kopf behielt, besonders, wo es ein so heiliges Fest war, dem zu Ehren wir diese Fahrt unternommen hatten.

Als ich mit diesen Gedanken das Wirtshaus verließ, sah ich mit dem ersten Blick, den ich die Straße hinunter warf, meinen Onkel im Handgemenge mit zwei knochigen Metzgern, die ihn zwingen wollten, seine Schafe für den Preis herzugeben, den zu zahlen sie gewillt waren. Ich eilte zu ihnen hin und sah gleich, daß mein Onkel rot und blau im Gesicht war. Er tat mir wirklich leid. Tom hatte die Schafe mit einem neuen Seil aneinandergebunden, und dieses hatte tief in eine seiner Hände eingeschnitten, während er versuchte, die Schafe, die die beiden an sich reißen wollten, festzuhalten.

Es war Pech für die beiden Metzger, daß ich in diesem Augenblick auftauchte, denn sie dachten, ich sei nur ein Bauernjunge, der seine Nase in alles hineinsteckte, und ich sei auf ihrer Seite.

»Gib mir das Seil«, sagte ich zu Tom. Er tat es sofort.

»Jetzt kannst du mich und die Schafe verteidigen, und wenn du so viel Mut wie Kraft hast, dann wirst du jetzt mit diesen beiden Vogelscheuchen kurzen Prozeß machen.«

Ich glaube, so wütend bin ich nie vorher und nie wieder nachher gewesen.

Tom holte zuerst mit seinem Stiefel aus, aber der junge Metzger sprang zur Seite. Der Fußtritt traf das eine der Schafe, das tot liegen blieb. Das war eine nette Bescherung. Die Metzger liefen davon. Ich zog ein Messer aus der Tasche, stürzte auf das Schaf zu und ließ es ausbluten. Mein Onkel war tief niedergeschlagen: das eine Schaf war noch nicht verkauft und das andere war tot, und dazu kam noch, daß ein Schilling für ihn mehr bedeutete als ein Pfund für meine beiden anderen Onkel. Er war ganz gebrochen. Aber der Vater der beiden jungen Metzger hörte, was seine Söhne getan hatten, und er zahlte für das tote Schaf den gleichen Preis wie für das lebende.

Ich verließ nun die Schafhändler und ging nach Osten die Straße hinunter. Ich traf ein paar meiner Gefährten, die in aller Eile ihren Geschäften nachgingen, denn sie wollten schnell wieder nach Hause, weil das Wetter günstig war.

Ich hatte Liam und Pats Heamish, den Mann meiner Schwester, noch nicht gesehen. Liam traf ich in einer Wirtschaft – im Hause von Muirisin Ban, der ein wirklicher Freund war. Liam hatte zwei Säcke Wolle verkauft und hatte reichlich getrunken.

»Herein mit dir und trink einen Schluck von dem Zeug hier«, sagte er zu mir. Er trank Porter, wie eine Kuh Wasser säuft. »Gib ihm lieber ein Glas Whiskey«, sagte er dann zum Wirt, »ich glaube, er mag dies schwarze Zeug nicht.«

Der Mann hinter der Theke tat, wie Liam gesagt hatte. Bei Liam saßen noch fünf andere Männer, alle redeten und tranken. Auch draußen hörte ich Stimmen, und ich ging hinaus, um zu sehen, wer dort war. Und was sah ich: zwei Polizisten, die einen Mann abführten; und als ich mir diesen Mann genauer ansah, war es Pats Heamish. Ich lief nach drinnen und erzählte dem Wirt, was ich gesehen hatte.

»Vor zehn Uhr heute abend können wir ihn auf keinen Fall frei bekommen«, sagte dieser.

Ich war ganz außer mir, als ich das hörte.

Unsere Bootsmannschaft war jetzt aufgeschmissen, und dazu lag das andere Boot schon zur Abfahrt bereit, und das Wetter war günstig.

Ich danke heute noch Gott, daß ich nicht tat, was ich in diesem Augenblick eigentlich tun wollte: nämlich mich hinsetzen und mich vollsaufen. Dann wäre mir so leicht zumute gewesen wie den anderen, die es auch so machten. Ich hatte wirklich Grund, böse zu sein. Das Boot, das mit uns gekommen war, war schon unterwegs nach Hause, und die Mannschaft meines eigenen Bootes schmolz dahin wie Schaum auf dem Wasser: drei von den Brüdern völlig betrunken, einer davon im Gefängnis, und die beiden andern, die außerdem noch zum Boot gehörten, hatte ich den ganzen Tag nicht gesehen – es war ein Mann, den wir Kerry nannten, und ein junger Bursche aus seiner Verwandtschaft.

Ich ging zum Kai hinunter; in eben diesem Augenblick stieß das andere Boot in See. Sie riefen mir Lebewohl zu, und ich schickte ihnen meine Segenswünsche nach. Es war ein schöner Abend, aber der Himmel sah nicht sehr verheißungsvoll aus. Als ich mich vom Kai abwandte, sah ich Kerry von der Stadt her kommen. Er trug eine Ladung gekämmter Wolle auf dem Rücken.

»Wo hast du die Wolle her?« fragte ich ihn.

»Aus der Krempelmühle«, sagte er.

Ich sagte ihm, daß das andere Boot schon abgefahren sei.

»Wirklich?« sagte er, »wenn das stimmt, dann werden sie nie nach Hause kommen. Hast du schon alles eingekauft?«

»Nein«, sagte ich, »ich habe noch nicht für einen Penny gekauft.«

»Nun, du hast auch noch Zeit genug. Es ist noch lange bis zehn Uhr.«

»Du hast genauso wenig Scham im Leibe als die andern«, sagte ich. »Das andere Boot ist nach Hause gefahren, und wir sind noch hier, und vielleicht dauert es noch eine Woche, bis wir von Dingle wegkommen.«

»Wir kommen genauso früh nach Hause wie sie«, sagte er. »Komm hier herein, dann trinken wir einen und fangen dann an zusammenzupacken, damit alles fertig ist, wenn wir morgen nach der Frühmesse abfahren.«

Als ich ihn so reden hörte, änderte sich meine Meinung von ihm - dieser Mann, den die übrige Schiffsmannschaft für einen nutzlosen Tunichtgut hielt, sprach mit Überlegung, während sie selbst sich inzwischen sinnlos betrunken hatten. Wir drei gingen in den Laden, kauften ein, und als wir damit fertig waren, spendierte uns der Ladeninhaber ein Gläschen. Als wir dann weiter in die Stadt hinein gingen, kam uns tatsächlich der Gefangene, Pats Heamish, entgegen.

»Gott und seine heilige Mutter seien mit euch«, grüßte er uns.

Kerry erwiderte seinen Gruß. Pats sprach immer noch unzusammenhängend. Muirisin Ban hatte ihn ausgelöst. Die anderen drei Schurken hatten wir noch nicht erblickt. Ich ließ die anderen stehen und eilte zu dem Hause unseres Freundes Muirisin Ban, wo sie sich gewöhnlich aufhielten. Sie waren so benommen, daß sie mich erst erkannten, als ich sprach.

»Da bist du ja«, sagte der verrückte Diarmid.

»Da bin ich«, sagte ich, »und ich hoffe, ihr seid jetzt in einer besseren Verfassung als vorhin.«

»Das sind wir, mein Junge«, sagte er, »ist das keine gute Verfassung, wenn man so schön geladen hat? Hast du eigentlich Kerry und den anderen Jungen gesehen?«

»Ja, und der ist nicht so wie ihr«, sagte ich.

»Ach, der Teufel soll ihn holen, der Tölpel war nie so wie ich.«

»Ist die andere Bootsmannschaft schon zusammen?« sagte Tom.

»Sie sind inzwischen schon halbwegs nach Hause«, sagte ich. Als Diarmid das hörte, steckte er den Kopf zur Tür hinaus, sah eine Weile zum Himmel und zu den Sternen auf und kam dann wieder herein.

»Bei der heiligen Jungfrau«, sagte er, »das Boot wird den Hafen nie erreichen. Sieh nur, wie wild es da oben aussieht.«

Dies war nun der zweite erfahrene Seemann, von dem ich das hörte. Ich ging nun weg, um die Läden aufzusuchen, in denen ich etwas kaufen wollte. Die Geschäfte sind um die Weihnachtszeit immer noch spät geöffnet, immer bereit, noch ein paar Schillinge einzunehmen. Ich ließ mir keine Ruhe, bis ich alles erledigt hatte.

Gott verzeihe mir, denn ich faßte den Plan, die Trunkenbolde sich selbst zu überlassen, wenn das Wetter am nächsten Morgen gut war, und auf dem Landwege nach Dunquin zu gehen, denn ich merkte wohl, daß sie nicht aufbrechen würden, so lange sie noch einen Penny in der Tasche hatten.

Ich hatte seit dem Morgen keinen Bissen mehr gegessen, ebensowenig wie die anderen. Ich suchte also ein Haus auf, wo man essen konnte, und nahm eine Mahlzeit zu mir. Als ich wieder hinauskam, wurden schon die Lampen angezündet, und ich machte mich auf die Suche nach meinen Freunden. Ich fand sie alle im gleichen Laden – die drei Onkel, Pats Heamish, Kerry und den Jungen. Jeder von ihnen hielt seinen weißen Proviantsack auf. Der Ladeninhaber wurde ausgeplündert, er wog Tee ab, Zukker und alles, was sie sonst noch brauchten. Sie füllten ihre Mehlsäcke, der eine kaufte vierzehn Pfund Mehl, ein anderer einundzwanzig und ein dritter sogar achtundzwanzig Pfund. Damals hatte man immer nur einen kleinen Vorrat im Haus, und alles, was man brauchte, wurde im selben Laden gekauft.

Danach gingen wir in unser Quartier. Nur jeder dritte nahm eine Mahlzeit zu sich. Ich teilte das Bett mit Kerry und dem Jungen, und kaum hatten wir uns hingelegt, als es draußen zu stürmen begann und ein heftiger Regen niederging.

»Hörst du das, Junge?« sagte Kerry. »Was meinst du, wie weit kann das Boot schon sein?«

»Irgendwo in der Nähe des Hafens von Ventry«, sagte ich.

»Wenn sie schon so weit sind, haben sie Glück gehabt«, sagte er.

Mit fortschreitender Nacht wurde es immer stürmischer, und obwohl ich mir nichts anmerken ließ, stand ich doch Todesangst um das Boot aus. Auch in diesem Boot waren Verwandte von mir, und selbst wenn das nicht so gewesen wäre, man macht sich oft ebenso große Sorgen um gute Nachbarn. Der Wind rüttelte das Haus, und keiner von uns konnte vor dem Morgengrauen Schlaf finden.

Als es hell geworden war, legte sich der Wind, er blies jetzt vom Land her genau in die Richtung, in der wir segeln wollten, vom Kai von Dingle auf die Landestelle der Blasketinsel zu. Ich sprang aus dem Bett und lief gleich auf die Straße. Ich schaute in alle vier Himmelsrichtungen. Nun, da der Himmel sich seiner Wut entledigt hatte, war er ganz klar und still, genau wie die Trunkenbolde, die im Quartier in den Betten lagen und weder von der stürmischen Nacht noch von dem herannahenden Tage etwas bemerkt hatten.

Ich ging wieder ins Haus und in die Kammer, in der ich geschlafen hatte, denn die Hälfte meiner Kleider lag noch dort, und ich warf mich auf die Knie und dankte Gott, daß er mich vor dem nächtlichen Sturm bewahrt hatte und uns das gesegnete Licht des Tages wieder sehen ließ.

»Es ist ein schöner Tag«, sagte ich zu Kerry.

Im Hause regte es sich schon, denn einige Leute dort wollten zur Frühmesse gehen. Kerry und der Junge waren die ersten, die herunterkamen, und er sagte mir, ich solle die anderen wecken. Ich sagte ihm, ich würde es auf keinen Fall tun. Ich hatte gestern genug von ihnen gehabt und wollte den Tag nicht in der gleichen Weise zubringen. Während wir noch sprachen, kam Pats Heamish die Treppe herunter.

»Guten Morgen, Jungens«, sagte er.

»Ein guter Wind, um nach Hause zu fahren, ihr Burschen«, sagte der Hausherr.

Pats lief wieder nach oben, um die anderen zu holen, und bald waren wir alle beisammen. Diarmid bat die Frau, das Frühstück bereit zu haben, wenn wir aus der Messe zurückkämen. Sobald wir gegessen hatten, wollten wir auf dem SCHWARZEN EBER die Segel hissen.

Die Gemeinde sammelte sich zur Messe, und sobald diese vorüber war, aßen wir und machten uns auf den Weg. Wir trugen unsere Sachen zum Hafen hinunter, ließen das Boot aufs Wasser und luden alles ein. Wir drehten das Heck dem Lande zu und den Bug auf die See hinaus. Die Segel gingen in die Höhe, und mit günstigem Wind fuhren wir gegen Westen.

Bald hatte der SCHWARZE EBER die Höhe des Hafens von Ventry erreicht. Als wir die Hafeneinfahrt kreuzten, blickte einer der Männer auf die Wasseroberfläche hinaus, die zwischen uns und dem Land lag.

»Da kommt ein Boot auf uns zu«, sagte er.

Ich sah genau hin und erkannte sofort die Segel.

»Es ist das Boot, das gestern von Dingle weggefahren ist«, sagte ich.

Wir ließen den SCHWARZEN EBER kreuzen, bis das Boot zu uns herangekommen war, es war wirklich das andere Boot von der Insel. Sie erzählten uns, wie es ihnen ergangen war: was sie eingekauft hatten, war keine Krone mehr wert, denn ein Brecher war über sie hinweg gespült, und hätten sie nicht den Hafen erreicht, bevor der Sturm richtig losbrach, so hätten wir keinen von ihnen wiedergesehen. Wir ließen die Boote Seite an Seite unter ihren vier Segeln laufen, und der Wind blieb günstig, bis wir den Hafen der großen Blasketinsel erreicht hatten. Die gekauften Waren wurden nach Hause getragen, und ein paar Tage lang wurde nur von der Stadt erzählt.

Ich hatte fünf Flaschen Whiskey mitgebracht – der eine oder andere hatte mir eine geschenkt, und eine hatte ich selbst gekauft. Das war damals nicht schwer, denn die Flasche kostete eine halbe Krone. Die Mannschaften der beiden Boote hatten Rosinen, Kerzen und eine Menge süßer Sachen von Dingle mitgebracht. In jenem Jahr hatten wir reichlich Torf zum Heizen, Kartoffeln und Fisch dazu.

Ich habe schon gesagt, daß ich mich noch an die Zeit erinnere, als es auf der Insel einen einzigen Eisentopf zum Brotbacken gab.

In dem Jahr, von dem ich jetzt erzähle, hatten wir drei oder vier, und diese wurden ständig benutzt.

In einem dieser Töpfe buk meine Mutter schon am nächsten Morgen. Es war nur noch eine Woche bis Weihnachten, und sie mußte für die Familie vier Laib Brot backen. Diese Brote waren eben gar geworden, als mein Onkel Diarmid hereinkam. Er kam eben vom Strand herauf.

»Zum Teufel auch«, sagte er, »die Kleider fallen mir vom Leibe, denn ich habe weder einen Bissen noch einen Tropfen in den Leib gekriegt, seit ich Dingle verlassen habe.«

Er tat mir leid, und ich ging zu meiner Kiste, holte eine Flasche und einen Becher heraus und reichte ihm einen Trunk. Er kippte ihn hinunter, ohne auch nur Atem zu schöpfen.

»Ich wünschte, Gott schickte mir etwas, wovon ich dir's vergelten kann«, sagte er.

»Häng ein wenig Wasser übers Feuer«, sagte ich zu meiner Mutter. »Mach ihm eine Tasse Tee und gib ihm ein Stück von dem Brot. Er hat sich in der Stadt mit Saufen ganz krank gemacht.«

»Um Himmels willen, laß nur«, sagte Diarmid, »der Schluck eben hat mir wieder auf die Beine geholfen.«

Ein Tropfen Schnaps hat schon manchmal die Welt lustiger gemacht, aber so viel Spaß, wie dieser mir bescherte, habe ich nie wieder gehabt.

Der Schnaps drang ihm sofort in alle Adern, denn seine knochige Gestalt war so dünn wie ein Meeraal, der eine Woche lang in einer Hummerfalle gesteckt hat. Es war nur gut, daß es nicht am frühen Morgen war, als ich ihm diesen Trunk gab, sonst wäre es um meine Tagesarbeit geschehen gewesen, und so wäre es allen ergangen, die ihn gesehen oder gehört hätten. Es war bald so weit, daß die Leute nach einer Zwangsjacke für ihn gerufen hätten. Ich steckte meinen Kopf zur Tür hinaus, und draußen stand einer von Diarmids Jungen und heulte.

»Was fehlt dir denn, Shaneen?« sagte ich.

»Ich will meinen Vater holen«, sagte er.

»Oh, komm nur herein, mein Junge. Er ist hier, quietschfidel, und denkt daran, sich noch einmal zu verheiraten. Er will deine

Mutter endgültig verlassen. Sie hat dich wohl hergeschickt, ihn zu holen?«

Ich sprach so zu dem Jungen, um ihn ein bißchen zu ermuntern, denn er sah erbarmungswürdig aus. Ich nahm den Jungen bei der Hand und führte ihn zu Diarmid.

»Gehört der Junge dir?« sagte ich zu dem Schlingel.

»Ja und nein«, sagte er.

»Jetzt sind wir genau so schlau wie vorher«, sagte ich zu ihm.

»Ja, siehst du denn nicht, daß er mir gar nicht gleicht? Er würde gar nicht dieses zähe dunkle Fell haben, wenn er auf mich käme und nicht auf seine Mutter, dieses gelbhäutige dumme Stück.«

»Mir scheint«, sagte meine Mutter, »sie gleichen dir alle nicht. Sie kommen alle auf ihre Mutter.«

»Euch alle hier im Dorf soll der Teufel holen«, sagte der lustige Diarmid.

Ich sprang auf, schnitt dem Jungen ein Stück Brot ab und sagte ihm, er solle nach Hause laufen. Sein Vater würde noch ein bißchen bei uns bleiben. Kaum war ich den Jungen los geworden, da kam eine Frau zur Tür herein; es war niemand anders als meine Schwester Kate. Meine Mutter fuhr auf, denn sie dachte, es müsse wohl einem der Kinder etwas geschehen sein, denn Kate besuchte uns nur sehr selten.

»Was ist es, das dich so spät zu uns führt?« sagte ich zu Kate.
»Es ist Pats Heamish«, sagte sie, »er fühlt sich sehr elend. Er hat noch keinen Bissen zu sich genommen, seit er aus Dingle zurück ist, und ich bin gekommen, dich um einen Löffel Whiskey zu bitten.«

»Hat er denn selbst keinen mit nach Hause gebracht?« sagte meine Mutter.

»Nein«, sagte sie, »und auch sonst nichts.«

»Was hätte der Bursche auch mitbringen sollen?« sagte der verrückte Diarmid. »Er hat keinen Funken Verstand gezeigt, von dem Augenblick an, wo er sein Haus verließ, bis zu dem, wo er es wieder betrat.«

»Ein Verrückter bildet sich immer was auf seinen Verstand ein«, sagte ich.

Kate hatte es eilig. Ich holte die Flasche. Sie hatte nur einen Becher von der Größe einer Eierschale mitgebracht, weil sie fürchtete, mich zu verärgern, wenn sie zu viel verlangte. Ich holte eine Achtelliterflasche und füllte sie. Voller Dankbarkeit und mit Segenswünschen eilte sie davon. Ich wandte mich mit der halbleeren Flasche wieder Diarmid zu.

»Es soll mich spalten wie einen Lachs, wenn ich auch nur noch einen Tropfen trinke«, sagte er, »mit dem einen Glas habe ich genug.«

Ich bat meinen Vater, ein Glas für mich zu halten, und füllte es zur Hälfte. Meine Mutter nippte nur eben daran. Dann füllte ich das Glas für mich selbst. Es war der erste Schluck, seit ich von Dingle abgefahren war. Ich füllte das Glas noch einmal und reichte es dem Spaßmacher.

»Oh«, sagte er, »jetzt, wo ich den Eid geschworen habe.«

»Ach, du Narr«, sagte ich, »das mit dem Lachs hat doch nichts zu bedeuten. Das ist doch nur so eine Redensart.«

»Bei der heiligen Jungfrau«, sagte er, »ich glaube, du hast recht.« Und damit kippte er das Glas hinunter.

Er blieb bei uns, bis es höchste Zeit war, zu Bett zu gehen. Meine Mutter hatte noch nie davon gehört, welche Gefahr ich seinetwillen in der Robbenhöhle auf mich genommen hatte. Als sie es nun hörte, fiel sie auf die Knie nieder und dankte Gott, der uns beide beschützt hatte. Aber mein Vater nahm die Sache gar nicht so wichtig.

Nachdem wir gegessen hatten, ging ich, um nach Pats Heamish zu sehen. Ich wollte mir auch mit ihm ein Späßchen machen. Er saß am Feuer, hatte den Rock um die Schultern gehängt und die Pfeife im Mund, aber es war nur Asche darin. Ich fragte ihn, ob es ihm besser gehe.

»Ja«, sagte er, »dein Tropfen hat mich geheilt.« »Deine Pfeife ist ja leer«, sagte ich. »Allerdings«, sagte er, »und ich habe auch nichts, womit ich sie stopfen könnte; ich bin so krank, weil ich in Dingle ein Glas schlechten Whiskey getrunken habe.«

»Ich glaube, es war nicht nur ein Glas.«

»Ich hatte fünf Glas getrunken, als sie mich einlochten.«

Ich ging und ließ Pats, diesen Satansbraten, allein (das ist der einzige Name, den ich ihm geben kann). Er war von Dingle zurückgekommen, ohne seinen Kindern auch nur ein Krümchen mitzubringen, sie hatten nur, was sie sich erbettelten; auch seine Gesundheit hatte er ruiniert, das sah man ihm an, er würde weder morgen noch übermorgen arbeiten können.

Als ich nach Hause kam, trompetete Diarmid immer noch lustig drauf los, er schwätzte, ohne aufzuhören, ohne heiser, ohne müde zu werden, seine Zunge stolperte nicht, und sein Appetit war offenbar unvermindert. Meine Mutter ging hin und her, fegte den Boden und bedeckte das Feuer für die Nacht. »Du tätest besser daran«, sagte er zu ihr, »ein strammes Mädel für deinen Sohn zu suchen, als immer noch selbst alle Arbeit zu tun.«

»Nun, ich halte ihn gewiß nicht von den Mädels fern«, sagte sie. »Mir wäre es schon lieb, wenn er morgen früh mit einer ankäme. Aber mir scheint, so leicht kommt man an keine.« »Gott schütze dich«, sagte er, »auf der kleinen Insel sind fünf Weibsbilder, die alle hinter ihm her sind, und keine von ihnen weiß, welcher er wohl einen Wink geben wird, mit ihm zu kommen.«

Nach all dem stundenlangen Gegröle war seine Stimme jetzt so klar, als habe er eben den ersten Satz gesprochen. Als ich ihn hatte kommen sehen, hatte ich mir schon gedacht, daß er das Haus nicht verlassen werde, bevor er nicht ein Gespräch dieser Art angefangen hatte, denn das ganze Jahr über hatte man im Dorf schon viel darüber geredet, wer wohl heiraten werde und wer nicht. Zudem hatte ich schon zu der Zeit, als wir die Schweine zu Markt brachten, gemerkt, daß er und die Frau von der kleinen Insel die Köpfe zusammensteckten, und er hatte ihr wahrscheinlich versprochen, die Sache ins Rollen zu bringen.

Was mich anbetraf, so hörte ich sein Geschwätz nicht ungern, und es wäre mir nur recht gewesen, wenn etwas daraus geworden wäre, denn damals hätte ich selbst keine andere Wahl getroffen.

»Ach«, sagte meine Mutter, »er ist noch reichlich jung und hat noch Zeit.«

»Ist er denn mündig?« sagte der Gauner.

»Drei Tage vor Weihnachten wird er einundzwanzig«, sagte sie.

»Aber Frauchen, ich war doch kaum zwanzig, als ich meine schwarze Alte da drüben heiratete, und sie war nicht einmal eine gute Partie.«

»Ich glaube«, gab ich ihm zur Antwort, »du hast eine bessere Partie gemacht als sie. Du bist ein schlechter Gatte. Du bist oft genug von Hause weggewesen, aber du hast deiner armen Frau schon lange nichts heimgebracht, was der Mühe wert gewesen wäre, und dein Geld hast du schändlich verschwendet.« »Ach, du Narr«, sagte der verrückte Diarmid, »ich schneide viel mehr auf, als daß ich verschwende.«

»Im Namen Gottes und der heiligen Jungfrau«, sagte ich, »geh mir jetzt aus den Augen. Oder denkst du gar nicht an dein Haus und dein Bett, oder hast du gar keine Angst, daß deine schwarze Alte dir auf und davon geht?«

Er grinste und sagte: »Oh, darüber brauchst du dir keine Sorgen zu machen.«

Ich ging mit einer Kiste, in der ein paar Kartoffeln für den Esel waren, nach draußen; ich warf der Kuh und dem Kalb ein Bündel Hafer hin. Gewöhnlich war dies die Arbeit meines Vaters, aber das Geschwätz im Hause hatte ihn an diesem Abend davon abgehalten. Als ich wieder hereinkam, stand Diarmid immer noch mitten im Raum und versuchte den beiden Alten klarzumachen, welch ein Vorteil die Hilfe einer jungen Frau für sie wäre und daß, soweit er sehen könnte, das Mädchen von der kleinen Insel das Zeug zu einer guten Frau habe. Obwohl dies alles scheinbar in reinster Absicht gesagt war, hatte er doch dabei auch seinen eigenen Vorteil im Auge. Unser ganzes Haus würde für ihn sein. Die Mutter des Hauses war seine eigene Schwester, und die junge Frau konnte nicht seine Feindin sein, wenn er selbst sie in unser Haus gebracht hatte. Oft genug hat ein Mann unter dem Anschein, völlig unbeteiligt zu sein, seine eigenen Ziele verfolgt, und ich glaube an diesem Tage war etwas von dieser Hinterlist auch in Diarmids Vorgehen.

Ich mußte ihn bei der Schulter nehmen und ihn zur Tür hinausschieben. Er wandte sich noch einmal zurück und sagte: »Am Weihnachtsabend schlachte ich einen fetten Widder, und ihr sollt die Hälfte davon mithaben.«

Damit ging er hinaus, und es war höchste Zeit, ins Bett zu gehen.

Fröhliche Weihnachten

»Da ist ein Braten für dich, kleine Frau«
Weihnachtsabend: ein fröhlicher Umtrunk und Gesang
Das Hurleyspiel
Diarmid wird verwundet
Das zweite Spiel
Tom wird verletzt
Musik bis zum Morgengrauen

Es war am Morgen des Tages vor Weihnachten. »Ich glaube, am besten gehe ich und hole ein Schaf«, sagte ich zu meiner Mutter.

»Geh nicht«, sagte sie, »gib dem windigen Diarmid eine Chance. Wir werden ja sehen, ob er seine großmäulige Rede wahr macht. Wenn er das fette Schaf schlachtet, so reicht es für beide Familien, aber ich fürchte, er wird seine Prahlerei nicht wahrmachen.«

Sie hatte viel weniger Zutrauen zu ihm als ich. Ich glaubte, daß er sein Versprechen halten werde, wenn er das fette Schaf wirklich schlachtete. Er war ein geschickter Schlachter, denn sie hatten einen großen Haushalt gehabt, als er noch mit seinen Brüdern zusammen lebte. Und oft genug hatte der Spaßmacher ein fettes Schaf umgelegt, ohne daß ihn jemand dazu aufgefordert hätte.

Am späten Abend ging ich nach draußen, um zu sehen, ob die Kühe vom Berg nach Hause kamen, da sah ich den Schelm mit einer Schafshälfte auf dem Rücken auf unser Haus zukommen. Er hatte das Schaf so genau geteilt, daß auch der halbe Kopf noch an dem halben Rumpf des Tieres hing.

Er trat ein und warf seine Bürde ab.

»Da ist ein Festtagsbraten für dich, kleine Frau«, sagte er zu meiner Mutter.

»Möge dieser Tag uns allen auch im nächsten Jahr in Wohlstand und Freude beschieden sein«, sagte meine Mutter.

In diesem Augenblick trat auch ich ein und sah das Geschenk. »Deine Arme seien gesegnet, guter alter Onkel«, sagte ich. »Wenn du nicht ein Mann von Wort bist, wer soll es dann sein?« »Habe ich euch nicht gesagt, daß ich es tun würde?« sagte er. »Wenn du nicht gewesen wärest und die Gnade Gottes, so lebte ich heute nicht mehr und hätte das Schaf nicht schlachten können, um es mit euch zu teilen. Ich werde die Robbenhöhle nie vergessen.«

Ich trat an meine Kiste, holte eine der Flaschen heraus und reichte sie ihm.

»Hier, Diarmid, heute hast du dir wirklich einen Schluck verdient.«

»Oh Gott, wo hast du das alles her?«

»Hast du nicht selbst eine Flasche von deinen Freunden geschenkt bekommen?«

»Der Teufel soll mich holen, nur eine einzige habe ich von meinem alten Freund Muirisin Ban bekommen.«

Ich schüttete ihm ein Glas und dann noch ein halbes ein, denn so viel war in der Flasche, die ich in der Hand hielt.

»Oh, König des Himmels, weiß du nicht, daß so ein altes Knochengestell wie ich nach einer harten Tagesarbeit so viel nicht vertragen kann?«

»Es ist ein kleiner Weihnachtstrunk.«

Er nahm das Glas, und es dauerte nicht lange, da hatte er den ganzen Inhalt in Sicherheit gebracht. Darauf sagte er: »Ich hoffe zu Gott, wir werden ein glückliches Weihnachtsfest erleben und danach eine fröhliche Fastnacht.«

Dann sprang er auf und lief zur Tür hinaus.

Ich sprang ihm nach und holte ihn wieder zurück.

»Hast du es denn so eilig?« sagte ich.

»Oh«, sagte er, »der heutige Abend ist nicht wie andere Abende, und es wäre unrecht, wenn ich am Heiligen Abend des Herrn meine eigene kleine Schar im Stich ließe.«

Ich hatte ihn nie für so fromm gehalten, wie er sich an diesem Abend zeigte, er führte sonst immer eine rauhe Sprache, und für gewöhnlich suchte er immer den Beistand der Hölle, wenn er in Wut geriet. Seine Ausdrucksweise an diesem Tag erhöhte meine Achtung für ihn.

Es kam die Zeit, wo an diesem Heiligen Abend die Lichter angezündet werden, und wenn ihr jetzt von Südosten her auf das Dorf zugekommen wäret - denn nach dieser Richtung hin öffnen sich alle Fenster und Türen des Dorfes -, hättet ihr Lichter aller Art hell leuchten sehen, und ihr hättet geglaubt, das himmlische Jerusalem zu sehen, obwohl unser Dorf mitten im offenen Meer lag. In dieser Nacht hättet ihr fröhlichen Lärm aus jedem Haus klingen hören, denn, so wenig scharfe Getränke auch auf die Insel kommen, man verwahrt alles für Weihnachten. Mancher alte Mann, der seine Stimme ein Jahr lang nicht erhoben hatte, sang an diesem Abend. Und die alten Frauen hörten nicht auf zu trällern.

Ich wollte nicht den ganzen Abend zu Hause verbringen und ging zuerst zu Pats Heamishs Haus, weil dieser immer noch nicht ganz wohl war. Ich wußte, daß er keinen Tropfen im Hause hatte, und nahm deshalb einen Viertelliter mit. Etwa zehn Leute hießen mich willkommen. Pats war sonst ein lustiger Genosse, aber heute war er unglücklich, weil er für das Fest keinen Tropfen im Hause hatte. Alles, was er von Dingle mitgebracht hatte, hatte er schon getrunken, denn seit jener Sauferei war er krank gewesen.

Ich reichte ihm die Flasche. »Trink das«, sagte ich, »denn du mußt jetzt ein Lied singen.« »Wenn der den Schoppen heruntertrinkt, dann hörst du kein Lied mehr von ihm«, sagte Kate. »Ich will auch ein Lied singen«, sagte Tom.

Er trank einen Schluck, und dann sang er, aber nicht ein Lied, sondern sieben.

Am Weihnachtstag und während der ganzen Weihnachtszeit hielten wir immer Hurley-Wettkämpfe ab, und das ganze Dorf nahm daran teil. Zwei Männer wurden zu Führern der beiden Parteien gewählt. Jeder von ihnen rief abwechselnd einen Mann auf, bis alle, die auf dem Strand standen, in zwei Parteien eingeteilt waren. Wir hatten Hurleyschläger und einen Ball. Wir spielten mit bloßen Füßen auf dem weißen Strand, und wenn der Ball in die See flog, dann gingen wir bis zum Hals ins Wasser, um ihn zurückzuholen. Wir waren nachher so steif im Rücken und in den Beinen, daß während der zwölftägigen Weihnachtszeit kein Mann imstande war, die Kühe auf den Berg zu treiben. Der eine oder andere verletzte sich den Fuß, und manch einer hinkte einen Monat nachher.

An diesem Weihnachtstag spielten Diarmid und mein Onkel Tom in verschiedenen Parteien, ich war in Diarmids Partei, und das war mir recht so, denn wenn ich in der Gegenpartei gespielt hätte, so hätte ich meine letzte Kraft daran setzen müssen, wenn ich nur in seine Nähe kam.

Wir gewannen hintereinander drei Spiele, und beide Parteien strengten sich bis zum äußersten an, die eine, um wenigstens noch ein Spiel zu gewinnen, die andere, weil sie ihre völlige Überlegenheit beweisen wollte.

Als wir uns auf dem Heimweg dem Klippenpfad näherten, sagte mein Onkel Diarmid: »Ihr solltet euch schämen, seit dem Morgen haben wir euch kein einziges Spiel gewinnen lassen.«

Als Diarmid diese Bemerkung machte, ging sein Bruder Tom gerade vor ihm den Pfad hinauf. Dieser wandte sich um und versetzte ihm mit der Faust einen Schlag aufs Ohr, daß er hinterrücks auf den Strand fiel und wie tot liegen blieb.

»Dein Verdienst war es jedenfalls nicht, du Satan«, sagte er. Diarmid fiel nicht tief, aber der Boden war steinig. Es dauerte eine Stunde, bis er wieder sprechen konnte; die ganze Stunde lang standen die Spieler um ihn herum, nur der Mann, der ihn niedergeschlagen hatte, war nach Hause gegangen. Zuerst war seine Stimme noch sehr schwach, als sie dann aber in alter Stärke wiederkam, machte er schlechten Gebrauch davon, denn das erste, was er sagte, war: »Ich schwöre euch bei meiner Seele, ich werde der Priester am Totenbett dieses Burschen sein.«

Sie halfen ihm auf die Beine, und bald war er wieder ganz bei sich. Er hatte nur ein paar Schrammen auf der Wange. Wir kamen mit letzter Kraft noch nach Hause, so müde waren wir nach den Ereignissen des Tages.

Nach dem großen Wettkampf des Weihnachtstages gab es eine Ruhezeit bis zum Neujahrstag, alle waren ziemlich lahm, die Füße und Beine schmerzten. Dann schauten alle, deren Schlaghölzer zerbrochen waren, sich nach neuen um.

Unsere Hurleystöcke stammten fast alle aus Ventry. Sie wurden aus Ginsterstöcken gemacht, die krumm gewachsen waren, der Ball war aus Strumpfwolle und mit Hanffäden umwickelt. Wenn dieser Ball einen Mann am Fußgelenk traf, so war es für diesen Tag für ihn mit dem Gehen aus. Wenn ich auch nicht stark war, so war ich doch sehr geschickt im Handhaben des Schlägers. Am Neujahrstag spielte ich auf dem äußeren Flügel, und ich trieb den Ball, so hart ich nur konnte, da kam mir ausgerechnet mein Onkel Tom in die Quere, und der Ball traf ihn an der Kniescheibe. Die Kniescheibe sprang aus dem Gelenk.

»Das ist für deinen Faustschlag«, rief Diarmid; seine Stimme war die erste, die ich hörte.

Diarmid hatte nicht gesehen, wie schwer sein Bruder verletzt war; als er es sah, wurde seine Stimme ein wenig kleinlauter. Die Männer mußten meinen Onkel nach Hause bringen, und Diarmid sorgte dafür, daß er heil hin kam.

Als ich nach Hause ging, kam Diarmid hinter mir her, völlig erschöpft nach dem anstrengenden Tag. Ich wartete, bis er mich eingeholt hatte.

»Ich habe noch einen kleinen Auftrag für dich«, sagte ich zu ihm.

Er fragte nicht, was für ein Auftrag das sei, kam aber mit mir.

Meine Mutter sprach mit uns über Toms Bein. Es sei hart getroffen worden, sagte sie, und es werde wohl das ganze Jahr nicht zu gebrauchen sein; eine verletzte Kniescheibe sei sehr schlimm, und manchmal ließe sie sich nicht mehr einrenken.

»Er wird einen schönen Krüppel abgeben«, sagte Diarmid.

»Ist das alles, was du an Mitgefühl für ihn aufbringen kannst?« sagte meine Mutter.

»Erst vor einer Woche hat er wegen eines geringen Anlasses mein Blut vergossen«, sagte Diarmid. »Er hat einen Denkzettel verdient; es tut mir nur leid um die Kinder.«

Ich trat nun zu meiner Kiste und holte eine große Flasche heraus, die noch ungeöffnet war. Als Diarmid sie sah, glaubte er, sie müßte vom Himmel gefallen sein. Ich reichte ihm ein Glas voll, und er wies es nicht zurück, er hätte auch keinen Grund dazu gehabt, und als der Whiskey dort war, wo er hingehörte, sagte er:

»Der Herr soll mich vor dem Teufel bewahren! Ich wäre heute reif fürs Begraben gewesen, wenn nicht irgend etwas dich bewogen hätte, soviel von dem Zeug mitzubringen: mir scheint, es war die Vorsehung selber.«

»Ach geh, Diarmid«, sagte ich, »das meiste habe ich geschenkt bekommen.«

»Der Herr soll dich vor dem Teufel bewahren! Habe ich nicht schon bei denen gekauft, ehe du geboren warst, und mir haben sie nur so wenig geschenkt!«

»Ich glaube, sie merken, daß du auf dem absteigenden Ast bist und daß sie nichts davon hätten, wenn sie dich zu bestechen suchten.«

»Nichts möge der Herr ihnen geben, den Schurken!« sagte er. Als ich meinen Onkel so weit hatte, wie ich wollte – als der Schnaps seine schwache Stimme wieder belebt hatte –, sagte ich, ich würde jetzt Pats Heamish besuchen gehen. Obwohl er von seiner Krankheit, die er sich in Dingle geholt hatte, noch immer nicht ganz genesen war, hatte er doch jeden Tag an dem Hurleyspiel teilgenommen, aber er war an diesem Weihnachten nicht viel wert – und das hätte man sonst nie von ihm sagen können.

Nachdem ich schon eine Weile bei Pats gesessen hatte, sagte ich:

»In diesem Haus gibt's heute abend weder Lieder noch Geschichten, das sollte doch am Silvesterabend nicht so sein.«

»Der Hausherr fühlt sich noch nicht recht wohl«, sagte Kate. »Das kommt nur daher, weil er nicht das hat, was ihm zusteht«, sagte ich. »Wenn er eine kleine Herzstärkung hätte, dann gäb's hier vielleicht doch noch ein wenig Spaß.«

»Da hast du verdammt recht, Tomas Crohan«, sagte Pats, »wenn ich auch noch allerhand Schmerzen in den Knochen habe.«

Ich stand auf und holte die Tasse, die am Küchenbord hing. Ich goß einen Schluck hinein und reichte sie ihm. Ich brauchte ihn nicht zu drängen, und bald sang er »Bab nag Craobh«, und dann folgte ein Lied dem anderen.

Bald darauf hörte ich draußen Schritte, ich dachte, es sei mein Vater, der mich zum Essen holen sollte, aber als der Ankömmling den Kopf zur Tür hineinsteckte, da war es kein anderer als Diarmid.

»Dein Essen steht bereit«, sagte er zu mir. Er hatte einen seiner Jungen bei sich, der ihn hatte zum Essen holen sollen, aber Diarmid wollte gar nicht nach Hause gehen, und er setzte sich statt dessen auf einen dreibeinigen Schemel.

»Hör mal«, sagte er, »du kennst wohl keine Strophe von Suisin Ban? Ich habe es schon lange nicht mehr gehört.«

»Du Nichtsnutz«, sagte ich, »du willst doch wohl nicht hier sitzen und das Lied anhören, wo dein Junge dich schon vor einer Stunde zu deinen Kartoffeln gerufen hat.«

»Bei Gott, wenn er es singt, bleibe ich, und ich höre mir auch noch das nächste Lied an und immer so weiter, bis daß es morgen früh im Osten hell wird«, sagte der Kerl. »Was geht dich das an. Mach du nur, daß du zu deiner Mahlzeit kommst.« Obwohl er nicht tat, was ich ihm gesagt hatte, tat ich doch, was er mir sagte. Ich ließ die beiden dort, und nichts in der Welt schien sie zu kümmern. Als ich nach Hause kam, waren meine Kartoffeln kalt wie Steine.

»Es ist schade, daß du nicht länger dort geblieben bist«, sagte meine Mutter, »oder hat dich der Schurke etwa hergeschickt?« »Ja«, sagte ich, »und der Hund hat den Boten überholt, er ist immer noch dort.«

»Heilige Mutter Gottes, ist das nicht ein nichtsnutziger Kerl?« sagte sie.

Als ich meine Mahlzeit verspeist hatte, bekam ich wieder Lust, zu dem Hause zu gehen, wo die muntere Gesellschaft war, denn ich dachte, diese Nacht kommt bis zum Ende des nächsten Jahres nicht mehr wieder.

Ich sagte meiner Mutter, ich wolle zu Pats Heamish gehen, und wenn es spät würde, so solle sie sich keine Sorgen machen. »Ich weiß nicht«, sagte ich zu den beiden Alten, »soll ich nicht etwas zu trinken zu Kates Haus mitnehmen?« Ich sagte dies, um zu hören, was mein Vater sagte, denn er wurde nie ärgerlich, wenn nicht jemand etwas wirklich Übles tat.

»Oft schon hat ein Mann einen guten Trunk im Hause eines Feindes getan, und gewiß ist das Haus deiner Schwester nicht das Haus eines Feindes; und wenn auch noch dein Onkel dort ist, dann bleibt ja alles in der Familie.«

Ich ging also. Ich hätte es nicht frohen Herzens getan, wenn die beiden Alten etwas dagegen gehabt hätten.

Ich konnte den Hanswurst schon von weitem hören.

»Sieh da«, sagte er, »jedenfalls bist du hier willkommen.«

»Bist du immer noch nicht nach Hause gegangen«, sagte ich. »Keinen Schritt«, sagte er, »Gott sei Dank habe ich Freunde genug im Dorf. Ich bin in vielen Häusern zu Hause. Ich habe hier gegessen, mein Junge, und getrunken habe ich auch.«

»Habt ihr auch noch gesungen?«

»Ja, fünf Lieder. Und da du wiedergekommen bist, wollen wir weitersingen. Dies ist ein Abend, wie es ihn selten gibt, und wir wissen nicht, ob wir ihn im nächsten Jahr noch erleben.«

Ich schüttete ihnen ein Schlückchen ein. Diarmid ergriff die Tasse, und dann begann er zu singen. Dies war sein Lied:

Das beste Rezept, das der Doktor gibt,
ist billiges Bier und billiger Wein,
das heilt uns von all unsern Leiden
und lullt all unsre Sorgen ein.
Und das alte Weib, das stöhnt und ächzt,
verzweifelt ein Jahr schon auf dem Krankenbett.
Es trinkt einen Schoppen, hört auf zu stöhnen
und stößt mit dem Fuß die Decken weg.

Als er das Lied beendet hatte, schüttelten ihm alle Anwesenden die Hand.

»Jetzt sing du ein Lied«, sagte ich zu Pats. Er sang »Eamonn Magaine«. Ich war entzückt, denn er hatte eine schöne Stimme – das heißt, wenn er seine Kehle mit dem richtigen Stoff gereinigt hatte. Dann sang Diarmid »Cosa buidhe arda dearga«. Danach sprang er auf die Füße und rief: »Gottes Segen über die Seelen eurer Toten, singt mir doch 'Die Wiegendecke'. Ich habe das Lied nie mehr ganz gehört, seit es die Lippen des Dichters Dunlevy verließ.«

Ich ließ mich nicht lange bitten, obwohl »Die Wiegendecke« sehr schwer zu singen war. Ich sang achtzehn Verse.

»O König der Glorie!« rief Diarmid, »in Ewigkeit seist du gepriesen! Wie hat er das nur alles zusammengekriegt!«

So ging es nun, bis der Himmel im Osten hell wurde. Der Tag brach schon an, als wir uns trennten.

Diarmid wandte sich nach Osten seinem Hause zu und sagte: »Ich bete zu Gott, daß kein Makel und keine Schande auf mich falle bis zum Ende des Jahres.« Mein Weg führte nach Westen, ich ging zu Bett und erwachte erst, als es Zeit zum Mittagessen war.

Der Nachmittag wurde kalt und stürmisch, und mein Vater sagte zu mir:

»Da du sonst nichts zu tun hast, könntest du die Kühe holen.« Ich warf den Rock über die Schultern und machte mich auf den Weg den Berg hinauf. Als ich die Stelle erreichte, wo die Kühe weideten, waren schon andere Leute da, unter ihnen der Dichter. Er hatte damals eine Kuh, wie man sie schöner auf keinem Markt gefunden hätte: eine hübsche, glänzend schwarze Kuh, die in einem Jahr zweiunddreißig Liter Butter gab. Sie hatte auch ein schönes Kuhkälbchen. »Also«, sagte ich mir, »der Dichter soll mir den heutigen Tag nicht wieder stehlen, so wie er es damals getan hat, als ich Torf stechen wollte.« Seit jener Zeit hatten wir uns nicht mehr auf dem Berg getroffen.

»Kennst du eigentlich das 'Lied des Esels'«, sagte er zu mir. »Einen Teil kenne ich«, sagte ich, »aber ich kenne es nicht ganz.«

»Hast du vielleicht ein Stück Papier in der Tasche? Wenn ja, dann heraus damit, und nimm auch einen Bleistift. Ich werde all meine Lieder mit mir ins Grab nehmen, wenn du sie nicht aufschreibst.«

Ich war nicht gerade entzückt von dem, was er sagte, denn ich hatte keine Lust, mich an diesem kalten und feuchten Abend auf dem Gras hinzusetzen. Aber der Dichter würde einen Spottvers auf mich dichten, der mir schaden konnte. Wir warfen uns also alle hinter einen niedrigen Steinwall ins Gras, und unser Mann begann sein Leid zu singen.

Ich kann euch versichern, meine Freunde: Nachdem ich an diesem bitterkalten Abend ein Dutzend Verse niedergeschrieben hatte, wünschte ich von Herzen, der Dichter fiele tot um, denn wenn andere auch Vergnügen an seiner Gesellschaft fanden, so kann ich das von mir in keiner Weise sagen, und als ich das Gedicht auf mein Papier gekritzelt hatte, war es pechschwarze Nacht.

Wir machten uns auf den Heimweg. Die Kühe waren schon längst unten.

»Hör mal«, sagte meine Mutter, »warum kommst du denn jetzt erst hinter den Kühen her, an einem so kalten und stürmischen Abend?«

Ich erzählte ihr alles.

»Nun, der Dichter scheint mir nicht allzuviel Verstand zu haben, wenn er so etwas tut. Dein Essen ist natürlich kalt geworden.«

Ich aß hastig ein Dutzend kalter Kartoffeln hinunter; Gott sei Dank waren die Milch und der Fisch noch warm. Dann lief ich wieder nach draußen. Das junge Volk, Burschen und Mädchen, versammelte sich in einem bestimmten Hause, wo sie sich bis um Mitternacht vergnügten. Wenn ich an dieses Haus denke und an die jungen Leute, die dort zusammenkamen, so kann ich voller Stolz sagen, daß sich in den sechsundsiebzig Jahren, seit ich es kenne, niemals etwas Unrechtes dort ereignet hat.

Wir verbrachten die Zeit mit Spiel und Scherz bis spät in die Nacht.

Fastnachtszeit 1878

Verlobungen und Hochzeiten
Unschlüssigkeiten
Meine Ehe
Verantwortung
Arbeit
Kinder und Sorgen

Die Fastnacht lag in diesem Jahr früh, und die Inselleute mußten mit dem Hochzeitmachen früher beginnen als die Leute auf dem Festland. Eins der Paare hatte sich schnell entschlossen. Ich glaube, die Verhandlungen wegen der Mitgift hielten sie nicht sehr lange auf, denn keine der beiden Parteien hatte etwas mitzugeben.

Als die Hochzeitsgesellschaft das Haus des Priesters erreicht hatte und die Trauungszeremonie beginnen sollte, konnte man die Braut weder tot noch lebend finden, obwohl die ganze Gesellschaft Jagd auf sie machte. Ein Mann aus Dunquin, der wegen einer anderen Hochzeit nach Ballyferriter gekommen war, erzählte, er habe sie auf dem Heimweg gesehen. Sie schickten einen Reiter hinter ihr her, aber als dieser nach Dunquin kam, war die Braut in einem Fischerboot auf dem Weg zur Blasketinsel.

Nach einigen Tagen schon machte sie sich wieder auf den Weg, diesmal mit einem Mann, der ihr besser gefiel. Nur wenige Leute begleiteten sie, denn man fand dies Benehmen doch recht sonderbar. Keiner von den Angehörigen des Mädchens ging mit. Obwohl der zweite Mann um kein Haar besser war als der erste, mußte das Mädchen wohl seine Gründe haben, warum es den einen vorzog. Der Junge, den sie an der Nase herumgeführt hatte, blieb nicht lange müßig. Er ging bis nach Tralee, um sich eine Frau zu suchen – es war die Tochter einer Witwe aus Dunquin, die dort in Dienst war.

Ich pflegte auf demselben Hof in Dunquin einzukehren wie dieser junge Bursche, denn ich hatte dort ein paar Verwandte. Nach der komischen Hochzeit, von der ich eben erzählt habe, hielt uns schlechtes Wetter ein paar Tage dort fest. Ich war nämlich auch zu der Hochzeit gegangen, denn ich war mit dem Mädchen nahe verwandt, aber ich war ihr nicht böse, weil sie so gehandelt hatte.

Bevor wir Gelegenheit hatten, nach Hause zurückzukehren, kam die Schöne aus Tralee schon in Dunquin an.

Am nächsten Morgen kam der junge Bursche, der genasführt worden war, zur Tür des Hauses herein, in dem ich wohnte. »Es würde dir wohl nichts ausmachen, mit mir nach Ballyferriter zu gehen?« sagte er. In Ballyferriter wohnte der Priester.

»Warum sollte es mir etwas ausmachen?« sagte ich.

»Oh, du bist gerade erst da gewesen, und zudem: deine Kusine und ich sind nicht miteinander zu Rande gekommen.«

»Was macht dir das schon aus, solange du nur eine andere Frau kriegst?« sagte ich.

»Bei meiner Taufe«, sagte er, »da hast du recht. Nur, ich habe sie noch gar nicht.«

Als wir nach Ballyferriter kamen, war dort eine große Menschenmenge versammelt: durstige Männer, Taschenspieler und Spaßmacher. Dazu kam das Paar von der Insel, das Hochzeit machen wollte, mit seiner Hochzeitsgesellschaft. Ich sah damals das Mädchen zum ersten Mal, und ich gebe euch mein Wort, selbst wenn sie von Dublin gekommen wäre, so hätte diese Stadt sich ihrer nicht zu schämen brauchen.

Als wir aus der Kirche kamen, gingen wir gleich ins Wirtshaus, wo wir ein fröhliches Fest feierten mit Trinken, Tanz und Gesang und allerlei anderem Spaß. Gegen zehn Uhr begannen die Leute sich zu zerstreuen. Der eine oder andere Mann mußte von zwei anderen gestützt fortgeführt werden, und die Frau ging dann hinterher und sparte nicht mit Worten.

Die beiden Hochzeitsgesellschaften kamen am gleichen Tage auf der Insel an. Sie hatten genug Vorräte für die ganze Insel mitgebracht, und jeder Dorfbewohner feierte in einem der beiden Häuser. Ich glaube nicht, daß bei irgendeiner Hochzeit mehr irische Lieder gesungen worden sind. Der Gesang in den beiden Häusern brach bis zum Mittag des nächsten Tages nicht ab. Nur das Mädchen aus Tralee sang ein oder zwei Lieder auf Englisch. Ihr Schwiegervater tanzte auf dem Tisch, sie mußten den Tisch vorher mit Seife einschmieren, da vor ihm schon mehrere Leute darauf getanzt hatten. Er war ein wundervoller Tänzer, aber er hatte ein wenig getrunken, und kaum hatte er angefangen, auf dem Tisch herumzuspringen, da rutschte er aus, aber es gelang ihm auf dem Boden, wieder auf die Füße zu kommen, und er beendete seinen Steptanz so hübsch, wie ich es nur je gesehen habe.

Es ist immer noch so auf der Insel, und es ist immer so gewesen: wenn jemand einmal etwas anfängt, machen es alle anderen bald nach. In manchen Jahren wird auf der ganzen Insel geheiratet – und dann kann es sieben Jahre dauern, bis wieder eine Hochzeit stattfindet. In jenem Jahre, von dem ich erzähle, gab es, als Fastnacht vorüber war, kein heiratsfähiges Mädchen und keinen Junggesellen mehr auf der Insel.

Als ich eines Abends nach Hause kam – es war wieder sehr spät geworden –, fand ich zu Hause Diarmid vor, und seine Stimme dröhnte so laut wie je. Er setzte den beiden Alten zu, er machte ihnen klar, wie unvorteilhaft es sei, wenn sie wieder ein Jahr oder vielleicht zwei ohne eine Hilfe im Haus zubringen müßten, und er sagte: »Ich habe euch eine Schwiegertochter vorzuschlagen, das beste Mädchen, das je Brot brach, das kräftigste und hübscheste Mädchen weit und breit.« Als ich hereinkam, hörten sie nicht auf zu sprechen, und bald hättet ihr denken sollen, daß jedermann im Hause sich einig war, aber man wollte die Sache noch einmal durchsprechen, denn es waren nicht alle, die man um Rat fragen wollte, anwesend. Als Diarmid ging, hätte er auf eine Eierschale treten können, ohne sie zu zerbrechen. Er glaubte, der Handel sei so gut wie besiegelt.

Meine Schwester Maura, die von Amerika zurückgekommen war und wieder geheiratet hatte, hörte, daß Diarmid mit einem Heiratsvorschlag in unserem Hause gewesen war, und sie kam, um sich zu vergewissern, ob an der Geschichte etwas Wahres sei. Wir erzählten ihr, wie die Dinge standen, aber ihr gefiel die Geschichte gar nicht. Sie wußte es den Alten klar zu machen, welche Verantwortung jemand auf sich lüde, wenn er seine Frau so weit von zu Hause weg suche, die Verbindung mit einer Familie eingehe, die so weit weg wohne und von der man deshalb keine Hilfe erwarten konnte, wenn einmal Not am Mann war.

Sie selber hatte mir einen Vorschlag zu machen, ein prächtiges, verständiges Mädchen, dessen Familie im Dorf wohnte und uns deshalb in der Not beistehen konnte. Sie redete ununterbrochen, wie eine Frau, die eine Litanei hersagt, bis sie uns alle eingewickelt hatte.

Sie hatte immer an der Familie ihres ersten Mannes gehangen, und das Mädchen, das sie für mich vorgesehen hatte, war die Tochter seines Bruders. Das Mädchen, das sie so lobte – und es hatte dieses Lob verdient –, war eine Schwester des Mannes, der heute der König der Blasketinsel ist. Diesen Titel bekam er allerdings erst viel später. Meine Schwester Maura, die diese Verbindung zustande brachte, ist im Dezember 1923 gestorben. Sie war achtzig, als sie starb. Möge ihre Seele in Frieden ruhen.

Eine Woche nach diesem Gespräch waren wir verheiratet – Tomas Crohan und Maura Keane –, es war die letzte Woche vor der Fastenzeit des Jahres 1878. Ballyferriter hatte einen solchen Tag noch nicht erlebt. Es gab dort damals vier Wirtshäuser, und wir besuchten sie alle der Reihe nach, bis zum späten Abend. Die Stadt war mit Menschen überfüllt, denn es wurden an diesem Tage noch viele andere Paare getraut. In jedem der Wirtshäuser spielte ein Fiedler, um den sich die Leute sammelten, ein fünfter Fiedler spielte mitten auf der Straße, und dieser nahm das meiste Geld ein, denn auf der Straße befanden sich die meisten Leute.

Schließlich mußten wir aus Ballyferriter aufbrechen, gerade als es am lustigsten war, aber wir hatten das große Meer vor uns, und viele mußten übergesetzt werden.

Viele Leute vom Festland begleiteten uns auf die Insel; es waren Verwandte. Es wurde gesungen und getanzt und vielerlei andere Kurzweil getrieben, es gab zu essen und zu trinken in Hülle und Fülle. So feierten wir bis zum Mittag des anderen Tages. Dann fuhren die Leute vom Festland wieder ab.

Ich habe gehört, daß seit fünfzehn Jahren nicht mehr so viele Hochzeiten gefeiert worden waren. Den Rest des Jahres verbrachten wir mit harter Arbeit. Es war ein gutes Fangjahr. Wir fischten damals keine Makrelen und Hummer, sondern anderen Fisch, den wir bei Tage in großen Booten fischten, von denen jedes ein Schleppnetz hatte. Die Bauern auf dem Festland kauften den Fang.

Ich hatte – wenn Schule gehalten wurde – die Schule bis zu meinem achtzehnten Lebensjahr besucht, denn bis dahin konnten sie mich zu Hause gut entbehren, da ein verheirateter Bruder im Hause wohnte. Seine Frau starb und hinterließ zwei Kinder. Meine Mutter zog sie auf, bis sie selbständig geworden waren. Dann ging mein Bruder nach Amerika, und ich mußte die Schule verlassen, da mein Vater nun der einzige Mann im Hause war. Als ich heiratete, war ich seit drei Jahren aus der Schule; ich war damals zweiundzwanzig Jahre alt. Bis zu dieser Zeit hatte ich wenig von Verantwortung gewußt, aber jetzt lag sie schwer auf meinen Schultern. Von diesem Tage sah ich alles anders an. Die Ehe ändert das Leben eines Mannes sehr. Seine Neigungen und seine Ansichten ändern sich, vor allem wird jetzt sein Tatendrang wach. Bis dahin hatte ich mir eingebildet, daß - wie es im Sprichwort heißt - das Brot uns vom Himmel geschickt wird.

Ich machte mich also mit Eifer an die Arbeit. Ich ging zum Strand hinunter, um Seetang zum Düngen zu sammeln, damit wir mehr Kartoffeln ziehen und mehr Schweine fett machen konnten. Wir hatten damals zwei Kühe. Bei Tagesanbruch watete ich, nur mit meiner Unterhose bekleidet und mit einem Rechen bewaffnet, in die See, um Tang zu sammeln. Bis zum Halse ging ich ins Wasser hinein. Dann mußte ich den nassen Tang auf die Klippen hinauftragen, dann aufs Feld bringen und dort ausbreiten. Damals kannten wir weder Zucker noch Tee, wir hatten nur Milch, Brot und Fisch. Ebenso früh wie am Strand war ich auf dem Berg - dann wieder fuhr ich auf die See hinaus, einmal um Robben zu jagen, dann wieder im großen Boot mit dem Schleppnetz. Jede dieser Beschäftigungen hatte ihre eigene Zeit. Die Robbenjagd war ziemlich gefährlich. Zu einer gewissen Jahreszeit wetteiferten die Männer miteinander in dieser Jagd. Zu dieser Zeit herrschte eine hohe Brandung in Poll na Baise, und man konnte in die Höhle dort nur hinein gelangen, wenn man versuchte, auf der Seite liegend hineinzuschwimmen, oder man mußte durch eine schmale Felsspalte hineinklettern, die riesigen Robben töten und sie an dieser engen Öffnung nach draußen ziehen. Ich habe schon erzählt, wie ich eines Tages fast umgekommen wäre, als das Seil riß und mein Onkel unterging.

Seit meinem Hochzeitstag hatte ich immer mein Bestes getan, um meinen Haushalt mit Nahrungsmitteln zu versorgen und meinen Anteil von allem zu erringen, was die Jahreszeit gerade bot. Noch lange Zeit hatte ich sowohl im Haus als auch draußen eine große Stütze an meinem Vater.

Zehn Kinder wurden uns geboren, aber - der Herr möge sich unser erbarmen - wir hatten kein Glück mit ihnen. Das erste, das wir tauften, war erst sieben Jahre alt, als es von den Klippen stürzte und tot liegenblieb. Von der Zeit an gingen die Kinder so schnell von uns, wie sie kamen. Zwei starben an Masern, und jede ansteckende Krankheit, die kam, nahm uns das eine oder andere. Donal ertrank, als er versuchte, die Dame am Weißen Strand zu retten. Ich hatte noch einen prächtigen Jungen, der mir schon half. Bald verlor ich auch ihn.

All dieser Kummer lastete schwer auf der armen Mutter meiner Kinder, und auch sie wurde mir genommen. Damals war ich zuerst wie blind vor Kummer. Möge Gott uns das Licht unserer Augen erhalten! Sie hatte einen Säugling hinterlassen, aber ich hatte ein Töchterchen, das alt genug war, seine Pflege zu übernehmen. Aber auch dieses letzte Kind war eben erst herangewachsen, als es, wie all die anderen, von dieser Erde gerufen wurde. Das Mädchen, das es aufgezogen hatte, verheiratete sich in Dunmore. Auch sie starb und hinterließ sieben Kinder. Ich habe heute nur noch einen einzigen Sohn zu Hause. Ein anderer lebt in Amerika. Das war das Schicksal meiner Kinder. Gottes Gnade möge auf ihnen ruhen – auf denen, die im Grab liegen – und auf meiner armen Frau, deren Herz um ihretwillen brach.

Arbeit und Abenteuer

Damals gab es in Dunquin sieben große Fischerboote mit Schleppnetzen, und auf der Blasketinsel gab es zwei, und obgleich die Menschen auf dem Festland und auf der Insel nah miteinander verwandt und verschwägert waren, gab es doch ständig Streitereien wegen der Fischereirechte.

Einmal fischten alle Boote zusammen bei der kleinen Insel Inishtooshkert. Ganze Schwärme von Fischen befanden sich dort. Es war Sitte, daß immer nur eins von zwei Booten das Netz auswerfen durfte. Das eine Boot warf das Netz aus, das zweite Boot schützte dieses Netz. Wenn Fische im Netz waren, so bedeutete das Einholen eine langwierige schwere Arbeit, denn das Gewicht der Fische und der Druck der Brandung trieben das Netz immer auf die Klippen zu.

Wir hatten mit unserem Netz einen Schwarm eingekreist, und trotz der wilden Strömung hatten die beiden Mannschaften so geschickt manövriert, daß das Netz außer Gefahr war, bevor die Brandung noch Zeit gefunden hatte, es auf die Klippen zu schleudern, und es waren Fische genug darin, um eines der Boote zu füllen. Die Leute in dem Boot aus Dunquin waren sprachlos, und der Führer unseres Bootes winkte ihnen. Sie sollten jetzt ihr Netz auswerfen, sonst werde er das seine noch einmal auswerfen, sobald es geleert war. Da sie dem Inselboot keinen zweiten Wurf gönnten, warfen die Leute aus Dunquin ihr Netz aus, aber kaum war es im Wasser, da trieb die Flut es schon auf die Klippen zu: Felsnasen und scharfe Spitzen erwarteten es, und es herrschte eine heftige Springflut.

Die Männer in dem Boot ließen das Netz los, und sofort wurden beide, das Boot und das Netz, durch die Meerenge nach Norden abgetrieben. Keins der anderen Boote aus Dunquin folgte, denn sie hatten Angst – in diesem Augenblick war die Meerenge äußerst gefährlich.

»Bei meiner Seele«, schrie unser Bootsführer, »das Boot aus Coomeenole ist verloren. Macht die Ruder bereit«, sagte er zu der Mannschaft des Inselbootes, »wir wollen ihnen zu Hilfe eilen.«

Sie ließen sofort die Ruder ins Wasser, und dann schossen die beiden Boote durch den Sund nach Norden, und die Brandung spritzte gen Himmel. Die Boote hatten die Enge in zwei Minuten passiert. Als wir das andere Boot erblickten, war es noch nicht untergegangen, aber es war nahe daran: es war mit Wasser vollgeschlagen, und sie schöpften, so schnell sie konnten, um es vor dem Sinken zu bewahren.

Das Schleppnetz schwamm noch im Wasser, denn das Boot konnte es nicht tragen. Unser Kapitän befahl uns, das Netz in unser eigenes Boot zu nehmen, bis das andere Boot ausgeschöpft war und es übernehmen konnte. Als das Boot leer war, luden wir es hinüber.

Wir hatten eine Bootsladung Fisch in unseren beiden Booten. Wir mußten das Boot aus Dunquin ins Schlepptau nehmen, und dann mußten unsere beiden Boote es durch den Sund nach Süden ziehen, durch den es vorhin nach Norden getrieben worden war. Unser Kapitän verfluchte die Leute aus Dunquin immer wieder, weil sie das Boot im Stich gelassen hatten, und er verfluchte das gerettete Boot, weil sie das Netz hatten fahren lassen.

Wenn ich Torf stechen ging, bekam ich selten eine volle Tagesleistung getan, wenigstens solange der Dichter lebte und noch auf den Berg steigen konnte. Damals war er schon ein erbarmungswürdiger alter Mann, wenn er so seine schwarze Kuh auf dem Berg hütete.

Eines Tages, als ich mich gerade auf der Südseite der Insel an die Arbeit machen wollte – es war ein sonniger, heiterer Tag –, ich hatte eben ein wenig Torf gestochen, aber noch nicht lange, da hörte ich über mir eine Stimme. Ich erkannte sie wohl, und – Gott möge es mir verzeihen – ich sehnte mich ganz und gar nicht nach ihrem Eigentümer, nicht, weil ich ihn nicht gemocht hätte, sondern, weil er immer meine Tagesarbeit zunichte machte.

»Ach, hör mal«, sagte der Dichter, »ruh dich doch ein wenig aus, der Tag ist noch lang.« Er war im Augenblick, wo er mich gesehen hatte, vom Nordhang des Berges herübergekommen. »Siehst du die Klippen dort im Süden?« sagte er. »Das sind die Skelliginseln. Mein Vater hat dort einmal gekämpft.«

»Wie kam denn das?« sagte ich. Und wenn ich es noch nicht wußte, als ich die Frage stellte, so dauerte meine Unwissenheit nicht lange, denn der Dichter brannte darauf, die Geschichte zu erzählen. Er lag da, den Bauch der Sonne zugekehrt.

»Die Jungen des weißen Tölpels heißen Corrai, und wenn sie beinahe flügge sind, sind sie ganz fett. Alle Tölpel nisten auf der kleinsten der Skelliginseln, und du kannst dir die Schwärme junger Vögel dort gar nicht vorstellen. Ein Boot mit einer Besatzung von zwölf Mann bewachte damals die Insel; sie wurden vom Eigentümer der Insel gut bezahlt. Einmal verließ ein Boot mit acht Männern Dunquin bei Nacht, mein Vater war unter ihnen. Sie segelten die ganze Nacht durch, bis sie im Morgengrauen die Felseninsel erreichten. Sie sprangen aus dem Boot und fingen in alle Eile an, die Vögel in das Boot zu tragen. Es war leicht, eine ganze Bootsladung von ihnen zu sammeln, jeder dieser jungen Vögel war so schwer wie eine fette Gans.

Der Kapitän befahl ihnen, aufzuhören, er sagte, das Boot sei voll genug, sie müßten an Bord gehen und sehen, so schnell wie möglich nach Hause zu kommen. Sie gehorchten ihm sofort und stachen in See, sie verließen die Klippe mit einem Boot voll fetter Vögel und machten sich in bester Stimmung auf den Heimweg. Als sie um eine Felsennase herumbogen, um in die offene Bucht hinauszukommen, stießen sie auf das Wachtboot. Die beiden Boote hatten einander bis zu diesem Augenblick nicht bemerkt. Das Wachtboot kam sofort längsseits, und der Führer befahl unseren Männern, die Vögel in sein Boot hinüberzuwerfen, aber selbst dann würden sie nicht so einfach davonkommen, sie wollten sie und ihr Boot als Gefangene mitnehmen, und wenn man sie dann nicht aufhängte, so könnten sie noch von Glück sagen.

Aber die Männer aus Dunquin warfen die Vögel nicht hinüber, daher sprang einer der Wachtposten an Bord, befestigte ein Tau am Bug, und dann fing das Wachtboot an, sie schnell mit ihrem Boot und den Vögeln auf das Land zu abzuschleppen. So waren sie etwa eine Viertelmeile weit gekommen, als in dem Vogelboot plötzlich ein Mann aufsprang und mit der Axt auf das Tau einschlug, das am Bug des Bootes festgemacht war. Die Wächter gerieten nun in rasende Wut. Sie wandten sich gegen das andere Boot, einige sprangen an Bord, und alle begannen, mit

Rudern, Beilen und anderen Waffen, die sie an Bord fanden, aufeinander loszuschlagen, bis sie alle wie die Ochsen bluteten.

Das Vogelboot gewann den Kampf, obwohl sie acht gegen zwölf waren. Die Männer aus Dunquin schlugen die andere Mannschaft so zusammen, daß diese weder Hand noch Fuß mehr rühren konnten. Sie sprangen in das Wachtboot, verstopften die Löcher der Ruderklampen und zogen das Boot ein Stück in die Bucht hinaus. Sie hatten die Absicht, das Boot und seine Besatzung der Willkür der See auszuliefern, und das hätte für alle den Tod bedeutet. Aber in dem Wachtboot befand sich der Sohn einer Witwe, der im Kampf weder Hand noch Fuß gegen sie erhoben hatte.

'Es ist schändlich von euch', sagte er, 'daß ihr mich in den Tod schicken wollt, wo ich doch keine Hand gegen euch gerührt habe.'

Da sagte der Kapitän des Bootes aus Dunquin: 'Glaubst du, daß du das Land erreichen kannst, wenn wir die Segel für dich hissen?' Er sagte, daß er das könne. Zwei Männer kamen an Bord und setzten ihm die Segel in der richtigen Weise, und er drehte das Boot auf seinen Heimathafen zu.

Das Boot aus Dunquin erreichte seinen eigenen Hafen, die Mannschaft war mit Wunden und Beulen bedeckt, und ihr Gewissen war nicht ganz rein, aber das Boot war gefüllt mit jungen fetten Tölpeln.«

»Weißt du denn auch, was mit dem Boot aus Iveragh dann geschah?« sagte ich zu dem Dichter.

»Aber natürlich. Der Mann, dem sie das Segel gesetzt hatten, brachte es an Land. Zwei Männer waren tot, und die anderen mußten ins Spital gebracht werden. Danach hatten sie wenig Lust auf diese Art von Jagd, und die Felseninsel wurde nicht mehr bewacht. Aber heutzutage werden diese Vögel nicht mehr gegessen.«

Diese lange Geschichte kam ihm leicht und in wohlgesetzten Worten von den Lippen, er erzählte ohne jede Hast oder Anstrengung. Dann sagte er:

»Vielleicht könnten wir jetzt noch ein bißchen dem Moor zu Leibe gehen. Es ist nicht mehr lange bis zum Abendessen.« Und er sprang auf und ging wieder davon, den Berg hinauf. Als er gegangen war, sprang auch ich auf, und als ich sah, wie tief die Sonne schon stand, wurde ich sehr zornig - der beste Teil des Tages war vergangen, und ich hatte nicht einmal drei Eselsladungen Torf gestochen. Und dabei hatte ich mir, als ich am Morgen das Haus verließ, eine solche Menge Arbeit vorgenommen. Dann kam mir noch ein anderer Gedanke: war ich von allen Inselbewohnern dazu ausersehen, dem Dichter zuzuhören und mir meine Zeit stehlen zu lassen? - Ich sah nämlich nie, daß er die anderen heimsuchte, es war immer nur ich. Ich beschloß, das nächste Mal, wenn ich ihn traf, kein Wort mit ihm zu sprechen, dann würde er mich in Ruhe lassen müssen. Aber diesen Plan führte ich doch nie aus, und heute bin ich froh darum.

Zu dieser Zeit gab es hier noch keine leichten Ruderboote und auch keinerlei Ausrüstung dafür, es gab nur große Boote, die von einer achtköpfigen Mannschaft bedient wurden. Jedes dieser Boote führte ein großes, schweres Schleppnetz mit sich, das am unteren Rande mit Steinen beschwert war, dessen oberer Rand mit Korken an der Oberfläche des Wassers gehalten wurde. Dann gab es noch kleine Boote, die von alten Männern und jungen Burschen zum Angeln benutzt wurden, und oft waren sie voll von den Fischarten, die man auf diese Weise fangen kann.

Eines Tages hieß es, zwei Inselleute seien zum Markt nach Dingle gefahren und hätten dort in betrunkenem Zustand ein leichtes Ruderboot gekauft. Bald schon sahen wir das Boot kommen und wunderten uns darüber. Die Frauen, deren Männer darin saßen, begannen einen langen sanften, klagenden Singsang, als sie die Nußschale sahen. Aber zwei von den jungen Burschen gingen zu ihnen und sagten:

»Nun nehmt doch Verstand an, das Jammern können wir zwei ja für euch besorgen, wenn sie wirklich ertrinken sollten.«

Ich habe noch nie solche Flüche gehört, wie die, mit denen die beiden Klageweiber die Burschen überschütteten, denn sie glaubten, daß die sie verspotten wollten. Ich stand in der Nähe und lachte tüchtig über den Scherz der Jungen. Wenn die Männer wirklich umgekommen wären, so wären sie sicher bereit gewesen, in die Klagen der Frauen einzustimmen.

Einige Tage später ging ich auf den Berg, um eine Ladung Torf zu holen, und da erblickte ich, wie ich glaubte, dasselbe Leichtboot unter mir. Es war mit Gegenständen beladen, die die Männer in die See warfen. Aber ich setzte meinen Weg fort und brachte meine Ladung nach Hause. Es war gar nicht das Leichtboot gewesen, das die beiden gekauft hatten; dieses lag noch in der kleinen Bucht.

Bis zum Abend ereignete sich nichts weiter, aber dann kam das Leichtboot um die Landzunge herum von Süden her. Vier Männer waren darin. Diese trugen das Boot den Inselquai hinauf und machten sich dann auf die Suche nach einer Unterkunft für die Nacht. Sie hatten Kartoffeln und Muscheln in einem weißen Sack. Eines der Häuser nahm sie auf. Sie waren aus Dingle, und natürlich kannten wir sie alle gut.

Sie wohnten in Pats Heamishs Haus. Sie hatten sich zu essen mitgebracht und wollten immer nur eine Woche lang bleiben und dann den Fang nach Hause bringen. Die Gegenstände, die ich sie hatte in die See werfen sehen, waren Hummerfallen. Dieses Fanggerät war den Blasketbewohnern damals ebenso unbekannt wie irgendeinem Bankbeamten in der Stadt. Bald schon fischten vier Leichtboote aus Dingle Hummer an der Küste der Insel auf die gleiche Weise. Die Fischer aus Dingle hatten Hummer im Wert von vielen Hundert Pfund aus den Gewässern um die Insel geholt, ehe wir noch daran dachten, einen Schilling auf diese Weise zu verdienen. Für ein Dutzend Hummer bekamen sie ein Pfund, und ein Dutzend war schnell gefangen.

Als die Leute heraus hatten, wie man es machte, fuhren die beiden Männer, die das Leichtboot gekauft hatten, auch mit Hummerfallen aus. Sie nahmen noch einen jungen Burschen mit und fischten ein Jahr lang als einziges Boot der Insel Hummer und verdienten viel Geld. Im Jahr darauf gab es ein Wettrennen der Bootsmannschaften nach Leichtbooten, aber es war nicht leicht, eins zu bekommen, denn man baute damals nur wenige solcher Boote. Jedes neue kostete acht bis zehn Pfund. Auch ich versuchte wie alle anderen, eins zu bekommen, und Pats Heamish ging mit mir. Wir nahmen noch einen andern tüchtigen Mann mit. Ich fand bald ein neugebautes Leichtboot, das einem meiner Verwandten gehörte. Wir bekamen es für acht Pfund. Nun mußten wir noch nach Ruten suchen, aus denen die Fallen geflochten werden, und wir hatten noch eine Menge Arbeit, bis wir sie endlich ins Wasser werfen konnten.

Während der ganzen Fangzeit warfen wir sie aus, und da das Wetter günstig war, hatten wir am Ende, nachdem das Boot bezahlt war, zehn Pfund mit jedem Korb verdient.

Damals kauften uns Händler aus Dingle die Hummer ab, einige Fischer brachten sie selbst auf den Markt. Der Hummerfang gab uns guten Verdienst, und das war gut, denn der Fang mit Schleppnetzen war in jenem Jahr sehr gering gewesen.

Als etwa zwölf Leichtboote auf der Insel Hummer fingen, hörte man in England davon. Eine Fischereigesellschaft dort schickte ein Tankboot zu uns herüber, das den Fang aufkaufte. Ein Tankboot ist ein Schiff, das einen Laderaum besitzt, in den das Seewasser hinein- und hinausströmen kann. In diesem werden die Hummer lebend aufbewahrt.

Pats Heamish und ich waren früh und spät auf Hummerfang. Den größten Teil des Jahres hindurch bekamen wir zehn Schilling für das Dutzend, und wenn sie knapp wurden, bekamen wir einen Schilling pro Stück. So ging es zwei oder drei Jahre hindurch, dann schickte noch eine andere englische Gesellschaft ein Schiff zur Blasketinsel, diese Gesellschaft zahlte für jedes Dutzend einen Schilling extra. Der neue war unser Mann, das könnt ihr mir glauben, besonders da er den Preis in die Höhe trieb. Die Hälfte der Boote belieferte das eine Schiff, die andere Hälfte das zweite, so daß beide genug zu tun hatten.

Damals gab es reichlich Hummer. Nach einigen Jahren kamen auch französische Aufkäufer, die einen Schilling pro Hummer das ganze Jahr hindurch zahlten. Schließlich lagen fünf Schiffe vor der Insel, die ihre Hörner bliesen, was bedeutete, daß sie Hummer aufkaufen wollten.

So vergingen ein paar Jahre, in denen es den Fischern nie an Geld mangelte, denn die Schiffe kamen bis an unsere Schwelle mit rotem Gold an Bord, um damit für den Fang zu zahlen, wie groß die Ausbeute auch immer sein mochte.

Um diese Zeit begann man in ganz Irland, von Selbstverwaltung zu sprechen, oder von Home-Rule, wie es die Engländer nennen. Ich sagte oft zu den Fischern, daß die Selbstverwaltung zu den Iren gekommen sei, ohne daß sie es merkten, und daß man den Anfang damit auf der Blasketinsel gemacht hätte, seit das gelbe Gold aus England und Frankreich für unseren Hummer bis vor unsere Schwelle strömte und wir uns einen Dreck um die andern kümmerten.

Niemand weiß, wieviel Gold und Silber die Aufkäuferschiffe in jener Zeit an der Küste von Kerry ließen, denn wenn die Hummersaison vorüber war, kamen andere Händler, die Makrelen kauften; sie hatten Dampfer gechartert, die den frischen Fisch in alle Welt brachten. In einer einzigen Märznacht fing ich fünf- oder sechshundert Maimakrelen und brachte sie zum Kai von Dingle. Ich bekam vier Pfund für hundert Stück. Solange diese Schiffe kamen, hatten auch die Armen Geld genug. Hummer konnte man das ganze Jahr hindurch fangen. Einen Teil des Jahres hindurch konnten wir bei Nacht den schwärmenden Fischen nachstellen, und wir verdienten auch an diesem Fang gut, denn wir hatten große, wohlausgerüstete Boote, nachdem die Fischerei mit Schleppnetzen nicht mehr genug einbrachte.

In einem dieser Jahre hatten wir während der Nacht einen reichen Fang getan, und als wir den Fisch eingesalzen hatten – es waren ganze Berge von Fisch –, wurde der Fang in Dingle nicht gekauft. Es hieß, daß in Cahirsiveen eine große Nachfrage nach Fisch sei. Nun begann einer den anderen anzustoßen und anzustacheln, wir müßten doch keine rechten Kerle sein, wenn wir nicht unsern Fang jetzt in die Boote lüden, die Segel setzten und nach Süden durch die Bucht von Dingle segelten, denn dort würden wir unseren Fisch am schnellsten verkauft haben.

Am nächsten Morgen, es war ein Montag, beluden wir den SCHWARZEN EBER mit gesalzenen Makrelen, die weder grob noch zu groß waren. Ein guter Wind aus Norden füllte unsere Segel, bis wir den Leuchtturm in der Hafeneinfahrt von Valencia erreichten, und von dort aus weiter nach Cahirsiveen. Als wir dort am Kai anlegten, kam uns eine große Menschenmenge entgegen. Wir fragten, ob es in der Stadt Aufkäufer für Fisch gäbe, man sagte uns, daß dem so sei, einige waren sogar unter den Umstehenden. Einer begann, auf unseren Fisch zu bieten, aber sein Angebot war niedriger, als wir erwartet hatten. Ein anderer Mann kam die schräge Anlegestelle hinunter und hieß uns herzlich willkommen. Er hatte das Aussehen und das Benehmen eines Gentleman. Er bat uns, auszusteigen, bot uns einen Whiskey an und kaufte den ganzen Fang für eine Krone pro hundert Stück. Dann nahm er uns mit zum Haus seines Vaters, das mitten in der Stadt lag, und brachte uns dort für die Nacht unter. Wir bekamen dort zu essen, dann luden wir den Fisch aus, und als wir fertig waren und er uns bezahlt hatte, traktierte er uns mit einem Schnaps nach dem andern und wollte nichts von uns annehmen.

Wir gingen nun zu unserem Quartier zurück und fragten unseren Gastgeber, ob wir wohl noch einen Rundgang durch die Stadt machen könnten. Er sagte, daß uns dazu noch mehr als eine Stunde Zeit bliebe. Wir machten uns zu dreien auf den Weg, denn die anderen waren schon ältere Männer, die keine Lust mehr auf Stadtbesichtigungen hatten. Wir gingen in einen prächtigen Laden, in dem es auch zu trinken gab, und sahen uns dort um. Dann gingen wir hinaus und schlenderten noch ein wenig die Straße auf und ab. Schließlich gingen alle Leute nach Hause, und auch wir gingen in unser Quartier zurück. Als wir schon halbwegs dort waren, traten uns an einer Straßenecke drei Frauen entgegen. Es waren die auffallendsten, kräftigsten und hübschesten Frauen, die wir drei je gesehen hatten, sowohl was ihre Formen wie auch ihren Wuchs anbetraf.

Einer von uns dreien war grauhaarig - obgleich er noch nicht alt war -, diesen sprachen die Frauen an. Sie redeten ihn zuerst in Englisch an, er konnte wohl ein paar Brocken Englisch, aber er konnte doch nicht recht verstehen, was sie sagten. Der andere Mann, der noch bei mir war, verstand überhaupt kein Englisch, weder fließendes noch gebrochenes. Die rothaarige Frau, die auf uns einsprach, war sicher sechs Fuß groß. Sie hatte einen dichten Haarschopf und war wohlgebaut. Sie war eine Fischhändlerin und merkte wohl, daß wir zu ihrer Branche gehörten, und sie wollte unbedingt unsere Bekanntschaft machen. Ich hörte, wie sie zu dem grauhaarigen Mann sagte: »Komm mit, Blasketmann, trink einen mit mir.«

»Ich will nicht, Frau«, sagte der arme Graukopf, denn er begriff nicht ganz, was da vor sich ging, und plötzlich machte er kehrt und riß aus. Aber während er sich drehte, ergriff sie ihn am Rückenteil seiner Weste und riß dieses Stück von oben bis unten heraus. Die Rothaarige lief uns bis zur Schwelle unseres Quartiers nach, um dem Graukopf das Rückenteil seiner Weste zurückzugeben, und wir beide waren ganz außer Atem, weil wir versuchten, mit der wilden Flucht unseres Freundes Schritt zu halten.

Wir schliefen gut in dieser Nacht, und als es wieder hell geworden war und wir etwas gegessen hatten, gingen wir wieder nach draußen. Der grauhaarige Mann hatte keine Weste, er mußte sich eine neue kaufen, und dazu kaufte er Stoff, um einen neuen Rükken in die zerrissene einzusetzen. Wir gingen in der Stadt umher und kauften allerlei neue und uns noch unbekannte Gegenstände, so daß nicht ein Mann von der Bootsbesatzung auch nur einen halben Penny vom Erlös der kleinen Makrelen heim auf die Insel brachte.

Wir verstauten unsere Pakete und machten uns auf den Heimweg.

Als wir nach Hause kamen, mußten wir alles erzählen, und wie es immer so geht, wir hatten einen Schwätzer unter uns, der es nicht lassen konnte, die Sache mit der Weste zu erzählen. Er verbrämte die Geschichte noch ein wenig, und es hätte nicht viel gefehlt, so hätten sich der Graukopf und seine Frau in den Haaren gelegen, und auch wir andern kamen nicht ganz ungeschoren davon. Wie günstig auch der Markt in Iveragh nach diesem Begebnis sein mochte, die Frauen von der Insel sträubten sich noch lange Zeit, ihre Männer mit Waren dorthin fahren zu lassen. Müßiges Geschwätz richtet oft großen Schaden an.

Erst lange danach machten wir unseren zweiten Besuch in Iveragh. Am Morgen nach einer stürmischen Nacht bemerkten wir, daß eins der großen Boote abgetrieben worden war. Es war unser Boot. Ein lautes Wehgeschrei erhob sich im ganzen Dorf. Es war ein schwerer Verlust für uns, denn das Boot war noch gut und ziemlich neu gewesen, und wir hatten gute Fänge darin gemacht.

Und nun war es spurlos verschwunden. Eines Tages war ich nach Dingle gefahren. Es war an einem Samstag. In jenen Tagen kamen ausländische Schiffe von jenseits der See, um an dieser Küste nach Maimakrelen zu fischen, und sie gingen immer von Samstag bis Montag in den Häfen vor Anker. An jenem Tag lagen einige im Hafen von Dingle. Ich ging in ein Haus und traf dort einen Jungen von einem dieser Schiffe, der dem Hausherrn erzählte, daß eins ihrer Schiffe am Morgen ein schönes, vollkommen unbeschädigtes Boot in der Nähe der Skelligs habe treiben sehen und daß sie es in den Hafen von Valencia geschleppt hätten und es dort in der Obhut des Pfarrers dieser Insel gelassen hätten, und daß dieser es dem Eigentümer übergeben werde.

»Vielleicht ist es euer Boot«, sagte der Ladenbesitzer zu mir. »Vielleicht, ja«, sagte ich.

Wir beschrieben dem jungen Mann das Boot, und er beschrieb es uns, und es stellte sich heraus, daß es wirklich der SCHWARZE EBER war.

Ich befahl dem Wirt, dem Ausländer, der mir die gute Nachricht gebracht hatte, das Beste zu bringen, was es im Hause zu trinken gab. Der Ausländer fing an zu lachen.

»Aber keineswegs«, sagte er, »nicht der Mann, der sein kleines Boot verloren hat, sollte uns einen spendieren, wir sind es, die einen ausgeben sollten, denn wir haben unser Schiff noch und haben in dieser Woche einen guten Fang getan! Diese Runde bezahle ich!« Und er duldete keine Widerrede. Als ich nach draußen kam, traf ich einen Mann aus Dunquin, der mit dem Pferd und Karren gerade nach Hause wollte, er nahm mich und all die Sachen, die ich in der Stadt gekauft hatte, in den Wagen. Ich war ihm für diese Freundlichkeit sehr dankbar. Ich übernachtete bei ihm in Dunquin. Am Sonntagmorgen kamen die Inselboote zur Messe. Ihr könnt euch denken, wie froh und überrascht alle waren, als sie hörten, daß unser Boot heil und sicher drüben in Valencia lag.

Am Montagmorgen fuhren wir zu acht Mann mit dem anderen Boot nach Süden, so daß jedes der Boote auf der Rückreise vier Mann Besatzung hatte. Als wir die Insel erreicht hatten, gingen wir gleich zum Hafen von Valencia hinüber, und dort lag unser Boot, völlig unversehrt. Einer der Polizisten kam zu uns und fragte uns aus, um festzustellen, ob es wirklich unser Boot war. Wir konnten ihm beweisen, daß es wirklich uns gehörte, und fragten ihn, ob wir es gleich mitnehmen könnten, denn das Wetter war für eine Fahrt nach Norden sehr günstig und wir hatten nicht genug Leute, um die beiden großen Boote bei schlechtem Wetter nach Hause zu bringen. Er sagte, daß er das nicht entscheiden könne, er solle das Boot nur bewachen. Das Boot sei dem Pfarrer der Insel anvertraut worden, und wir müßten zu diesem gehen. Der Pfarrer war nicht zu Hause, und so mußten wir die Nacht in Cahirsiveen verbringen. Wir gingen in dasselbe Quartier, in dem wir auch das vorige Mal gewohnt hatten. Die alten Wirtsleute hießen uns willkommen. Ihr könnt mir's glauben und ihr könnt mir ein Ohr abschneiden, wenn ich lüge, aber wir gingen nicht mehr viel in der Stadt umher, nachdem an diesem Abend die Lichter angezündet waren.

Als wir am Morgen alles zur Fahrt bereit hatten, genehmigten wir uns zuerst ein Gläschen, um uns zu wärmen, dann frühstückten wir und machten es uns so gemütlich, als ob wir zu Hause auf der Insel wären.

»Bei meiner Seele«, sagte der Kapitän, »ihr macht euch wohl gar keine Sorgen. Wann sollen wir denn diesen alten Kahn in den Inselhafen kriegen?«

Einer der Männer, der sehr streitsüchtig war, gab ihm zur Antwort:

»Diesen Tag gibt es nur einmal, und vielleicht kommen wir nie mehr im Leben hier nach Cahir.«

Als wir nach Valencia kamen, wartete der Pfarrer schon auf uns. Er begrüßte uns und stellte Fragen über das Boot, und dann gab er es uns für die Heimfahrt frei.

Wir gaben uns nicht zufrieden, ehe wir nicht eine Kneipe gefunden hatten, um einen darauf zu trinken, und es wurde ein langer Trunk. Der Streitsüchtige hatte uns als erster dazu gebracht, aber nach ihm gab noch ein anderer Mann eine Runde, dann noch einer und noch einer, und, um es kurz zu machen, wir blieben dort bis zum Abend.

Wir mußten quer durch die Bucht von Dingle segeln, und dazu reichten unsere Kräfte nicht, wenn wir keinen günstigen Wind hatten, und der Wind war nicht günstig. Auf einen, der noch voll über seine Kräfte verfügte, kamen zwei, die das nicht taten. Schließlich einigten wir uns, daß wir auf jeden Fall bis zum Morgen oder bis zum Vormittag warten wollten. Der Wirt brachte uns für die Nacht unter, und wir waren froh darüber. Der nächste Tag war ein Feiertag. Um zehn Uhr sollte eine Messe sein, und danach würden wir noch den ganzen Tag vor uns haben. Am anderen Morgen machten wir uns auf den Weg durch die Insel, denn die Kirche liegt in ihrer Mitte. Wir sahen uns unterwegs alles genau an. Es gibt dort große Güter auf dem besten Boden der Insel. Diese gehören den Ausländern. Die anderen haben nur kleine Stücke auf schlechtem Boden.

So kamen wir zur Kirche. Immer wieder stellten wir Fragen an einen Burschen, der uns vom Hafen her begleitet hatte. Die Kirche war alt, hatte vier Giebel und war weder hoch noch groß. Ihr gegenüber lagen zwei Wirtshäuser.

Als die Gemeinde sich versammelt hatte, sahen wir, daß alle gut gekleidet waren, und obwohl wir uns auf einer Insel befanden, hätte man denken können, sie seine alle mitten auf dem Festland aufgewachsen. Ihre Kleider waren sauber und ehrbar. Als wir in die Kirche hineinkamen, sahen wir, daß der Raum im mittleren Teil bis unter die Deckenbalken reichte, während die anderen Teile eine Decke hatten. Ich weiß nicht, ob ich viele oder wenige Gebete sagte, jedenfalls hinderten sie mich nicht, einen Blick auf die Gemeinde zu werfen, und ich sah weder in der Kirche noch davor eine dunkle Haut oder einen schwarzhaarigen Kopf.

Als die Messe vorüber war, ließen wir die Wirtshäuser links liegen und machten uns auf den Weg zum Hafen. Obwohl das Wetter ziemlich rauh und regnerisch geworden war, wollten wir uns doch auf den Heimweg machen. Wir gingen in ein Bauernhaus und bekamen dort etwas Milch. Dann sagten wir uns, daß wir am besten zu einer Stelle gingen, wo wir die See nach Norden hin übersehen konnten. Wir wollten sehen, wie die Sache aussah und ob es nicht doch für eine Überfahrt zu stürmisch sei.

Wir erstiegen einen runden Hügel und stießen auf einen großen Schiefersteinbruch an der Seite des Hügels. Das war für uns ein wunderbarer Anblick. Als wir wieder nach unten stiegen, hatten wir einen schönen Ausblick auf das Anwesen jenes Edelmannes, der der Ritter von Kerry heißt. Er wurde auch oft Ritter von Glenleem genannt, denn er wohnt hier in Glenleem. Wir hatten noch nie einen Herrensitz gesehen; es ist daher auch kein Wunder, daß wir ihn so bestaunten.

So viele Masten, wie wir zu dieser Tageszeit im Hafen von Valencia sahen, hatte noch keiner von uns beisammen gesehen. Es waren Masten von großen und kleinen Schiffen, von Fischerbooten, die von nah und fern in diesem Jahr hier zusammengekommen waren, um Makrelen zu fangen. Es wurde viel Geld umgesetzt, und auch die Armen gingen nicht ganz leer aus. Als wir schließlich bis zum Kai vorgedrungen waren, merkten wir, daß über dem Staunen und Gucken fast der ganze Tag vergangen war. Dies hatte aber auch sein Gutes, denn das Wetter hatte sich inzwischen beruhigt. Während es am Morgen noch sehr stürmisch gewesen war, ging jetzt nicht einmal ein Windhauch.

Wir liefen also zu den Booten hinunter, brachten sie zu Wasser und packten all unsere Habseligkeiten hinein. In diesem Augenblick meldete sich der Fürsprecher des Teufels, der immer unter uns war, und sagte, wir armen Kerle sollten doch erst einmal den Durst stillen, ehe wir uns auf den weiten Weg durch die Bucht nach Norden machten.

Einer der Männer antwortete, daß wir wahrscheinlich alle nicht mehr viel Geld in der Tasche hätten.

»Das ist aber eine armselige Tasche, in der gar nichts mehr drin ist«, sagte der Versucher. »Ich selbst werde euch eine Runde geben.«

Wir konnten nicht anders, als mit ihm gehen. Er bestellte eine Gallone Bier. Als er um sich sah, bemerkte er, daß einer von der achtköpfigen Mannschaft fehlte. Er schickte einen Mann aus, um ihn zu holen. Er saß in einem der Boote am Kai. Da er keinen Schilling mehr in der Tasche hatte, hatte er sich geschämt, mit den andern zu gehen, und der Bote hatte alle Mühe, ihn zum Mitkommen zu bewegen.

Schließlich hatten wir unseren Durst gelöscht und machten uns auf den Weg zu den Booten. Wir sagten Lebewohl und riefen denen, die an diesem lieblichen Sonntagabend am Kai standen, Segenswünsche zu. Wir wandten das Heck dem Lande zu und den Bug auf die See hinaus, so wie es die mächtigen Helden der Vorzeit taten, und machten uns auf den Weg durch die Meerenge. Das Licht des Leuchtturms wurde eben entzündet, als wir den Hafen verließen. Unsere beiden Boote flogen dahin, bis wir den Landeplatz der Westinsel, wie wir die Blasketinsel immer nennen, erreicht hatten. Es wurde schon Tag, als wir unsere Häuser erreichten.

Wir verlieren unsere Boote

Unsere Boote werden in Dingle als Pachtpfand festgehalten
Sie verkommen als unausgelöste Pfänder
Ein Pfund pro Kuh als Pacht
Ein schweres Stück Arbeit
Der Tod meiner Eltern

Ungefähr drei Jahre, nachdem wir die Boote aus Valencia geholt hatten, fuhren wir mit beiden nach Dingle. Sie waren mit allerlei Dingen beladen, die verkauft werden sollten - mit Wolle, Schweinen, Schafen und Fisch. Die Fracht war schwer, und wir hatten in jedem Boot acht Mann Besatzung. Der Wind war günstig, er trieb uns nach Osten durch die Bucht, und wir erreichten bald die Anlegestelle von Dingle. Die Boote wurden aufs Trockene gezogen, die Mannschaft verkaufte ihre Waren, und nun hatten wir noch die Nacht vor uns, die wir in der Stadt verbringen wollten.

Es war eine fröhliche Nacht, der ein sorgenvoller Tag folgte, denn als wir zu den Booten kamen, fanden wir fremde Männer bei ihnen, die sie bewachten und uns nicht erlauben wollten, sie auch nur zu berühren; es waren Polizisten, die den Auftrag hatten, sie uns wegzunehmen. Sie hatten ihren Auftrag von den Steuereinziehern; da wir unsere Pacht vorher nicht bezahlt hatten, so bestand wenig Aussicht, daß wir sie jetzt würden bezahlen können, da uns unsere Boote genommen waren, mit denen wir unseren Lebensunterhalt gewannen und die für uns die Verbindung mit dem Festland ermöglichten.

Ganz Dingle sprach davon, daß die Leute von der Blasketinsel in der Stadt festgehalten wurden. Die Menschen strömten vom Land herein, um sich das Ereignis anzusehen; auch ein paar Freunde waren darunter, die ein wenig Geld hatten und uns helfen wollten, die Boote auszulösen.

Aber von uns wurde die Pacht der ganzen Insel verlangt; eher wollte man die Boote nicht freigeben, obgleich viele der Inselbewohner gar nichts mit den Booten zu tun hatten. Zwei meiner Freunde vom Land boten mir an, meinen Anteil an der Pacht zu bezahlen, aber ich lehnte es mit Dank ab, denn ich sah keine Möglichkeit, die Boote freizubekommen.

Wir gingen in den Straßen auf und ab, der eine oder andere freundliche Geschäftsmann bot uns Geld, um die Boote auszulösen, aber wir nahmen es nicht an. Wir sagten, wir würden wiederkommen, wenn sich eine Chance böte, sie freizubekommen. Wir blieben also noch eine Nacht in Dingle.

Am nächsten Morgen waren wir ganz verzweifelt. Wir sahen keine Veränderung unserer elenden Lage, nicht mehr Aussicht als am Tage vorher. Wir blieben bis zum Mittag. Dann waren wir am Ende unserer Geduld, und wir sechzehn machten uns zu Fuß auf den Weg, kochend vor Zorn und alle Steuereinnehmer und Grundbesitzer in die tiefste Hölle verwünschend. So kamen wir nach Dunquin. Einige wurden von Fuhrwerken mitgenommen, aber die meisten gingen zu Fuß. Wir hatten einen Karren mieten müssen, der die eingekauften Waren trug. So mußten wir auch noch Geld für unsere Reise ausgeben, aber es half alles nichts, wir mußten zu dem Ort zurückkehren, von dem wir gekommen waren.

Nun hatten wir keine großen Boote mehr, und bis heute haben wir keine neuen anschaffen können; wir haben seitdem nur leichte Ruderboote. Die Steuereinnehmer waren außer sich vor Wut, denn als sie die Boote zum Verkauf anboten, fanden sie keinen Käufer, der auch nur ein Pfund für sie gezahlt hätte. Sie mußten sie auf dem Land liegen lassen, bis sie verfielen, sie bekamen niemals auch nur einen Penny dafür. Von dieser Zeit an war der Mut der Büttel und Steuereinnehmer gebrochen, wenigstens soweit es sich um die Insel handelte. Da die Boote keinen Erlös gebracht hatten, dauerte es lange, bis man wieder Pacht von uns forderte, und es würde keine großen Rechenkünste erfordern, die Pacht zusammenzurechnen, die wir danach noch bezahlten.

Wir mußten jetzt also unsere Zuflucht zu den leichten Booten nehmen; wir taten unser Bestes und fischten bei Tag und Nacht. Vom ersten Mai bis zum August fischten wir bei Tag Hummer und bei Nacht Makrelen. Wir fuhren in jeder Nacht aus, in der das Wetter günstig war.

So gingen ein paar Jahre hin. Jedes Jahr kamen neue Ausländer, die Fisch aufkauften; schließlich waren es fünf Gesellschaften. Auch nach Makrelen war rege Nachfrage. Wenn es auch eine grausame Mühe war, mit den kleinen Booten genug zu fangen, so kannten doch die, die dieser Arbeit nachgingen, weder Entbehrung noch Hunger. Ich glaube, wenn wir damals mit dem Geld ebenso sorgfältig umgegangen wären, wie wir es später mußten, so wäre die Not nicht so bald über uns gekommen.

Bald nach dieser Zeit gingen in der Welt große Veränderungen vor sich, und das auf verschiedene Weise. Das Land wurde nicht länger von Mittelsmännern ausgebeutet, sondern der Earl of Cork selbst schickte einen Mann auf die Insel. Damals wurde die Pacht nach der Zahl der Kühe berechnet. Wir zahlten bis dahin zwei Pfund pro Kuh – das heißt, daß die Insel achtzig Pfund aufbringen mußte. Der Mann aus Cork rief nun alle Inselbewohner zusammen und fragte sie, was sie wohl ihrer eigenen Meinung nach aufbringen könnten. Das festzustellen, war er gekommen.

Einige Zeit dachten die Leute nach, schließlich meldete sich ein Schelm und sagte: »Der Teufel soll mich holen, wenn es mir der Mühe wert ist, den Spaten in die Erde zu stechen, bevor ich ein Pfund pro Kuh Pacht gezahlt habe.«

Ihr könnt euch denken, wie wir über diese Worte lachten. Sogar der Herr lachte. Aber alle verstanden, was der arme Kerl sagen wollte, nämlich, daß er sich wie im Paradies fühlen würde, wenn er sein Land für ein Pfund Pacht bekäme, denn sein Vater hatte noch fünf Pfund pro Kuh bezahlt, und oft genug waren es sogar mehr als fünf Pfund gewesen, denn die Schurken pflegten Vieh zu beschlagnahmen, wo immer sie es finden konnten; damals gab man um das Gesetz nicht einen Heller, und die Armen hatten keine Möglichkeit, einen Prozeß gegen die Steuereinnehmer zu führen.

Mit der Pacht wurde es jetzt besser. Es gab keine Büttel und keine Ungerechtigkeit mehr. Wenn man die Pacht einmal bezahlt hatte, so wurde sie nicht zum zweitenmal für dieselbe Zeit eingefordert.

Eine Zeitlang ging es so hin, und die Inselleute waren zufrieden, obwohl man dem Schelm, der die Pacht von einem Pfund vorgeschlagen hatte, gelegentlich Vorwürfe machte, denn man glaubte, man wäre vielleicht auch mit zehn Schillingen davongekommen. Jedenfalls war diese Summe nicht drückend, solange man noch zehn Schillinge für ein Dutzend Hummer bekam und für hundert Makrelen ein Pfund; es gab Fisch genug, und die Nachfrage blieb beständig. Ich erinnere mich noch an ein Tankboot, das mit dreihundert Pfund gelben Goldes an Bord von England kam und einen Schilling pro Hummer bezahlte, und die dreihundert Pfund reichten nicht aus, um allen Hummer, der aufgekauft wurde, zu bezahlen.

Man sagt, daß das Rad des Glückes sich immer dreht, und dieses Sprichwort ist wahr, denn in dem Teil der Welt, den ich kenne, hat es sich oft genug gedreht, und als die Welt um die Blasket-Insel sich damals ein wenig zum Besseren veränderte, als Gott uns so viel Glück gewährte, sorgten wir nicht für die Zukunft vor, wie wir es hätten tun sollen, denn so ist es immer: wie gewonnen, so zerronnen.

Als ich in jenem Jahr (1888) unseren Besitz musterte, sah ich, daß im oberen Teil meines Gütchens ein kleines Stück Brachland lag, und ich beschloß, es umzubrechen, da es so lange brachgelegen hatte und nutzlos war. In meinem Eifer beschloß ich, die Hälfte in diesem Jahr und die andere Hälfte im nächsten umzubrechen.

Schon oft hat ein Mann einen Plan gemacht, der sich hinterher als nicht lohnend herausstellt. Mir ging es auch so, denn ich machte mir mit dem Feld viel Mühe und erzielte nur geringen Nutzen. Ich mußte zum Strand gehen, um Tang zum Düngen zu holen. Mein alter, schwarzer Esel mußte mit jeder Last anderthalb Meilen gehen, und jeder Schritt davon führte bergauf.

Nun, es geschieht oft genug, daß ein Mann eine Arbeit beginnt und schon bald feststellt, daß er genug davon hat, und so ging es mir auch. Bald schon hatte ich die ganze Sache satt, besonders da der alte Esel streikte.

Schließlich hatte ich die Hälfte des kleinen Feldes mit Kartoffeln bepflanzt. Als ich sie setzte, war mein Vater noch bei Kräften, er war damals siebzig Jahre alt, und es fehlte ihm nichts, als daß er ein wenig gebückt ging. Trotzdem kam er jeden Tag zu dem Feld hinauf. Aber er wurde von Tag zu Tag schwächer und langsamer.

Bald kam er gar nicht mehr zu dem Feld hinauf, obwohl er zuerst soviel Interesse daran gezeigt hatte. Eines Tages glaubte ich, er sei wieder auf dem Feld, schaute nach ihm aus, konnte aber keine Spur von ihm entdecken, und das kam mir sehr seltsam vor. Ich fragte einen Burschen, der gerade vorbeikam, ob er ihn gesehen habe, und dieser sagte mir, er sei im Hause seiner Tochter Kate, und dort fand ich ihn auch.

»Vater«, sagte ich zu ihm, »ich dachte, du wärst nach dem Frühstück auf das kleine Feld gegangen?«

»Ich hänge nicht mehr an dem Feld«, sagte er.

»Aber zuerst hattest du doch großes Interesse daran.«

»Das ist wahr, aber es ist jetzt anders geworden. Ich werde nicht mehr erleben, wie die Kartoffeln herauskommen.«

Es gibt viele Dinge, auf die wir erst achten, wenn es zu spät ist. Als mein Vater gestorben war, tat es mir leid, daß ich ihn nicht gefragt hatte, ob er irgend etwas auf dem Feld gesehen oder gehört habe. Ohne Zweifel war ihm irgend etwas der Art dort begegnet, da er doch sein Ende so genau vorhersagte.

Wir hatten meinen Vater begraben, noch ehe die Kartoffelpflanzen aus der Erde kamen. Damit waren die Sorgen des armen Tomás noch größer geworden, und sie wurden immer noch größer.

Um den ersten Mai herum kamen die Makrelen, und wir verdienten gut an ihnen. Ich hatte in einer einzigen Woche fünf Pfund beiseite gelegt. Da starb mein Vater, und ich mußte die fünf Pfund nehmen und ihm damit einen Sarg kaufen. Die Särge waren damals noch nicht so teuer wie heute. Ein ganzes Begräbnis kostete damals zehn Pfund. Seither kostet es meist dreißig Pfund.

Nachdem ich auch das hinter mir hatte, mußte ich noch härter arbeiten, und all die Arbeit, die ich in das kleine Feld gesteckt hatte, brachte mir nicht mehr ein als zwei Sack Kartoffeln. Dann erntete ich noch dreimal Hafer dort, und die dritte Ernte war die beste.

Im nächsten Jahr machte ich mich an die andere Hälfte des Feldes und erzielte dort viel bessere Erträge, denn ich kannte jetzt die Natur des Bodens und richtete mich beim Düngen danach.

Von dieser zweiten Hälfte erntete ich zehn Sack Kartoffeln und danach noch drei Jahre lang Hafer, denn ich war jetzt sorgsamer, da ich mit der ersten Hälfte des Feldes meine Erfahrungen gemacht hatte. Dann kam noch etwas dazu, das waren die Segenswünsche der Nachbarn, denen ich oft mit Saatkartoffeln aushalf.

Bald darauf begann auch meine Mutter zu kränkeln, und dann sagte sie der Welt Lebewohl, sie war damals zweiundachtzig Jahre alt. Trotz ihres Alters waren weder ihre Hände noch ihre Füße verkrüppelt; sie hielt sich so gerade wie je in ihren jungen Tagen. Als sie einmal krank wurde, ging es schnell mit ihr zu Ende, und das war vielleicht nur gut so. Später kamen so schwere Zeiten für mich, daß ich nicht mehr so gut für sie hätte sorgen können. Eines Nachts ging es ihr sehr schlecht, und ich entschloß mich, bei ihr zu wachen. Da kam mein Onkel Diarmid und sagte, wir sollten alle zu Bett gehen, er wolle bis zum Morgen bei der kranken Frau bleiben. Noch bevor es dämmerte, rief er uns und sagte: »Sie ist in der andern Welt.«

Ich machte mich bereit, nach Dingle zu fahren, um alles Nötige für das Begräbnis zu besorgen. Das Wetter blieb schön, bis wir meine Mutter auf den Friedhof ihrer Familie in Ventry gebracht hatten; das war von der Insel aus eine lange Reise zur See und zu Land, und obwohl mancher Pferdewagen dem Sarg folgte, so wurde sie selbst doch auf den Schultern der Männer zu Grabe getragen.

Das war das Ende der beiden Menschen, durch die die gälische Sprache am ersten Tage meines Lebens meine Ohren erreicht hatte.

Gott sei ihren Seelen gnädig.

Das kleine Ruderboot

Mein Bruder kommt aus Amerika zurück
Hummerfang
Das Schiff mit den feinen Leuten
Ein starkes Getränk
Hummerfang bei Nacht
Das Kleeblatt
Robben auf der Klippe
Treibende Balken

Kurz nach dem Tod meiner Eltern kam mein Bruder Pats aus Amerika zurück. Ich war erstaunt, daß er noch einmal zurückkam, denn seine beiden Söhne waren jetzt erwachsen, und ich hatte mir vorgestellt, es müsse ihnen dort drüben glänzend gehen. Als ich meinen Bruder nun wiedersah, sah er aus, als habe er die Jahre drüben im Urwald verbracht. Er war nur dürftig gekleidet; er sah krank aus; er hatte keinen roten Heller in der Tasche, und die Überfahrt hatten zwei seiner Freunde für ihn bezahlt. Er war keinen Tag drüben ohne Arbeit gewesen, aber er hatte jeden Pfennig für seine beiden Jungen ausgegeben. Er wollte sie nicht arbeiten gehen lassen, und jeden Penny, der noch übrig blieb, wenn der Lebensunterhalt für die drei bezahlt war, trug er in die Kneipe - und ich glaube, es war nicht einmal viel, was er vertrank. Ich will mich nicht lange bei diesen beiden Söhnen aufhalten, sondern nur kurz von ihrem Schicksal berichten: wie sie mit ihrem Vater verfuhren, der all die Jahre für sie gearbeitet, der im Schweiße seines Angesichtes dort in Amerika versucht hatte, sie zu tüchtigen und erfolgreichen Männern zu machen. Um es kurz zu machen: nicht einer von den beiden hat je wieder nach dem Vater gefragt.

Ich kannte die Art meines Bruders und seine Gesinnung schon vorher gut genug, aber was sollte ich tun? Ich konnte den einzigen Bruder, den ich hatte, nun, da er aus Amerika zurückgekommen war, nicht vor die Tür setzen. Wenn er nicht so unvernünftig gewesen wäre, so hätte er niemandem zur Last fallen brauchen, denn er war der beste Arbeiter unter allen, wohin er auch kam. Aber wo findet man einen weisen Menschen ohne eine schwache Seite?

Nun, gerade damals war die Fischerei in den Gewässern um die Blasketinsel lohnend, es gab Makrelen und Hummer, und die Nachfrage war groß. Und als ich merkte, daß Paddy mir beim Fischfang helfen wollte, versuchte ich, ihn auf irgendeine Weise nützlich zu machen.

Ich faßte den Plan, ein altes Leichtboot zu verkürzen, so daß zwei Mann es bequem tragen konnten, denn die meisten kleinen Boote hatten damals zum Hummerfang während der Hauptfangzeit nur eine Besatzung von zwei Mann. Wir nahmen gewöhnlich etwa zwanzig Hummerkörbe in dem kleinen Boot mit, und es hätte euch das Herz höher schlagen lassen, wenn ihr gesehen hättet, wie wir damit gegen die See ankämpften; wir fingen gut, obwohl wir nie weit von zu Hause wegfuhren. Wir arbeiteten gewöhnlich um das Inselchen Beginish herum und kamen zu den drei täglichen Mahlzeiten nach Hause. Andere Boote wagten sich viel weiter hinaus, bis nach Teeraght, Inishtooshkert, Inish na Bro und Inishvickillaun, das sind die kleineren Blasketinseln.

Die Mannschaften, die so weit hinausfuhren, mußten Proviant für den ganzen Tag mitnehmen, sie fuhren am Morgen aus, wenn es noch dunkel war, und kehrten bei dunkler Nacht zurück, und dann waren sie totmüde. Natürlich gab es da draußen viel mehr Hummer als in der Nähe der Heimatinsel, trotzdem fingen die Fischer, die in der Nähe blieben, genauso viel, weil sie ihre Fallen öfter nachsehen konnten.

Wir verkauften Hummer für viele Pfunde an die Schiffe, die nach Süden und Norden durch die Meerenge zwischen der Insel und dem Festland kreuzten. Ihre Segel, wie »fleckiger Schnee«, waren immer gehißt, auch wenn kein einziges Lüftchen wehte. Manchmal aßen wir mit an Bord, wir brachten ihnen oft Krebse und kleine Fische, sie gaben uns dafür Tabak und andere Dinge, für mich gab es ein Glas Whiskey – Pats rührte keinen Tropfen mehr an, seit er aus Amerika zurück war, denn er hatte dort Lehrgeld gezahlt.

Eines schönen Tages kam von Süden her ein kleiner Dampfer, der ein anderes Schiff hinter sich her schleppte, das nur Segel hatte und in allen Farben unter dem Himmel angemalt war. Das Segelschiff war schwarz von Menschen, einer sah immer noch feiner aus als der andere. Sie trugen vornehme Kleider, die Frauen waren mit bunten Bändern geschmückt. Die beiden Schiffe fuhren langsam, so daß die Passagiere unsere Blasketinseln in aller Ruhe betrachten konnten.

In diesem Augenblick holte ich gerade eine Hummerfalle aus dem Wasser. Ein blauer Hummer und eine Languste waren darin. Gerade fuhren die beiden Schiffe an uns vorbei. Ich hielt mit der einen Hand den Hummer, mit der anderen die Languste in die Höhe, und schon winkten alle, Männer und Frauen, mir zu, und das Schiff hielt an, damit wir heranrudern konnten. Niemand ist noch so empfangen worden wie wir beiden alten Fischer. Wir hatten zwei Dutzend Hummer, zwei Dutzend Krabben und drei Dutzend andere Fische, und die feinen Leute kümmerten sich gar nicht darum, wie wir oder unser kleines Boot aussahen. Sie waren ganz versessen auf unseren frischen Fisch. Ein Matrose ließ einen Eimer herunter, in den wir die Hummer werfen sollten, und als ich mir den Eimer besah, da dachte ich, ich würde nicht für fünf Pfund einen Hummer da hineinwerfen, solch ein schönes Gefäß war es. Er ließ den Eimer ein zweites Mal für die Krebse und ein drittes Mal für die anderen Fische hinunter.

Als er die ganze Ladung unseres kleinen Bootes an Bord gezogen hatte, ließ er den Eimer sofort wieder herunter, und ich glaubte schon, er wolle auch das Stück Brot noch haben, das wir im Heck liegen hatten. Aber das war es nicht, denn als ich den Eimer annahm und hineinblickte, sah ich darin Geld. Der Mann, der den Eimer hinuntergelassen hatte, sprach mich auf Englisch an. Er sagte, es sei ein Schilling für jeden Fisch, der im Eimer gewesen sei. Nun zog der Mann den Eimer noch einmal hinauf, und bald kam er wieder nach unten, bis über den Rand gefüllt. Die stolzeste Dame von allen an Bord ließ ihn diesmal hinunter, sie war die schönste und vornehmste Frau, die ich jemals gesehen habe. Der Eimer war vollgestopft mit allen Arten von Speisen und Eßwaren, die Hälfte davon kannte ich nicht einmal dem Namen nach. Als ich ihn im Heck des Bootes ausgeleert hatte, lüftete ich die Mütze, verneigte mich vor der Dame und dankte ihr.

Nun kam ein Herr an den Rand des Schiffes und bat mich, ihm die leere Flasche zu reichen, die wir im Boot liegen hatten. Ich tat es, und bald ließ er sie mit klarem Wasser gefüllt wieder herunter. Dann fragte er, ob wir noch eine andere Flasche an Bord hätten. Wir hatten keine. Er ging wieder weg und kam mit einer wundervollen Flasche wieder, die etwa sechs Glas enthielt. Er reichte sie hinunter und sagte uns, wir sollten ein gut Teil Wasser mit ein wenig aus der Flasche mischen.

Wir sagten einander Lebewohl und riefen uns Segenswünsche zu. Inzwischen hatten wir uns dem Land bis auf eine halbe Meile genähert. Das war nicht mehr weit, besonders da das Wetter gut war. Wir hatten uns noch nicht lange von dem Schiff getrennt, als mein böser Stern mich verleitete, zu probieren, was in der Flasche war. Mein Begleiter sagte, ich solle vernünftig sein und warten, bis wir an Land waren, dann hätte ich immer noch Zeit genug.

Ich wollte nicht auf ihn hören. Ich sagte, ich wolle ja nur einmal kosten, um zu sehen, was für ein Zeug das sei. Ich glaubte, wenn es nicht gerade Gift wäre, so könne es doch nicht schaden. Aber, wie es nun mal so ist, ein armer Sünder weiß nie, was gut für ihn ist. Ich nahm das kleine Holzgefäß, das wir zum Ausschöpfen des Bootes benutzten und schüttete, wie ich dachte, etwa einen Eßlöffel voll aus der Flasche hinein. Als Pats sah, wie wenig ich genommen hatte, sagte er: »Wenn du schon einmal trinkst, warum denn so wenig.«

»Untersuche den Fluß, bevor du dich in die Strömung wagst«, sagte ich weise. Und das war das letzte Wort, das er in den nächsten zwei Stunden von mir hörte. Wir waren inzwischen etwa eine Meile gefahren und hatten noch eine halbe vor uns, aber es war ein Wind aufgekommen, die See war unruhig, mit weißen Schaumkronen bedeckt. Das war das letzte, was ich sah, bevor ich das Zeug trank.

Ich goß es hinunter. Als ich getrunken hatte, stand ich einen Augenblick ganz still – so erzählte Pats später –, dann fiel ich flach auf den Rücken auf den Boden des Bootes. Der arme Kerl dachte, ich sei tot, er glaubte, in der Flasche müsse Gift gewesen sein, das die feinen Leute mir irrtümlich gegeben hätten. Der arme Kerl schuftete sich fast das Herz aus dem Leibe bei dem Versuch, an Land zu kommen. Als er endlich, am Ende seiner Kräfte, eine geschützte kleine Bucht in Beginish erreicht hatte, erwachte ich aus meiner Ohnmacht; ich war wieder wohl und munter.

»Vielleicht möchtest du jetzt noch ein Tröpfchen nehmen!« sagte Pats zu mir.

Ich merkte, daß er wütend war, und antwortete nichts. Ich schämte mich sehr, als ich merkte, was für ein Sturm draußen tobte, und es war mir klar, welche Mühe es ihn gekostet hatte, mit dem kleinen Boot die schützende Bucht zu erreichen, während ich als toter Ballast unten im Boot lag.

Der Sturm wütete immer noch, und es war noch kein Zeichen zu sehen, daß er sich legen würde, aber wir lagen jetzt im Schutz der Insel, und Proviant hatten wir auch genug an Bord. Aber obwohl wir nicht weit von zu Hause waren, konnten wir nicht daran denken, die kleine Bucht zu verlassen.

Nach einiger Zeit legte sich der Sturm ein wenig, und Pats sagte:

»Vielleicht können wir jetzt nach den Fallen sehen. Hier an den Klippen ist es ein wenig ruhiger.«

Ich hatte nicht viel Lust dazu, aber er konnte nicht gut Widerspruch vertragen, und wenn man sich ihm widersetzte, so war in den nächsten drei Tagen nichts mit ihm anzufangen.

Wir machten uns also an die Arbeit. Der schwere Teil der Arbeit fiel ihm zu, denn er ruderte, während ich die Hummerfallen heraufzog. Kaum hatten wir diese Arbeit beendet, als der Sturm so heftig wurde, daß er die Schaumkronen von den Wellen wegblies. Wieder gelang es uns, die Bucht zu erreichen. Wir hatten ein Dutzend Krebse aus den Fallen geholt.

Es war Mitternacht, als wir an diesem Abend die Heimatinsel erreichten, unsere Familienangehörigen waren schon ganz außer sich; sie waren schon im Dorf rundgegangen, um Leute zu finden, die nach uns suchen sollten, denn sie glaubten fest, wir seien ertrunken.

Jenes Jahr war ein gutes Fangjahr. Jedesmal, wenn wir die Fallen heraufholten, hatten wir ein Dutzend Hummer darin, und das bedeutete ein Dutzend Schillinge. Mit diesem Dutzend Schillinge konnte man einen halben Sack Mehl kaufen, für acht Schillinge gab es einen halben Sack Schrot, und dem entsprachen auch die anderen Preise. Auch ein armer Mann brauchte damals nicht zu hungern.

Nach dem Erlebnis mit den beiden Schiffen kam ein außergewöhnlich schöner Monat; die See rührte sich nicht, und ein solches Wetter ist das beste Fangwetter, und was die Sache noch besser machte, die Nachfrage nach jeder Art von Fisch war groß. Pats und ich fingen gut in unserem kleinen Boot, denn wir konnten fischen, wo wir wollten; niemand störte uns. Am späten Abend gehen die Hummer am leichtesten in die Fallen. Eines Abends waren wir sehr spät draußen, und die fetten Hummer gingen schnell in die Fallen.

»Es ist eine Schande, jetzt nach Hause zu gehen. Es wird sehr bald hell, die Nacht ist so mild«, sagte Pats zu mir. »Mit den Fallen ist Gold aus dem Meer zu holen. Wenn die Leute hier mal da gewesen wären, wo ich war, dann hätten sie ein bißchen mehr Verstand.«

»Bevor wir nach Hause kommen, ist es doch Tag«, sagte er. »Wir wollen die Fallen ein wenig in Ruhe lassen, dann wird wieder genauso viel drin sein wie vorhin, und es wäre doch eine Schande, sie dann nicht zu leeren.«

Wenn ich ihm jetzt nicht nachgab, so würde er morgen nicht mit mir kommen, so nötig ich ihn auch brauchte: so einer war er. Und obgleich mir der Gedanke, noch länger aufzubleiben, gar nicht gefiel, so stimmte ich ihm doch zu, sonst hätte ich am folgenden Tag allein mit meinem kleinen Boot losfahren müssen.

»Los«, sagte er, »jetzt haben wir ihnen Zeit genug gelassen, wir wollen sie uns einmal ansehen.«

Das taten wir. Als wir die erste Falle hochzogen, herrschte darin ein tolles Getümmel.

»Ich glaube, es ist ein Seeaal drin«, sagte Pats, der im Heck an den Rudern saß.

»Nein, das glaube ich nicht.«

Ich streckte die Hand in die Falle, zog einen schönen Hummer heraus und danach noch einen.

»Sind zwei drin?« fragte der Mann im Heck.

»Ja, zwei schöne«, sagte ich.

»Das sind zwei Schillinge. Oh wundertätiger Gott! Wie hätte ich in Amerika schwitzen müssen, um zwei Schilling zu verdienen, und alles, was ich hier tun muß, ist, eine Falle durch zwei Faden Wasser hochzuziehen!«

Als wir die Fallen alle nachgesehen hatten, hatten wir ein Dutzend schöner Hummer.

»Heilige Jungfrau«, rief er, »wie leicht sind hier die Schillinge aus der See zu holen! Wenn man da an andere Länder denkt, wo man Blut und Wasser schwitzt, um einen Schilling zu verdienen! Bei meiner Seele, wenn man in Amerika so leicht Geld verdienen könnte, würden die Leute dort gar nicht mehr schlafen gehen. Sie würden die ganze Zeit Fallen hochziehen.«

In diesem Punkte glaubte ich ihm wirklich, obwohl er gewöhnlich eine Menge Unsinn schwatzte, und oft genug fiel es mir schwer, ihm zu glauben. Ich war nicht so unwissend, daß ich mir das Leben in Übersee nicht hätte vorstellen können - harte Arbeit und ein Vorarbeiter, der einen dauernd im Auge hielt; manchmal waren es sogar zwei Vormänner.

Wir warteten ungefähr eine Stunde, dann senkte er die Ruder wieder ins Wasser.

»Es sieht ja so aus, als ob wir einschlafen wollten. Da wir die Nacht schon draußen verbringen, können wir ebensogut etwas davon haben«, sagte er und warf die Leine der Falle, an der das Boot festgemacht war, während wir ausruhten, in die See.

Wie ich schon vorher gesagt habe, ich mußte statt den Herrn den Diener spielen, sonst hätten wir nichts getan bekommen. Wir fingen also noch einmal an zu arbeiten, und als wir die Fallen durchgesehen hatten, hatten wir wieder ein Dutzend Hummer. Dann ankerten wir wieder.

»Kein Wunder«, sagte Pats, »daß es so viele arme Teufel an den irischen Küsten gibt, und es sollte noch viel mehr geben! Sie verdienen ihre Armut - dieses faule Pack, eine solch schöne, ruhige Nacht zu verschnarchen, wo sie mit ein wenig Mühe Gold und Silber aus der See holen könnten.«

Natürlich war etwas Wahres an dem, was er sagte, aber man muß auch bedenken, daß wir schwachen Menschen ja nicht Tag und Nacht gleich arbeiten können.

Wir ruhten ein wenig aus. Ich glaube, ich nickte ein wenig ein, wenigstens sagte er später, ich hätte eine ordentliche Mütze voll Schlaf gehabt.

»Ich glaube, ich sehe schon einen grauen Schimmer am Horizont, und wir sollten die Fallen noch einmal nachsehen. Dann gehen wir nach Hause, und kein Mensch wird wissen, wie wir die Nacht verbracht haben«, sagte Pats. Er warf die Leine los und senkte die Ruder ins Wasser.

Ich kann euch sagen, ich war um diese Zeit halb tot; es fing gerade an zu dämmern. Mein Magen knurrte, alle Glieder waren kalt und steif. Wie es dem Mann im Heck zumute war, weiß ich nicht. Aber ich riß mich zusammen, was blieb mir auch anderes übrig, und als wir die Fallen hochgezogen hatten, war ich hell wach, denn wir hatten wieder ein Dutzend Hummer und noch zwei darüber.

Als wir unser Boot heimzu wandten, sahen wir ein Fahrzeug, das gerade vor Anker ging. Wir erkannten, daß es ein fremdes Schiff war. Es lag im Sund gerade vor uns, und es bedeutete keinen Umweg, wenn wir heranfuhren, um mit der Besatzung zu sprechen. Als wir längsseits kamen, lasen wir den Namen – »The Shannee«. – Das Schiff hatte einen Tank für Hummer und war gekommen, um Hummer aufzukaufen. Sie fragten uns, wieviel Hummer wir hätten und was wir verlangten. Wir sagten dem Kapitän, daß wir nicht viele Tiere an Bord hätten, aber noch einmal so viele in einer Reuse. Wir würden nicht mehr von ihm verlangen als von jedem anderen Schiff.

»Los«, sagte er, »holt alles, was ihr in der Reuse habt.« Die Reuse war in der Nähe. Bald kamen wir mit sechs Dutzend Hummern zurück. Er zählte sie Stück für Stück und händigte uns drei Goldstücke aus. Das war der Fang eines Tages und einer Nacht. Ich sagte das dem Kapitän und auch, daß wir die ganze Nacht auf gewesen seien. Wir waren sehr müde, aber unsere Nachtwache hatte sich gelohnt. Er lud uns sofort ein, an Bord zu kommen. Aber wir entschuldigten uns und sagten, daß wir schnell zu Hause seien. Er wollte nichts davon hören und nötigte uns, an Bord zu kommen. »Wir haben das Frühstück schon fertig, und eßt euch nur satt.«

Wir mußten seine Einladung annehmen. Das Frühstück war gut, aber ich schämte mich, weil ich so verschlafen und schmutzig in dieser feinen Umgebung saß; meinen Bruder störte das gar nicht. Er dachte nur daran, sich den Bauch vollzuschlagen; er hatte die Schüchternheit seiner Jugend in der Fremde ganz abgelegt, und er sagte mir, wenn ich nur ein wenig von zu Hause fort gewesen wäre, so wäre es mir ganz gleich, wie der Ort beschaffen sei, an dem ich etwas zu essen bekäme.

Als ich an Deck kam, ging der Kapitän dort auf und ab, und er fragte uns, ob es an den Küsten der Insel viele Hummer gäbe. Ich erzählte ihm alles, so wie es war. Bald sagten wir Lebewohl und fuhren davon. Als wir in den Hafen kamen, fuhren ein paar Männer gerade aus; die anderen lagen noch in ihren Betten.

Als wir das Boot auf den Strand gezogen hatten, sagte Pats: »Sollen wir nicht eine Flasche Milch und ein Dutzend Eier zum Schiff hinaus bringen? Das haben wir schnell getan.«

Diese Großzügigkeit gefiel mir, wenn mir die Dinge, die er sonst sagte, oft auch gar nicht gefielen. Ich machte mich also auf den Weg ins Dorf, und er wartete auf mich, bis ich mit einer Flasche Milch und zwei Dutzend Eiern zurückkam. Wir fuhren wieder zu dem kleinen Schiff hinaus und reichten die Milch und die Eier an Bord hinauf. Ein Mann der Besatzung nahm alles an – denn sie haben keine Möglichkeit, an Milch und Eier zu kommen, so lange sie auf See sind. Dann reichte er die Schachtel zurück, in der die Eier gewesen waren - sie war bis zum Rande gefüllt: Keks, Tabak, ein Stück Fleisch -, und was allem die Krone aufsetzte: Als ich die Schachtel nachher durchsuchte, fand ich einen Schoppen Whiskey. Wir ruderten heim und legten uns bis zum Mittagessen zu Bett - das war etwas ganz Neues für uns.

Nach dem Mittagessen fuhren wir wieder aus und holten die Fallen nach oben, füllten sie wieder mit Köder und legten sie vor der Dämmerung aus, denn dann gehen die Hummer am leichtesten in die Fallen; das helle Tageslicht lieben sie nicht. Als die Sonne in die See sank, zogen wir die Fallen wieder hoch, und sie waren wohlgefüllt. Wir merkten nun, daß die Nacht die beste Fangzeit ist. Seitdem verbrachten wir jede ruhige Nacht auf See und machten vorzügliche Fänge, ohne daß die anderen es wußten. In einer schönen Nacht im Spätherbst lagen wir wieder vor Anker, da hörten wir ein leises, sanftes Singen. Es kam von Norden her aus der Tiefe der Nacht von einigen Klippen, die etwa eine halbe Meile entfernt lagen. Mein Herz klopfte laut, und mir wurde seltsam zu Mute.

»Hörst du?« sagte ich zu meinem Bruder.

»Ich höre es gut«, sagte er.

»Laß uns schnell nach Hause fahren«, sagte ich.

»Ach, du armer Schwachkopf«, sagte er, »das sind doch nur Robben.«

»Das können keine Robben sein, das sind menschliche Stimmen.«

»Ja, es hört sich wirklich so an, man merkt, daß du sie noch nie gehört hast. Sie stellen sich immer an wie menschliche Wesen, wenn neue zu ihnen stoßen. Sie liegen jetzt zu Scharen da oben auf den Klippen.«

Ich glaubte ihm nur halb, denn ich wußte, daß die Amerikafahrer sich über nichts Übernatürliches mehr Gedanken machen, weder über Lebendes noch Totes.

Bald hörte ich es wieder, es klang langgezogen, sanft und lieblich, und es hörte sich fast an wie die Melodie von »Eamonn Magaine«, gerade, als komme es von menschlichen Lippen; aber ich mußte meine Gefühle für mich behalten. Mein Bruder begann selbst, ein Lied anzustimmen. Sie sangen im Westen, und er sang im Osten. Ich glaube, er tat es, um mir Mut zu machen.

Nun, wir machten wieder unsere Runde, und wir fanden wieder ein Dutzend Hummer in den Fallen.

»Hast du ein Dutzend?« fragte er.

»Genau ein Dutzend, kein Stück mehr oder weniger.«

»Wäre es nicht verdammt schade gewesen, wenn du beim Jaulen der Robben ausgekratzt wärest. Dir würde es schlecht ergehen drüben in Übersee.«

Natürlich hatte er diesmal recht, obgleich er bei anderen Gelegenheiten oft daneben schoß. Wir arbeiteten weiter, bis wir wieder an derselben Stelle festmachten, und an dieser Stelle konnte man die Robben am klarsten hören.

Während wir ankerten, war kein Laut zu hören, aber bald wieder erhoben sich ihre Stimmen im Chor, so daß man sie weithin hörte.

»Warum mögen sie wohl von Zeit zu Zeit so in Aufruhr geraten, während sie zwischendurch ganz still sind?« sagte ich zu meinem Begleiter.

»Jedesmal, wenn eine neue Robbe zu ihnen stößt, stellen sie sich so an. Jetzt ist wieder eine an Land gekommen. Bis dahin hatten sie geschlafen.«

Jetzt sangen sie, und auf keinem Jahrmarkt hat man noch so viele Stimmen im Chor singen hören, es war, als ob die Melodie eines Liedes sich durch die anderen Lieder wie ein Faden hindurchzöge. Ich fragte meinen Bruder nach allem, was er über Robben wußte, denn er wußte viel mehr als ich, der ich nie vom heimischen Herd weggekommen war.

»Wart nur, bis es dämmert - ich glaube, wir haben nicht mehr lange bis dahin -, dann wirst du etwas sehen, dann wirst du all die Robben hoch auf dem Trockenen auf den Klippen im Westen sehen«, sagte er.

»Aber ich habe schon oft eine allein auf einer Klippe gesehen«, sagte ich.

»Wenn du nachts oft unterwegs wärest, hättest du sie auch schon zu vielen gesehen. Wenn du sie das nächste Mal nachts singen hörst, wirst du dich schon gar nicht mehr darum kümmern, mein Junge.«

Ich verstand gut, worauf er hinaus wollte: ich sollte mich nicht unterstehen, in der kommenden Nacht nicht auszufahren! Ein wenig später sagte er, er sehe den ersten Schimmer im Osten, und wir sollten jetzt die Fallen wieder leeren.

»Wart, bis es noch ein wenig heller ist, dann ist es leichter, die Fallen zu finden.«

Als es aber hell genug war, mit der Arbeit zu beginnen, wurden die Sänger plötzlich wie wahnsinnig, auch der letzte stimmte in den Chor mit ein.

»Jetzt werden die Burschen da drüben ihre Klippen bald verlassen«, sagte Pats.

Kurz danach wurde es ganz hell, und wir konnten die Robben in Scharen auf dem Rande der Felseninsel liegen sehen. Einige hatten den Kopf in die Luft gestreckt, andere schnappten nach ihren Nachbarn, und hoch über allen lag ein riesiger Bulle regungslos auf der Klippe. Mein Gefährte sagte, dieser Bursche schliefe noch, wenn er erwachte, würde das Theater erst richtig beginnen. Wenn man ihn so reden hörte, hätte man denken können, er habe sein ganzes Leben unter ihnen verbracht.

Wir blieben an der Leine der Hummerfalle vertäut liegen, bis die Robben fast alle ins Wasser gegangen waren, und so brachten sie uns um unsere ganze Morgenarbeit. Schließlich erwachte auch der Riesenbursche aus seinem Schlummer, er hob den Kopf, und der wilde Schrei, den er ausstieß, hallte weit in der Runde. Er war der Anführer der ganzen Herde, der großen wie der kleinen Tiere. Bald begann er, sich auf das Wasser zuzubewegen.

Es war ein Bulle, so riesig, wie man nur je einen auf dem Trokkenen gesehen hat. Er schob seine Schnauze unter die Robbe, die ihm am nächsten lag, und schleuderte sie in die Luft, so hoch wie ein Bootsmast. Das Tier flog in hohem Bogen ins Wasser. Als die andern das sahen, begann ein Getümmel wie auf einem Jahrmarkt. Alle watschelten, so schnell sie konnten, zum Wasser und stürzten sich hinein, und wenn eins der Tiere zu langsam war, so war der Anführer zur Stelle, schob seine Schnauze unter seinen Bauch und schleuderte es in die Luft. Immer wieder tat er es, bis er sie alle im Wasser hatte, die ganze Schar, die oben hoch auf dem trockenen Felsen gelegen hatte, und es waren viele Tiere.

Danach verschnaufte der Riesenbursche noch eine Weile auf dem Felsen, um zu sehen, ob die ganze Herde beisammen war. Dann stürzte auch er sich in die See, und wir beide waren uns einig darüber, daß die Welle, die hochsprang, als er untertauchte, ein kleines Schiff hätte zum Sinken bringen können.

Während der ganzen Zeit, wo dieses Getümmel herrschte, war kein Schrei und kein Pfiff zu hören.

Eigentlich hätten wir während der Zeit, die dieses Schauspiel dauerte, unsere Fallen nachsehen und neu legen müssen, und ich hätte nie geglaubt, daß mein Begleiter so lange warten würde, aber ich hatte mich getäuscht: ich glaube, das Spiel, das sie trieben, kam ihm ebenso sonderbar vor wie mir. Als es vorbei war, zogen wir schnell unsere Fallen nach oben, wir konnten sie jetzt leicht finden, denn sie lagen nicht sehr tief unter Wasser. Als es Morgen war, hatten wir einen guten Fang gemacht: reichlich drei Dutzend Hummer. Obwohl unser Boot so klein war, machten wir einen so guten Fang. Während der ganzen Fangzeit verbrachten wir jede schöne Nacht auf die gleiche Weise. Wenn die See unruhig ist, gehen weder bei Tag noch bei Nacht viele Tiere in die Fallen. Der Hummer geht nur bei ruhiger See gern aus seinem Versteck.

Eines Morgens waren wir schon auf dem Heimweg. Ein ganz leichter Wind blies von Westen, und wir sahen ein paar Balken auf dem Wasser treiben. Wir holten sie ins Boot. Bald stießen wir auf mehr Holz. Nachdem wir unser Boot vollgeladen hatten, kam immer noch Holz mit der Flut geschwommen. Wir ließen das Boot in Beginish an Land gehen, luden das Holz aus und fuhren gleich wieder hinaus. Das Treibholz kam in Massen um eine Klippe herum, an der die Flut einen Strudel bildete. Es waren weiße, ganz neue Planken. Wir lösten das Seil von einer Hummerfalle, banden ein Dutzend Planken damit zusammen und zogen sie hinter uns her. Wir brachten sie zu der Stelle, wo das andere Holz schon lag. Wir hatten diesmal sechzehn Bretter an Land gebracht und hofften, noch mehr zu bekommen, solange Flut war. Das einzige, was uns nun Kummer machte, war unser Hunger. Nachdem wir schon die ganze Nacht draußen gewesen waren, fiel uns die Arbeit schwer, und es machte uns große Mühe, die Bretter zusammenzuholen, aber wir waren entschlossen, auszuhalten, solange auch nur noch ein Stück Holz zu sehen war. Was den Yankee angeht, der fühlte niemals Hunger oder Müdigkeit. Ich sagte ihm, ich sei hungrig, und es sei auch höchste Zeit, aufzuhören. Ich wollte nur sehen, was er sagte, wollte ihn sozusagen auf die Probe stellen.

»Aber hör mal, Junge, du kennst doch sicher das Sprichwort: Fang den Fisch, so lange du ihn kriegen kannst. Ober glaubst du, das Treibholz kommt geschwommen, wenn es dir gerade paßt?«

Ich hatte diese Antwort erwartet, ich wußte auch, daß er recht hatte, denn eine solche Beute gibt es nicht immer. Wir machten keine Pause, solange die Strömung, die uns das Holz zutrieb, anhielt. Als die Essenszeit verstrichen war, hörte auch unser Hunger auf. Aber unsere Kräfte ließen immer mehr nach.

Später am Tag sahen wir erst ein Boot und dann noch mehrere, die genau wie wir Treibholz sammelten. Um diese Zeit hatten wir beiden mit unserem kleinen Boot schon etwa sechzig Bretter in Beginish in Sicherheit gebracht. Der arme Yankee arbeitete hart an diesem Tag. Oft genug waren wir weit vom Land abgetrieben, wenn wir ein Dutzend Bretter zusammenhatten. Ich band die Bretter zusammen, und er brachte sie ohne meine Hilfe an Land.

Uns beiden ging's nicht zu schlecht, aber was sollten unsere Leute zu Hause sagen? – Wir hatten das Haus am vergangenen

Tag nach dem Mittagessen verlassen, nun war schon wieder Mittagszeit, und wir waren noch nicht zurückgekommen. Sie konnten nur denken, wir seien ertrunken.

Die meisten Boote der Insel waren bei den kleinen Inseln mit Hummerfang beschäftigt, die wenigen, die es außer diesen noch gab, waren inzwischen ausgefahren, um das Treibholz einzubringen. So würde an der Landestelle kein Boot und kein Ruder mehr sein, mit dem man uns hätte suchen können. Schließlich waren wir völlig erschöpft, es war Ebbe, und nur noch wenig Treibholz war zu sehen, da machten wir uns endlich auf den Heimweg, und ich sage dir, lieber Leser, wenn nur ein einziger Windstoß gegen uns gewesen wäre, so hätten wir es nicht mehr geschafft.

Das ganze Dorf redete davon, wieviel Treibholz wir beiden mit unserem kleinen Boot auf Beginish zusammengetragen hatten, und noch Tage danach fanden wir ganze Planken und Holztrümmer am Strand. Wir verkauften die Hälfte des Holzes auf Beginish an Ort und Stelle, die andere Hälfte mußten wir nach Hause holen, weil es sonst gestohlen worden wäre.

Die Bitternisse des Lebens

Der Tod meiner Kinder
Die Tochter der Frau von der kleinen Insel stirbt
Die Messingbolzen
Mein Sohn und Eileen
Nicholls ertrinken
Diarmids Sohn stirbt

Zu Beginn des Jahres, das der Bergung des Treibholzes folgte – ich glaube, wir verdienten damit zwölf Pfund, von den Hummern ganz zu schweigen –, ging es uns sehr gut, aber »das Pferd kann nicht immer im gleichen Schritt gehen«.

Zur Zeit, wo die jungen Möwen ausschlüpfen und anfangen flügge zu werden, pflegten die Jungens aus dem Dorf, sich welche zu fangen. Mein ältester Sohn und der Sohn des Königs wollten eine Stelle in den Klippen aufsuchen, wo es wahrscheinlich junge Möwen gab; die Kinder hielten sich gern zahme Möwen, die oft ein Jahr oder noch länger mit den Hühnern zusammen im Haus lebten.

Die beiden machten sich also auf den Weg zu den Nistplätzen, um sich ein paar junge Vögel zu holen. Die Nistplätze lagen an einer gefährlichen Stelle, und als mein Junge gerade eine junge Möwe greifen wollte, flog diese auf, und das Kind stürzte von der Klippe hinunter in die See. Gott erspare denen, die es lesen, ein gleiches Schicksal! Das Kind trieb lange Zeit auf der Oberfläche des Wassers, bis ein Boot, das beim Hummerfang war, es fand und an Bord nahm.

Sein Großvater (der Vater seiner Mutter) befand sich in diesem Boot. Wir hatten nur einen Trost – an dem Körper des Jungen war keine Wunde, keine Verletzung zu finden, obwohl er sehr tief gefallen war. Wir mußten uns in unser Schicksal ergeben. Es war ein großer Trost für mich, daß er hatte an Land gebracht werden können, daß wir ihn nicht der Willkür des Meeres hatten überlassen müssen. Dies war der Anfang, und es war ein böser Anfang, Gott erbarme sich unser!

Dies geschah im Jahre 1890; der Junge war gerade so weit herangewachsen, daß wir eine Hilfe an ihm hatten. Nun, diejenigen, die hinübergehen, können die, die bleiben, nicht ernähren; auch wir mußten wieder zu den Rudern greifen, das Leben mußte weitergehen.

Dieses Jahr war nicht so gut wie das vorhergehende, wir fingen selbst bei Nacht nicht so viele Hummer, denn das Wetter war immer unruhig, die Brandung an den Klippen ging immer hoch; das lieben die Hummer nicht. Trotzdem kam genug Fisch in die Nähe der Küste, der sich zum Einsalzen eignete. Es war Dorsch, ein großer Fisch mit grobem Fleisch, und es war schwer, ihn über das Dollbord zu ziehen. Wir fingen diesen Fisch mit Angeln, mit Schnüren, an denen große Haken mit einem Stück Makrele als Köder hingen.

Eines Tages fischten wir auf diese Weise, und wir hatten so fleißig gearbeitet, daß wir den Fanggrund schon bald verlassen konnten, denn das kleine Boot war voll und die See war unruhig, und als wir in die kleine Bucht kamen, wunderten sich alle über den reichen Fang, den wir mit unserem kleinen Boot gemacht hatten.

Ein Teil des Jahres ging mit dieser Arbeit hin, und schließlich hatten wir jedes Gefäß im Hause mit eingesalzenem Fisch gefüllt; es waren dreihundert Dorsche. Um die Weihnachtszeit herrschte bei den Landleuten immer große Nachfrage nach diesem Fisch.

In diesem Jahr brachte ich fünfzehn Pfund als Erlös für meinen Dorsch aus Dingle mit, an viele Verwandte hatte ich von meiner Beute geschenkt, und für unseren eigenen Gebrauch hatten wir noch genug im Hause.

Bald danach kam die Tochter des großen Daly, des Hirten von Inishvickillaun, aus Amerika zurück. Es war dies das Mädchen, das mein Onkel, der Schlingel Diarmid, in meiner Jugend immer mit mir hatte verkuppeln wollen. Sie hatte ein paar Jahre über dem großen Wasser verbracht, aber ihre Gesundheit hatte nicht standgehalten; ihr ging es wie so vielen anderen. Aber auch nach ihrer Rückkehr erholte sie sich nicht, sie verfiel immer mehr, obwohl sie doch auf die gesundeste Insel von ganz Irland heimgekehrt war.

Schließlich starb sie dort auf der Insel. Es war während der Fangzeit. Es befanden sich gerade Fischer aus Iveragh auf der Insel, und als die Nachricht von ihrem Tode bekannt wurde, machte sich alles, was eben nur konnte, zu der kleinen Felseninsel auf, um bei der Totenwache dabei zu sein.

Die Dalys waren die besten und gastfreundlichsten Menschen, die je auf einer solchen Klippe gewohnt haben, und deshalb wollte auch jeder ihnen in dieser Zeit ihres Unglücks beistehen, und eine Menge Menschen versammelten sich in dieser

Nacht auf der Insel. Bis zehn Uhr abends landeten die Boote an der Insel, und noch viel mehr kamen am andern Morgen über die Bucht herüber, denn der Tag war schön und die See war ruhig. Es war der schönste und heißeste Begräbnistag, den ich je erlebt habe. Wir brachten den Sarg in das Boot aus Iveragh. Er wurde von drei Mann Besatzung begleitet. Als sie bereit waren, wandten sie der Klippe den Rücken zu und fuhren nach Osten durch die Bucht davon. An der Anlegestelle der Großen Blasket-Insel erwarteten uns schon andere Boote. Wir hatten jetzt noch drei Seemeilen Weg vor uns. Als ich mein Auge über die Bucht schweifen ließ, schien mir, ich hätte noch nie so viele Boote auf einmal gesehen. Es waren achtzehn; ich habe nie vorher und nie nachher so viele Boote bei einem Begräbnis zur See gesehen. Sonst sah ich nur vierzehn oder sechzehn Boote. Möge Gott die Seelen all derer trösten, die ich hier wieder ins Gedächtnis zurückrufen muß. Möge ihnen allen ein guter Ort im Jenseits beschieden sein! Obwohl der Mann von der kleinen Insel damals ein Haus voll Kinder hatte, leben heute nur noch drei davon in meiner Nachbarschaft; die andern leben in Amerika, nach Osten und nach Westen verstreut wie so viele andere.

So ging ein Jahr nach dem anderen dahin, und ich lebte immer noch in dem alten Loch. Ich faßte den Plan, mich dranzugeben und ein neues kleines Haus zu bauen, in dem die Hühner nicht mehr über meinem Kopf gackerten. Obwohl wir oft genug gerade dann ein Nest voller Eier da oben fanden, wenn Not am Mann war, so tropfte doch auch ebenso oft der Unrat auf uns herunter. Damals kam eine neue Art des Dachdeckens in Gebrauch: Das Dach war mit Brettern gedeckt, darüber wurden geteerte Filzstreifen gespannt. Diese Dächer waren glatt wie eine Flasche, und wenn eine Henne nach gewohnter Weise hinauffliegen wollte, um ihre Eier dort zu legen, so rutschte sie ab, fiel wieder in den Hof hinunter und versuchte es nie wieder.

Wenn ein Gedanke sich einmal im Kopf festgesetzt hat, so gibt er keine Ruhe. So ging es mir auch mit dem Plan für das Haus. Ich wußte, daß niemand mir bei dem Bau helfen würde, das einzig Gute war, daß ich das alte Haus noch hatte und mir also mit dem Bau des neuen Zeit lassen konnte. Ich wählte den Bauplatz nur eine Straßenbreite vom alten Haus enfernt, denn hier lagen Steine genug um mich herum, und ich wußte, daß es leichter ist, zu backen, wenn man neben dem Mehlsack steht, und es war viel wert, daß das Baumaterial so zur Hand war. Ich begann sofort, den Grundriß des Hauses zu markieren, und als ich seine Länge und Breite bestimmt hatte, hatte ich daß Gefühl, es müsse ein Palast werden mit seinem Dach aus Holz, Filz und Teer. Immer wenn ich ein wenig Zeit hatte, baute ich an dem Haus, legte einen Stein nach dem andern, und bald begann es, wie ein Haus auszusehen, bald standen die vier Wände, und ich mußte nur noch die beiden Giebel hochziehen, dann wuchsen auch sie, immer schmaler werdend, eine Reihe Steine nach der anderen. Ich hatte keinen einzigen müßigen Augenblick während eines ganzen Vierteljahres gehabt, als ich den »Krähenstein« setzte – den letzten Stein, der den Giebel krönt. Ich hatte die Arbeit ganz allein getan, niemand hatte mir auch nur einen Stein oder ein wenig Mörtel gereicht!

Ich hatte mit dem Hausbau mitten im Winter begonnen: denn während der Fangzeit hätte ich keine Zeit dazu gefunden; die Fangzeit war gekommen, als ich den letzten Stein legte. Mitte März begann die Arbeit: das Land mußte umgegraben werden, und um diese Zeit ging man auch auf Robbenfang in die Höhlen.

Eines Morgens – es war ein schöner, sanfter, lieblicher Morgen – klopfte es vor Tagesanbruch an meine Tür. Da ich nur einen leichten Schlaf habe, sprang ich sofort auf und stürzte zur Tür. Draußen stand Diarmid.

»Zieh dich an«, sagte er. »Der Tag ist ruhig. Wir wollen nach Westen zu den Inseln, mal nachsehen, was wir dort in den Höhlen und in den Buchten finden? Hast du noch etwas Brot im Hause?«

»Ich habe Brot genug«, sagte ich, »aber ich hatte eigentlich nicht daran gedacht, zu den Inseln zu fahren; ich glaube, so früh im Jahr ist es eine vergebliche Fahrt.«

»Na, irgend etwas werden wir schon mitbringen – ein paar Kaninchen – vielleicht aber auch etwas Besseres. Wie willst du wissen, ob wir nicht doch vielleicht eine fette junge Robbe finden. Nimm ein ordentliches Stück Brot mit, das für uns beide reicht.«

»Hör mal«, sagte ich, »deine Frau ist wohl zu faul zum Backen, oder will sie vielleicht nur Mehl sparen?«

»Beim Teufel, nein, aber sie ist nur zu faul und macht sich nichts draus, wenn man Hunger hat. Sie ist dick und faul, und viel Verstand hat sie nie gehabt.«

Ich schnitt ein tüchtiges Stück Brot ab, und wir gingen zusammen davon. Auch der Rest der Bootsmannschaft war inzwischen zusammengekommen. Wir ließen das Boot ins Wasser und fuhren davon, ohne anzuhalten, bis Inish na Bro, wo es eine berühmte Robbenhöhle gab. Es kam selten vor, daß man dort keine Robben fand. Wir sagten uns, daß wir diese Höhle am besten zuerst durchsuchen würden.

Schnell waren wir zu vieren in der Höhle, denn wir waren froh, aus dem Boot herauszukommen. Wir folgten dem Verlauf der Höhle in den Berg hinein, und einer von uns blickte in ein Wasserloch.

»Was mag das wohl dort unten auf dem Grunde des Tümpels sein?« sagte er.

Einer nach dem andern schaute hinab, und wir sahen, daß das ganze Loch voll von diesen Dingern war.

Dann kam noch einer von denen, die im Boot geblieben waren. Dieser war ein guter Schwimmer. Auch er blickte in den Tümpel hinunter.

»Ach, ihr Dummköpfe«, sagte er, »das sind Kupfer- und Messingbolzen. Wißt ihr denn nicht, daß vor einiger Zeit ein Wrack hier zerschellt ist; es war voll von solchen Bolzen.«

Kaum war er mit seiner Rede zu Ende, so riß er sich jeden Fetzen Zeug vom Leibe und tauchte in das Wasser hinunter. Das Wasser in dem Tümpel war wenig mehr als mannshoch; bald kam er mit einem Kupferbolzen an die Oberfläche, der vier Fuß (1,20 m) lang war.

»Ihr Unschuldslämmer«, rief er, »wartet ihr etwa darauf, daß ich das ganze Zeug allein heraufhole? Bindet lieber noch zwei anderen einen Strick um den Leib und beeilt euch, denn wenn die Flut kommt und das Wasser in dem Loch unruhig wird, kann man die Dinger nicht mehr sehen.«

Sein Rat war gut, aber wer sollte tauchen, das war das Problem. Ein paar der Männer waren noch nie in der See gewesen. Wir anderen konnten gut schwimmen, aber nicht tauchen.

Diarmid stürzte auf mich zu: »Du bist doch ein ausgezeichneter Schwimmer, das hast du oft bewiesen, wenn es nichts zu gewinnen gab. Komm her, laß dir ein Seil umbinden und hol uns einen von diesen goldenen Hurleystöcken. Wir können uns doch nicht auf einen oder zwei Männer allein verlasssen.« Nun, die Sache gefiel mir gar nicht, aber ich wollte diesen Verrückten nicht noch mehr aufbringen, und so tat ich, was er sagte. Ich warf meine Sachen ab und ließ mich auf den Grund des Wasserlochs hinunter. Der Schlingel war ganz außer sich, als er sah, daß ich nicht, wie er gesagt hatte, den Strick umgebunden hatte. Er glaubte, ich sei wütend auf ihn, aber ich hatte den Strick gar nicht nötig. Ich brauchte mich nur abzustoßen, um an die Oberfläche zu kommen, denn ich war ein guter Schwimmer.

Als ich mich in die Tiefe sinken ließ, stieß ich mit dem Fuß an einen der Bolzen. Ich sah mich nach einem zweiten um, ich hätte gern das überraschte Gesicht des Schelms gesehen, wenn ich mit zwei von den Dingern nach oben kam, denn der andere Mann holte immer nur einen hoch, und das machte ihm Mühe genug.

Ich suchte eine Weile, dann sah ich einen zweiten Bolzen, hob ihn ohne Mühe auf. Den einen hatte ich unter die Achsel genommen, den zweiten hielt ich in der einen Hand, während ich mit der anderen schwamm. Ich stieß mich mit den Füßen ab und schoß leicht an die Oberfläche, aber das Gewicht der Bolzen zog mich sofort wieder nach unten, denn ich war zufällig in der Mitte des Wasserlochs hochgekommen. Aber Diarmid, der Leichtfuß, spielte seine Rolle gut. Er warf mir das Seil zu, und ich fing es mit der freien Hand auf. Als Diarmid mich mit den beiden Bolzen kommen sah, fing er vor Freude an zu trällern. Und da ich lebend und mit Beute wiedergekommen war, hatte er kein Mitleid mit mir, denn er war immer auf einen guten Fang versessen.

»Das hast du gut gemacht«, sagte er, »du bist ein wenig langsam, aber dafür kommst du schwer beladen. Los, noch mal hinunter mit dir!«

Am Rande des Wassers stand ein anderer Mann, der gewöhnlich Maurice Ban genannt wurde. Er war ein breitschultriger, starker Mann, aber er war noch nie einen Schlag geschwommen. Es gefiel ihm nicht, daß wir tauchten, während er zusehen mußte. Er sagte zu Diarmid:

»Bind mir einen Strick um, dann will ich hinunter und einen ganzen Arm voll von diesen Dingern heraufholen, da unten scheinen ja genug davon zu liegen.«

»Zum Teufel mit dir«, sagte Diarmid, »du bist wohl ganz verrückt geworden. Dann könnte man genauso gut an deiner Stelle einen Sack Salz herunterlassen. Selbst die Schwimmer können kaum noch japsen, wenn sie heraufkommen!«

Als Diarmid ihn so anfuhr, wandte Maurice sich an einen anderen Mann, daß er ihm den Strick umbinde. Dieser andere war Diarmids Bruder Liam, dem es ganz gleich war, ob Maurice tot oder lebendig wieder aus dem Loch kam.

Liam band ihm den Strick um den Leib, und Maurice sprang ins Wasser. Aber als er auf dem Grund aufstieß, zog er sogleich wieder an dem Seil, bis er wieder oben war. Und daran tat er gut, denn Liam hätte ihm Zeit genug gelassen, da unten zu ertrinken.

Bevor die Flut in das Loch hineinzuströmen begann, hatten wir beide einundzwanzig Bolzen, teils aus Kupfer, teils aus Messing herausgeholt. Es war ein netter Haufen, und Diarmid wurde nicht müde, sie zum Boot hinauszuschleppen.

Als wir alles zur Abfahrt bereit hatten, setzten wir uns hin und kauten unser Brot – wir taten es, ohne ein Wort zu sagen, und wir hatten nichts, es zu würzen, nur manchmal schöpfte einer der Männer mit der hohlen Hand Salzwasser aus der See und spülte es die Kehle hinunter.

Während wir so müßig dasaßen, bereit zur Heimfahrt, erblickte Liam einen Fischkutter, der auf Inishvickillaun zufuhr.

»Was mögen sie wohl dort wollen?« sagte Diarmid.

Das Schiff näherte sich dem Strand von Inishvickillaun und warf dort den Anker aus, als wolle es dort bleiben.

»Nun«, sagte Diarmid, »ins Wasser mit den Rudern. Wir sehen mal nach, was sie da wollen, und machen uns dann in Gottes Namen auf den Heimweg.«

Wir fuhren hinüber, denn die beiden Felseninseln liegen nahe beieinander. Bald hatten wir das Schiff erreicht. Es war dicht besetzt mit Leuten, die sich auf den Inseln einen lustigen Tag machen wollten.

Wir hatten die Bolzen im Boot versteckt, so daß niemand sie sehen konnte, aber dann beschlossen wir doch, einem der Herren einen Bolzen zu zeigen und zu hören, was er wohl dazu sagte. Als er den Messingsparren sah, fragte er, wo wir ihn wohl gefunden hätten und was wir dafür haben wollten. Es dauerte lange, bis er eine Antwort bekam, denn keiner im Boot wußte, was das Ding wert war. Schließlich ergriff der Kapitän des Schiffes das Wort und sagte:

»Dieser Mann kauft solche Dinge, und er möchte gern, daß ihr es ihm verkauft.«

Schließlich kamen wir überein, daß er unsere ganze Beute kaufen würde, und, um es kurz zu machen, wir verkauften ihm alles zusammen für sechzehn Pfund.

Wir mußten an Bord des Kutters kommen und dort essen und trinken – und es gab von allem reichlich, und mir scheint, dort, wo die feinen Leute sind, gibt es immer alles in Hülle und Fülle. Schließlich sagten wir Lebewohl.

Als wir uns der anderen Felseninsel näherten, die Inish na Bro heißt, konnten wir dort die Kaninchen hüpfen sehen; ein Kaninchen auf jedem Grashalm, so schien es. Sie freuten sich des warmen Wetters, der Sonne und der lieblichen Insel. Als wir gerade unter den Klippen her fuhren, ergriff Diarmid plötzlich das Wort. Er war unser Bootsführer. Er sprang jetzt auf und sagte:

»Es ist so ein schöner, ruhiger Abend, und wir haben nichts zu tun, als nach Hause zu gehen. Wir haben zwei gute Hunde im Boot und ein paar kräftige Spaten. Wir wollen der Insel einen Besuch abstatten, und wir werden jeder mit einem halben Dutzend Kaninchen zurückkommen.«

Auf jeden Mann, der ihm zustimmte, kamen zwei, die es nicht taten, aber trotzdem: jagen gingen alle gern. Das Boot legte also an, und wir sprangen an Land, zwei wandten sich nach Osten, zwei nach Westen. Es war später Abend, ehe wir uns an der Landestelle wieder trafen. Der Leichtfuß Diarmid hatte nicht schlecht abgeschnitten. Er hatte so viele Kaninchen wie sonst zwei Mann zusammen, aber er hatte auch einen eigenen Hund, und weder er noch der Hund waren ermüdet.

Als wir alle beim Boot zusammengekommen waren und unsere Beute auf einen Haufen gelegt hatten, waren es acht Dutzend Kaninchen, ein Dutzend pro Mann. Der älteste der Männer sagte, er erinnere sich nicht, jemals eine so reiche Beute in so kurzer Zeit auf den Inseln gemacht zu haben. Ein leichter Windhauch trieb uns geradewegs nach Hause.

Da es wenig Menschen gibt, die ein Geheimnis bewahren können, so wurde es bald bekannt, wo wir den Tag verbracht und was wir gefunden hatten, daß wir die feinen Leute getroffen und daß sie das Messing gekauft hatten: und da das Geheimnis jetzt verraten war, sahen wir nichts mehr von dem Metall. Bevor wir am nächsten Morgen zusammenkamen, waren die anderen Boote der Insel schon unterwegs. Aber es wurde nicht mehr viel aus der Höhle herausgeholt. Die zwei Pfund, die ich vom Erlös des Metalls mitbekam, legte ich für das Dach meines Hauses an. Damals war alles noch billig, und die Baustoffe, die ich für das neue Haus brauchte, kosteten mich nicht viel. Viele der Dinge, die ich brauchte, lagen ganz in der Nähe; es war auch nur ein kleines Haus, obwohl ich, als ich die Umrisse zog, gedacht hatte, es würde ein Palast werden. Jedenfalls war es, verglichen mit der alten Hütte, wirklich ein Palast. Aber die alte Hütte hatte ein Gutes: sie gab mir Zeit, das neue Haus zu vollenden, ohne meine andere Arbeit zu vernachlässigen; und dann noch etwas anderes: es war nichts in dem alten Haus, das ich in das neue hätte hinübertragen müssen. Ich arbeitete jeden Tag daran, jeden Augenblick, den ich erübrigen konnte, und endlich war es fertig. Da kam Diarmid des Weges. Er blieb stehen, besah es ein Weilchen und dann sagte er:

»Heilige Mutter Gottes, wie hast du das so schnell zu Wege gebracht, ohne daß eine Menschenseele dir geholfen hat? Oh, deine Arme sind gesegnet! Aber, Gott schütze mich, keine Henne wird jemals ein Ei auf dieses Dach legen, und wenn sie versucht hinaufzukommen, fällt sie gleich über die Klippe.« Wir ließen das Haus einige Zeit fertig stehen, ehe wir einzogen. Damals gab es noch nicht viele Häuser mit Filzdächern auf der Insel, jetzt gibt es schon lange kein Haus mehr, das nicht mit Filz gedeckt wäre, ausgenommen ein paar schiefergedeckte Häuser. Wir zogen etwa im Jahre 1893, zu Beginn des Frühjahrs, in das neue Haus. Der Hauptgrund für unseren Umzug war der Mangel an Dünger, der in diesem Jahr herrschte, und im Dach des alten Hauses war soviel Dung, daß man die Hälfte der Kartoffelfelder auf der Insel damit hätte düngen können: das ganze Dach bestand aus Ruß und Mist. Zudem hing Diarmid mir jeden Tag in den Ohren. Alles, was er angepflanzt hatte, stand schlecht, denn er war ein armer Kerl. Er mußte alles allein tun, und er wurde von allen Seiten zu Hilfeleistungen gerufen. Wenn man anderen viel zur Hand geht, bedeutet das oft, daß die eigene Arbeit nachlässig getan wird, und meist springt auch wenig dabei heraus. Er tat mir immer leid, denn seine erste Frau war gestorben; sie war eine gute Frau gewesen, während die zweite weder geschickt noch sauber war. Dann gab es noch einen Grund, warum ich ihn gern mochte: er hätte das Mark aus seinen Knochen hergegeben, wenn wir seiner Hilfe bedurften.

Als Diarmid den Rauch aus dem neuen Haus hatte aufsteigen sehen, war er gleich gekommen, um sich den Ruß aus dem alten Haus zu sichern.

»Um Gottes Himmels willen, gib ihn niemand anderem als mir«, sagte er.

Er war immer scharf darauf aus, irgend etwas an Land zu ziehen, aber er gab ebenso gern, wenn er etwas hatte.

»Hab keine Angst, ich werde deinen Anteil niemand anderem geben«, sagte ich zu ihm. »Hast du heute viel zu tun?«

»Ach Gott, nein«, sagte er, wie er so zwischen den beiden Türpfosten stand, »ich habe nichts besonderes vor. Warum fragst du? Kann ich dir irgendwie helfen?«

»Du könntest aufs alte Dach hinauf und den Mist für dich herunterholen.«

Sofort machte er sich an die Arbeit.

Wir hatten einige Zeit in dem neuen Haus verbracht und fühlten uns glücklich und behaglich dort. Es war ein schönes, sauberes Haus, ganz ohne Staub und Ruß. Aber wir wohnten noch nicht lange dort, als der Keuchhusten und bald danach die Masern ausbrachen. Drei Monate lang saß ich bei meinen Kindern, die es am schlimmsten gepackt hatte, und ich bekam keinen Lohn für diese Zeit: die beiden liebsten der Kinder trug man davon. Das traf uns hart, Gott helfe uns, und von da an verließ uns das Unglück lange Zeit nicht mehr. Von mir will ich schweigen, aber ich glaube, die Mutter überwand diesen Kummer nie; von dieser Zeit an begann sie zu kränkeln, sie sollte nicht lange mehr leben; sie ist nicht alt geworden.

Nun, nach dieser kummervollen Zeit versuchte ich mich wieder zusammenzureißen. Ich war mir ganz klar darüber, daß es kein anderes Heilmittel für diesen Kummer gibt, als ihn mit Ergebenheit zu tragen, und ich versuchte mein Leben, so gut ich konnte, weiterzuleben – auf jedes Jahr, das gut war, folgten zwei schlechte.

Einige Jahre danach kam eine Dame aus der Hauptstadt Irlands, um ihre Ferien auf der Insel zu verbringen. Ihr Name war Eileen Nicholls, und sie war noch nicht lange da, als sie sich mit einem der Mädchen anfreundete, und diese erwählte Freundin war eine meiner Töchter. Die beiden waren jeden Tag zusammen. Einmal gingen sie auf den Berg, dann wieder an den Strand und an die See, und wenn das Wetter still und warm war, gingen sie schwimmen. Als sie eines Tages wieder badeten, waren die Gezeiten besonders heftig, und als sie wieder an Land zurückschwimmen wollten, merkten sie, daß sie vom Strand abgetrieben wurden. Schließlich waren sie ganz erschöpft. Einer meiner Söhne grub zufällig auf einem Feld beim Haus Kartoffeln aus – es war zu Beginn des Herbstes –, er war ein kräftiger Bursche und ein guter Schwimmer. Er war achtzehn Jahre alt. Er sah die beiden Schwimmerinnen, erkannte sie gleich und sah, daß sie nicht an Land zurück konnten.

Er warf seinen Spaten weg, lief auf dem kürzesten Weg über die Klippe hinunter und über den Strand. Er zog weder seine Stiefel noch sonst ein Kleidungsstück aus, denn die Mädchen waren nicht sehr weit draußen, und als er an den Rand des Wassers kam, sah er, daß die Dame schon unterging. Er watete hinaus und rief seiner Schwester zu, sie solle sich noch ein wenig auf der Oberfläche treiben lassen; da die Dame schon versinke, wolle er zuerst ihr zu Hilfe eilen. Er schwamm hinaus, und er und die Dame ertranken zusammen. Ein anderer Mann rettete die Schwester, die schon völlig erschöpft war. Als Pats und ich vom Fischen zurückkamen, brachten die Boote die beiden Toten gerade an Land. Das war ein trauriger Anblick, der uns da erwartete.

Nun, ich mußte auch diesem Unglück ins Gesicht sehen und es ertragen. Es war das größte Begräbnis, das Dunquin je gesehen hatte. Man trug die Särge nebeneinander, dann trennten sie sich, und jeder wurde an seinen Familienbegräbnisort gebracht. Die Angehörigen der Dame bezeigten mir noch jahrelang ihre Freundschaft. Die Eltern kamen beide, um mich in Dunquin zu treffen, und fragten dort nach mir. Ich hoffe nur, sie haben nie geglaubt, daß ich ihnen grollte, weil mein Sohn für ihre Tochter sein Leben gelassen hatte. So töricht bin ich nie gewesen. Wenn er für sie starb, so mußte es eben so sein. Es war Gottes Wille.

Ich glaube, wenn mein Onkel Diarmid nicht gewesen wäre, so hätte ich mich nie von diesem Schlag erholt. Auch war Gott mir gnädig, denn es schien zuerst, daß auch meine Tochter, die beinahe ertrunken wäre, sich nicht erholen würde, sie konnte ihren Atem nicht wiedergewinnen. Ich hatte das Gefühl, wenn wenigstens sie mir bliebe, so würde ich alles ertragen können. Diarmid kam bei Tag und Nacht, verwies uns unsere Niedergeschlagenheit, erinnerte uns an Leid, das viel schlimmer war als das unsere – an einen Schiffsbruch, bei dem Hunderte von Menschen umkamen, an einen Erdrutsch, der alle Arbeiter in einem Bergwerk verschüttete –, er tat dies, um uns Mut zu machen.

Auch ihn sollte das Unglück bald treffen. Er hatte damals ein paar prächtige, starke Söhne, bald hätte er sich ganz zur Ruhe setzen können, wenn alles gut gegangen wäre; er hätte nichts zu tun brauchen, als seinen Söhnen Anweisungen zu geben. Einige Zeit nach unserem Unglück kam er eines Tages zu uns. Ich ahnte nichts Böses.

»Was bringt dich zu uns«, fragte ich ihn.

»Das Unglück bringt mich«, sagte er.

»Was ist denn?« sagte ich und wartete ungeduldig auf seine Antwort.

»Ich will es dir sagen«, sagte er, »gestern abend spät lief mein Ältester hinter einem Schaf her, er stolperte und fiel und stürzte mit der Stirn in einen scharfen Stein. Er hat viel Blut verloren. Die Wunde ist nicht sehr groß, aber das Loch in der Stirn ist sehr tief, und ich fürchte, der Knochen ist verletzt.«

»Und was willst du jetzt tun?« sagte ich.

»Ich will den Priester und den Doktor holen«, sagte er. »Das Wetter ist schön, mach dich fertig.«

»Ich bin in einer Minute da, hol den Rest der Bootsmannschaft zusammen.«

Als wir nach Dunquin kamen, gingen zwei, um den Priester zu holen, die anderen beiden machten sich auf den Weg nach Dingle. Die beiden, die nach Dingle gingen, waren Diarmid selbst und sein Bruder Liam. Ich und Pats Heamish gingen den Priester holen. Die beiden anderen hatten zehn Meilen zu gehen, und den ganzen Weg mußten sie zu Fuß machen, sie hatten weder Pferd noch Fohlen.

Als wir beim Pfarrhaus ankamen, war niemand zu Hause. Wir konnten nichts tun, als zu warten, bis sie zurückkamen. Den größten Teil des Tages mußten wir warten. Der Pfarrer fragte uns, ob der Fall lebensgefährlich sei, und wir bejahten es. Wir einigten uns darüber, daß der Kaplan mit uns kommen sollte. Wir machten uns sofort auf den Rückweg. Der Kaplan sollte nachkommen. Wir beeilten uns, so sehr wir konnten, denn wir wußten, daß der Kaplan vor uns am Boot sein würde, trotzdem wir einen kürzeren Weg nahmen.

Als wir am Hafen von Dunquin ankamen, war der Doktor noch nicht da. Inzwischen war der ganze Tag vergangen. Aber wir wollten den Priester nicht aufhalten. Wir ließen das Boot ins Wasser, und wir waren gerade beim Abstoßen, als die anderen beiden mit dem Doktor oben auf den Klippen erschienen. Wir kehrten um und nahmen sie an Bord. Es war tiefe Nacht, als wir die Insel erreichten. Aber wir mußten noch einmal nach Dunquin und wieder zurück.

Sie sahen, daß der Junge in Lebensgefahr schwebte, und der Doktor sagte, wenn sich ein Knochensplitter gelöst habe, so werde er immer Beschwerden haben. »Wenn dies aber nicht der Fall ist«, sagte er, »dann wird er wieder ganz gesund.«

An diesem Tag bekamen wir wenig Ruhe, aber so ist es immer auf so einer Insel: wenn Zeiten des Unglücks kommen, so bedeutet das härteste Arbeit.

Von diesem Tag an bis zu dem Tag, wo wir ihn auf den Kirchhof trugen, tat der Junge kein einziges Tagewerk mehr.

Das gelbe Mehl

Der Kapitän der Schaluppe aus Dingle
Das Mehl wird an Bord geholt
Die Küstenwache
Eine schwierige Überfahrt zur Insel
Wir kaufen Ferkel

In jenem Jahr herrschte Hunger auf der Insel und an vielen Stellen des Landes, und ein Herr machte sich aus der Hauptstadt Irlands auf den Weg, um zu sehen, wo die Not am größten war, und er kam bis zur Blasketinsel. Er bestellte Schrot und Mehl in Dingle, und wir fuhren dorthin, um es zu holen.

Im Hafen dort lag eine alte Schaluppe, die sich schon lange Zeit nicht mehr von der Stelle gerührt hatte. Mannslanger Seetang wuchs an ihrem Rumpf, Tellermuscheln, Miesmuscheln und Uferschnecken saßen daran. Der alte Kapitän, der sie befehligte, war im gleichen Zustand wie sein Schiff. Die Haarborsten seiner Jugend hatten ungestört gewuchert und hingen ihm jetzt bis auf die Brust herunter, und man hätte denken sollen, kein Tropfen Wasser habe ihn seit der Zeit der großen Hungersnot berührt. Er war sicher achtzig Jahre alt. Irgendeiner im Hafen riet ihm, er solle sich mit seiner alten Galeere, die sich seit fünf Jahren nicht aus dem Schlamm des Hafens gerührt hatte, die paar Pfennige doch verdienen.

Das Schiff wurde also an die Kaimauer gezogen. Bald war das Mehl eingeladen. Dann kam ein Mann der Küstenwache und sprach mit dem Kapitän. Er fragte, wo denn der Rest der Schiffsbesatzung wäre. Der alte Kerl sagte, er brauche keine große Mannschaft, zwei Mann außer ihm selbst genügten.

Der Mann von der Küstenwache war ein großer starker Kerl, und er war böse auf den Kapitän.

»Ich will nicht auf dich schimpfen«, sagte er, »die Leute sollte man ankriegen, die dich und deine Teufelsschaukel von Schiff an Land gezogen haben; ich gebe keine halbe Krone dafür, daß du damit bis zur Insel kommst. Sieh, daß du eine Mannschaft zusammen hast, wenn ich zurückkomme, sonst hole ich alles wieder aus dem Kasten heraus und lasse es auf ein anderes Schiff laden.«

Der Soldat hatte so barsch mit dem Alten gesprochen, weil er selbst mitkommen wollte. Der weißhaarige Alte spuckte beinahe Feuer vor Wut. Er wurde ganz blau im Gesicht. Er wollte hinter dem anderen herstürzen, aber die Männer von der Insel hielten ihn zurück. Während sie ihn festhielten, brüllte er wie ein wilder Stier:

»In drei Teufels Namen! Ihr tut so, als ob ihr ein Recht über mein Schiff hättet. Und wer hat dir ein Recht darüber gegeben?« rief er dem Mann von der Küstenwache zu.

»Ihr von der Insel, ist unter euch ein Mann, der die Segel für mich hissen und mit mir fahren könnte?« sagte er mit einem wilden Blick.

Obwohl wir auf der Insel den Schrot und das Mehl dringend brauchten, wollte ihm doch niemand antworten. Einer sagte, sie verständen sich auf diese Arbeit nicht. In diesem Augenblick kam der Mann von der Küstenwache den Kai hinunter gelaufen. In der Hand hielt er ein Bündel, das aussah, als habe er darin den Proviant für den Tag zusammengepackt. Der Weißhaarige sah ihn erst, als er schon an Bord gesprungen war.

»Hast du jetzt ein paar Matrosen zusammen?« sagte er.

»Was geht dich das an?« sagte der alte Seemann.

In diesem Augenblick tauchten zwei Polizisten auf dem Kai auf. Der Mann von der Küstenwache sagte ihnen, sie sollten den Alten festnehmen. Er habe das Almosen für die Armen verderben lassen, denn das Wasser zöge schon in das Mehl und es sei niemand beauftragt, das Wasser auszuschöpfen oder zu pumpen. Die beiden ergriffen den alten Mann.

Der Mann von der Küstenwache fragte unseren König, ob er mit ihm und einem anderen Mann auf den alten Kasten gehen wolle. Der König stimmte zu, wie er immer tat, wenn man ihn brauchte – denn er war beides, ein König und ein Seemann, wie es die Gelegenheit gerade erforderte, und er war ebenso tüchtig im Setzen von Kartoffeln und Düngerfahren; oft hat er seinen alten, grauen, stummelschwänzigen Esel angeschirrt, wenn alle anderen im Dorf noch in tiefem Schlaf lagen. Er bestimmte noch einen anderen Mann, mit ihm auf das Schiff zu gehen.

Bevor sie in See stachen, kam der König zu mir. Er zeigte mir eine Kiste und übergab sie mir. Dann gingen sie an Bord, und der Mann von der Küstenwache teilte ihnen gleich ihre Arbeit zu, und bald war die alte Bütte bereit, vom Kai abzustoßen. Da rief der Mann von der Küstenwache den Polizisten zu, ob der alte Kapitän jetzt bereit sei, mit ihnen zu fahren; er werde allerdings das Schiff nicht befehligen.

Der alte Mann war nicht gerade erfreut, aber er wußte, daß man ihm nichts bezahlen würde, wenn er nicht auf dem Schiff war. Er kam also an Bord. Der Mann von der Küstenwache rief noch einen Mann aus Dingle an Bord, dieser sollte als Matrose dienen, wenn das Schiff wieder zurückfuhr. Dann fuhren sie ab.

Wir anderen machten uns auf dem Landwege nach Dunquin auf. Da wir zuviel Gepäck hatten, um es zu tragen, brauchten wir einen Wagen. Wir mieteten einen für sieben Schillinge. Wir luden unsere Sachen auf, und ich stellte die Kiste des Königs sorgfältig in den Wagen und ließ sie nicht aus den Augen, bis wir Dunquin erreicht hatten. Die Kiste enthielt Flaschen, und man konnte niemanden, der in ihre Nähe kam, trauen. Die Kiste des Königs hatte die Landspitze von Slea Head schon hinter sich, als er selbst die Hafeneinfahrt von Dingle kaum errreicht hatte. Dort konnten wir das Schiff sehen.

Selbst wenn es ein gutes Schiff gewesen wäre, hätte es nicht weiter sein können, denn es war ganz windstill, aber als wir die Klippen über dem Hafen von Dunquin erreicht hatten, begann eine steife Brise zu wehen. Wir beeilten uns, denn wir glaubten, der alte Kapitän werde vor uns die Insel erreichen, da er jetzt guten Fahrtwind hatte. Aber als wir zu Hause ankamen, war kein Zeichen von dem Schiff zu sehen. Als es Abend wurde, gingen die Leute auf den Berg, um zu sehen, ob sie das Schiff irgendwo in der Bucht erblicken könnten, und da sahen sie gerade außerhalb des Hafens von Ventry einen Klotz, der von einer Seite auf die andere schwankte; das mußte es wohl sein.

Aus jedem Haus auf der Insel blieb ein Mann in dieser Nacht auf. Als es wieder hell wurde, lag der alte Kasten vor Slea Head, kein Fetzen Leinwand war mehr zu sehen, außer einem Lappen an jedem Mast, der so groß war wie ein Frauenschal. Nun, es war ja egal, wie das Schiff aussah, da es durchgekommen war, indem man es sich selbst überließ und es treiben ließ. Ein Mann nach dem anderen ging nach Hause zu seinem Frühstück, da es nun noch einige Zeit dauern würde, bis das Schiff den Hafen erreichte.

Aber der Morgen verging, und das Schiff kam keinen Zentimeter näher. Einige Männer gingen zu der Landestelle hinunter und beschlossen, mit ein paar Booten hinauszufahren. Sie brachten ein kleines Ruderboot und ein kleines Segelboot zu Wasser, denn wir hatten damals keine großen Boote. Als wir das Schiff erreichten, fanden wir die Männer an Bord, sogar den König, am Ende ihrer Kräfte. Sie hatten die ganze Nacht das Wasser aus der alten Schaluppe gepumpt, und sie pumpten noch jetzt. Sie hatten das Hauptsegel gestrichen, weil sie fürchteten, das alte Boot werde bersten und ihnen unter den Füßen sinken. Es ist eine schwere Arbeit, ein Schiff durch Pumpen flottzuhalten.

Wir befestigten das Schiff mit zwei Seilen an unseren Booten, und da die Strömung uns half, hatten wir es bald im Hafen. Die Ladung bestand aus acht Tonnen Schrot und Mehl, und das bedeutete damals für die Insel eine große Hilfe. Als wir das Schiff entluden, hätte man denken sollen, der Hafen sei ein Ameisenhaufen. Jeder Mann lief mit einem Sack auf dem Rücken umher. Die beiden Inselmänner verließen den alten Kasten, und die drei anderen blieben als einzige Besatzung darauf. Wir halfen ihnen noch, den Anker einzuziehen.

Der König fragte gleich nach der Kiste, die er mir anvertraut hatte, und als ich ihm sagte, sie warte zu Hause unversehrt auf ihn, war er sehr froh und vergaß alle Mühsal der Nacht. Die Nahrung war zu Beginn des Jahres in den Inselhäusern sehr knapp gewesen, das war nun nicht mehr so, seit die alte Schaluppe Hilfe gebracht hatte. Ein altes Sprichwort sagt, daß Gottes Hilfe näher ist als die Tür, und das ist keine Lüge. Immer wenn wir es am wenigsten erwarteten, kam uns von irgendwoher Überfluß an Nahrung. Der nächste Gedanke, der uns kam, war, daß das Mehl stickig werden würde, bevor wir die Hälfte verzehrt hatten, und daß wir einen Weg finden müßten, um es zu nutzen, während es noch genießbar war. Wir faßten den Plan, Ferkel zu kaufen, und wenn der Schrot verfüttert war, wieder mit Klagen anzufangen.

Eine Stunde, nachdem dieser Plan gefaßt worden war, hatte jedermann sich schon rasiert und saubere Kleider angezogen, und jedes Boot der Insel schwamm schon auf dem Wasser auf dem Wege nach Dunquin. Die Leute glaubten, es sei ein Begräbnisgeleit und wunderten sich, daß sie nichts von einem Todesfall gehört hatten.

Als wir anlegten, kam mir ein Verwandter über den Strand entgegengelaufen.

»Ach, du bist es, mein Lieber«, sagte er, »ihr müßt ja in einem wichtigen Geschäft gekommen sein, da alle Boote zusammen gekommen sind.«

»Ich wundere mich nur, daß du nicht jemand anderen gefragt hast, ehe du zu mir kamst«, sagte ich.

»Aber, mein Lieber, es ist mancher unter ihnen, der sich gar nichts daraus machen würde, mir eine Lüge zu erzählen. Sie nekken gern, und es würde mir schwerfallen, zu glauben, was die meisten mir sagen.«

»Wir wollen Ferkel kaufen«, sagte ich.

»Heilige Maria! Und ich glaubte, die meisten von euch hätten selbst nichts zu beißen. Und ist es nicht sonderbar, daß ihr Schweinchen kaufen wollt, wo ihr doch keinen Pfennig in der Tasche habt?«

Seine Worte machten mich rasend, denn er war ein geiziger Kerl, dessen Art nicht nach meinem Geschmack war.

»Wenn du das gehört hast, dann hast du eben schlecht gehört, obwohl du viele Verwandte auf der Insel hast. Und es scheint auch, daß du nicht viel Mitgefühl für sie hattest, als du das sagen hörtest, denn du selbst hattest genug zu beißen und hast sie niemals besucht, um ihnen einen einzigen Bissen zu bringen.«

»Du bist ein bißchen außer dir«, sagte er, »das kommt nicht oft bei dir vor.« Damit verschwand er.

Als wir unsere Boote an Land gezogen hatten, machten wir uns auf den zehn Meilen langen Fußweg nach Dingle. Die Bauern waren ganz verdutzt, als jeder von uns zwei oder drei Ferkel kaufte.

»Aber hört doch«, sagte eine alte Frau, die uns Ferkel verkauft hatte, »es dauert doch noch lange, bis es Frühkartoffeln gibt, und da wollt ihr Ferkel kaufen, und wieviele habt ihr heute gekauft. Und ich habe gehört, daß die Inselleute selbst nichts mehr zu beißen haben, und woher sollten sie Hilfe bekommen haben?«

»Oh, du weißt wohl nicht, wie es in der Welt zugeht. Weißt du denn nicht, daß Er, der uns manchmal knappe Zeiten schickt, uns ein anderes Mal im Überfluß gibt?«

Wir erzählten ihr die ganze Geschichte.

»Heilige Maria, andere Leute könnten lange warten, bis ihnen so geholfen würde.«

»Aber habt ihr nicht diese Hilfe bekommen, lange bevor wir sie bekamen?«

»Wieso denn?«

»Weil Gott euch reichlich von eurem eigenen gegeben hat und uns nur kärglich.« Damit ließ er die Bauersfrau stehen.

Bei dieser Reise kamen zweiundvierzig Ferkel auf die Blasketinsel. Ich hatte zwei, und sie machten mir Sorgen genug, und jeder, der drei gekauft hatte, hätte am Ende gewünscht, dieses dritte sei in der See ertrunken, denn von dem Tage an, wo wir die Ferkel kauften, bekamen wir keine Unterstützung mehr. Es hieß, es sei ungünstig über uns berichtet worden. Jedenfalls gediehen meine beiden Ferkel prächtig, und ich hatte sie noch nicht lange gefüttert, als ich neun Pfund für sie löste.

Jedesmal, wenn wir Schweine zum Markt brachten, mußten wir zwei oder drei Tage mit ihnen in Dingle zubringen, oft genug war es eine Woche, und dazu mitten im Winter. Diesmal verbrachten meine Schweine und ich drei Tage und drei Nächte in Dingle, und am Ende hatte ich die Hälfte des Erlöses wieder ausgegeben – und das ist der Grund, weshalb wir jetzt schon seit mehr als zwanzig Jahren keine Schweine mehr züchten.

Die Totenwache

Vorbereitungen zur Totenwache
Das Trauerhaus
Wie wir die Nacht zubrachten
Der Dichter stirbt
Der Tod meiner Frau
Gefahr auf der nächtlichen See
Neuer Kummer für Diarmid

Damals war jeder Samstag in der Stadt Markttag, und ich hatte eben erst die Schweine verkauft und hatte das Geld für sie bekommen und dachte daran, sofort nach Hause zu gehen, als ich einem Mann aus Dunquin begegnete, der mit Pferd und Wagen die Straße hinunterkam. Das Pferd schäumte und schwitzte.

Sobald er anhielt und anfing, das Pferd abzuschirren, trat ich zu ihm, um zu hören, was für Neuigkeiten er brachte. Er sagte mir, er hole alles für die Totenwache seiner Mutter zusammen, denn seit Mittag weile sie nicht mehr unter den Lebenden. Eine Frau aus dem Dorf war bei ihm: das ist eine alte Sitte, die von einer Generation zur anderen weitergegeben wird. Die Tote war nahe verwandt mit mir gewesen, so gab ich jeden Gedanken an die Heimreise auf.

Der Mann, der gekommen war, um die Vorräte für die Totenwache zu holen, sagte mir, daß noch ein anderer Wagen mit in die Stadt gekommen sei, und wenn ich bei ihnen bleiben wolle, so könne ich einen Platz in diesem Wagen haben; es würde nur ein Faß Bier darauf sein und noch ein paar Kleinigkeiten. Ich blieb also bei ihnen, denn ich hätte sowieso am folgenden Tag zum Begräbnis kommen müssen. Wir tranken uns einen, wir beiden und der Mann, der mich auf seinem Wagen mitnehmen sollte. Der andere ging, um zu sehen, ob der Sarg fertig war, denn das war es, was sie noch aufhielt. Als er weg war, fragte ich den anderen wegen des Fasses Bier und fragte, ob sie denn zusammen mit der Totenwache eine Hochzeit feiern wollten.

»Oh nein, mein Freund, das Bier ist doch für die Totenwache.«

»Aber so etwas habe ich noch nie gehört oder gesehen.«

»Oh, es ist in der letzten Zeit so in Mode gekommen, und da es so ist, wollte er auch ein Faß Bier stiften.«

Bald kamen die zwei mit dem fertigen Sarg. Wir machten uns auf den Weg nach Westen. Wir fuhren nicht sehr schnell, denn auf den Wagen waren zerbrechliche Dinge, und so wurde es Nacht, bevor wir das Haus in Dunquin erreichten, wo die Tote lag. Es hatten sich inzwischen viele Menschen dort versammelt. Wir brachten alles von den Wagen in das Haus und schirrten das Pferd ab. Im Hause brannten eine Lampe und ein paar Kerzen. Zwei

Frauen sprangen auf, ergriffen die Kerzen und befestigten sie auf dem Rand des Tisches.

Als ich hereinkam, setzte ich mich in der Nähe der Tür nieder, aber man ließ mich nicht lange dort. Der Hausherr sah mich und winkte mir, auf einem Stuhl in der Ecke Platz zu nehmen. Ich sollte dort sitzen bleiben, bis jemand anders mich verdrängte. Ich freute mich, daß der Hausherr so um meine Bequemlichkeit besorgt war, denn ich war seit Tagen von Hause weg und ziemlich erschöpft. Außerdem war es keine dunkle Ecke, in der der Stuhl stand, und was mir noch besser gefiel, ich konnte von dort aus den ganzen Raum übersehen, und nichts entging mir.

Die Leiche lag mit den Füßen zum Feuer und mit dem Kopf zur Tür hin. Auf der anderen Seite des Raumes, der Tür gegenüber, waren die Speisen und Getränke aufgestellt. Ich hatte noch nicht lange in meiner Ecke gesessen, als das Haus sich zu füllen begann. Das Feuer brannte hell, ein Kessel hing an einem Haken darüber, zwei Kessel standen daneben, und die Versammlung begann; Männer, Frauen und Kinder gingen ein und aus. In diesem Augenblick kleideten vier Leute den Leichnam ein. »Ein Reisekleid für die Reise ins Jenseits«, wie die eine der Frauen sagte, als die Arbeit getan war.

Sie setzten sich nun, und vier andere junge Frauen sprangen auf, legten ein Türblatt über zwei Schemel, und bald war alles Geschirr, das sich im Hause fand, auf der Tür angeordnet. Nun wurden zwei Teekannen an den Rand der Asche gestellt, zwei Frauen trugen die eine, eine dritte Frau brachte die andere. Sie schütteten Tee hinein und füllten sie bis zum Rande mit kochendem Wasser. Zwei andere Frauen brachten weißes Brot, bis das ganze Türblatt voll war.

Während ich all diese Vorbereitungen beobachtete, kam vom anderen Ende des Raumes ein Mann auf mich zu, der in der einen Hand einen großen weißen Eimer trug, der von Bier fast überfloß; in der anderen Hand trug er einen Krug, der einen halben Liter faßte. Sobald er zu dem ersten Mann kam, senkte er den Krug in den Eimer, füllte ihn und reichte ihn ihm. Der sagte nicht: Nimm ihn wieder weg.

Ich in meiner Ecke wußte, daß der ganze halbe Liter nicht lange brauchen würde, um seine Kehle hinunter zu kommen, denn ich kannte den Mann, der den Krug in der Hand hielt, gut; – ein Mann, der die Polsterung in seinem Sattel vertrinken würde; die Zeichen der Trunksucht waren gut an ihm zu erkennen. Ich hielt aus meiner Ecke heraus diejenigen im Auge, die Essen und Trinken austeilten, und ich sah niemanden, der abgewinkt hätte, wenn der Eimer mit seinem Inhalt sich näherte. So kam der Eimer bis zu mir; ich lehnte ab, und der Mann, der das Bier austeilte, war fassungslos. Ich tat es nicht, weil ich eine Sitte brechen wollte – so etwas habe ich nie getan –, aber ich mochte das Getränk nicht.

In diesem Augenblick kam der Mann, der meine Absicht richtig verstand, ich meine den Hausherrn, mit einer Whiskeyflasche und einem Glas hinter dem anderen her und sagte:

»Weißt du denn nicht, daß er kein Biertrinker ist?« Er schenkte mir ein Glas aus der Flasche ein, und ich trank es.

Ich warf einen Blick zum Ende des Tisches hinüber, wo die Kerzen zu Füßen der Leiche brannten. Dort saßen zwei Männer auf Stühlen, die mit Tabak und Pfeifen beschäftigt waren. Das war keine angenehme Beschäftigung. Der eine Mann schnitt den Tabak und rieb ihn, der andere rieb ihn noch feiner und stopfte ihn in die Pfeifen. Ich bemitleidete die beiden mindestens ebenso sehr, wie ich sie beneidete, denn oft genug hatte ich gesehen, wie ein starker Mann bei dieser Beschäftigung ohnmächtig wurde.

Ich hatte diesen Gedanken kaum gefaßt, als einer von den beiden vom Stuhl fiel, mit dem Rücken auf zwei mollige Frauen, die auf dem Boden saßen und ohnedies schon genug zu tun hatten. Die beiden Frauen waren damit beschäftigt, zwei Pfeifen, die mit frischem Tabak vollgestopft waren und nicht ziehen wollten, zum Brennen zu bringen. Sie hatten dazu nur Streichhölzer, und eine Maschine hätte einen ganzen Tag gebraucht, um all die Streichhölzer zu machen, die sie schon verschwendet hatten, und die Pfeifen brannten immer noch nicht.

Als der Mann auf die Frauen fiel, bedachten sie ihn nicht gerade mit Segenswünschen, denn die Mundstücke der Pfeifen krachten und splitterten ihnen im Mund, gerade als sie sie so weit hatten, daß ein einziges Streichholz genügt hätte, ihre Mühe mit Erfolg zu krönen.

Als man dem Mann wieder auf die Beine geholfen hatte – aber er verdient gar nicht, daß ich ihn einen Mann nenne, er war ein Schwachkopf –, wenn ein vernünftiger Mann an seiner Stelle gewesen wäre, hätte er früher mit seiner Beschäftigung aufgehört. Doch er versuchte, sich als Mann aufzuspielen, das gelang ihm nicht, der Tabak überwältigte ihn. Er war beinahe ohnmächtig. Jemand sagte, man solle ihm ein wenig Wasser ins Gesicht spritzen, ein anderer riet, ihm einen Schluck Whiskey zu geben, aber ich sagte, sie sollten ihm Tabak geben, vielleicht wolle er das am liebsten.

Sie trugen den Jammerlappen aus dem Zimmer, und kaum war er draußen, als ich eine der Frauen ihm nachrufen hörte: »Hoffentlich werden die nächsten Pfeifen bei deiner eigenen Totenwache entzündet.«

Bei diesen Worten sah sie die andere Frau an, die neben ihr saß, und stieß sie an, aber diese schaute nicht auf und rührte sich nicht.

»Der Teufel soll dich holen, daß du so schnell schwach wirst«, sagte sie und schüttelte sie heftiger, aber es blieb das gleiche. Eine Frau nach der anderen trat zu ihr, eine brachte einen Becher mit Brunnenwasser. Sie schütteten ihr ein wenig Wasser aus einem Löffel ins Gesicht und sahen sie allmählich zu sich kommen.

Wie ich schon vorher sagte: Aus meiner Ecke heraus konnte ich alles gut sehen, und ich war froh darüber, denn dies war die erste Totenwache auf dem Festland, die ich erlebte.

Die ganze Zeit über saß ein stattlicher Mann, der seine Worte wohl zu setzen wußte, neben mir und rauchte seine schöne weiße Pfeife, die wie ein Kanönchen aussah.

»Ich möchte wohl wissen«, sagte er, »was aus dem Mann geworden ist, der die Pfeifen stopfte und dabei umgefallen ist. Ich habe ihn seitdem nicht mehr gesehen.«

»Er war selbst schuld«, sagte ich, »denn er war zu dieser Arbeit nicht imstande. Und außerdem hatte er mit den beiden Frauen drüben, auf die er nachher fiel, eine Halbliterflasche Whiskey getrunken, und eine der Frauen fiel nach ihm um.« »Und was für ein zähes Stück muß die Frau dort sein, wenn sie wirklich einen Männeranteil aus der Flasche bekommen hat.«

»Sie hatte die Flasche vom Hausherrn bekommen, um sie mit den beiden anderen zu teilen, aber ich glaube, daß die Hälfte davon durch ihre Kehle geflossen ist.«

»Und wie wenig entgegenkommend sie sich dir gegenüber verhielten, obwohl du doch dabei warst!« sagte ich.

Aber er sagte: »Es ist jetzt fünfzehn Jahre her, seit ich den letzten Tropfen getrunken habe. Der Teufel soll mir das Zeug vom Leibe halten.«

Ich hatte während der ganzen Zeit die Tür, die an der Küchenwand lag, im Auge gehalten, und nachdem sie die Verunglückten beiseite geschafft hatten (ich weiß nicht, in welches Loch sie sie steckten), wurde der Tee gebracht. Es gab alles in Hülle und Fülle und reichliche Vorräte, aus denen die Schüsseln aufgefüllt wurden – es gab weißes Brot, Marmelade und Tee; Butter gab es nicht, es gibt in dieser Art von Häusern nie Butter. Ich wurde nicht als letzter an den Tisch geholt, der Hausherr kam schnell auf mich zu, holte mich mitsamt meinem Stuhl, gab mir einen Platz, wo ich Speisen und Getränke erreichen konnte, und sagte:

»Mit dir ist es nicht wie mit den anderen. Sie wohnen alle gleich nebenan, aber du bist weit von Hause weg.«

Ich aß genug von allem, aber ich aß nicht zu viel, denn ich wollte in einem solchen Hause nicht auffallen, in dem der Mann aus dem Osten, die Frau aus dem Westen stammte; und wenn meine Wiege auch auf einer Insel mitten im großen Ozean gestanden hatte, so brauchte mich doch niemals jemand wegen Tölpelhaftigkeit oder schlechter Sitten zu tadeln. Wenn eine Tafelrunde gesättigt war, so überließ sie ihre Plätze am Tisch der nächsten. Man plauderte ein wenig, und hin und wieder machte der Eimer mit Bier die Runde.

So verbrachten wir einen Teil der Nacht. Es gab Tabak in Menge, mancher schickte seine Pfeife dreimal zum Nachfüllen, bevor der Morgen dämmerte. Gegen zwei Uhr wies mein Nachbar mit der Hand zur anderen Seite des Hauses hinüber, wo Stroh auf der Erde ausgebreitet lag, und dort lagen alle Frauen und schliefen fest, nun, da all das Hin und Her ihrer Arbeit getan war.

Als es dämmerte, wurde noch eine Mahlzeit gereicht, aber die Leute, die in der Nähe wohnten, nahmen nicht daran teil. Gegen Mittag waren alle Leute zum Begräbnis versammelt, und als der Priester kam, setzte sich der Zug zum Friedhof hin in Bewegung. Aber der Weg war nicht weit. Der Familienbegräbnisplatz der Verstorbenen lag in Dunquin.

Diese Totenwache interessierte mich besonders, weil es dabei Alkohol zu trinken gab – etwas, was ich noch nie zuvor erlebt hatte. Seither wurden bei den meisten Begräbnissen ein oder zwei Fäßchen Bier ausgeschenkt. Aber ich halte nicht viel von dieser Sitte, denn wo es zu trinken gibt, wird auch Unfug gemacht, und dazu ist ein Trauerhaus nicht der rechte Ort.

Das Begräbnis fand an einem Sonntag statt, und alle Inselbewohner, die zum Festland herübergekommen waren, nahmen daran teil. Es war später Abend, als wir nach Hause kamen. Ich habe oft gehört, wie die Leute sagten, ein Besuch in der Stadt sei schlimmer als eine Woche Arbeit zu Hause – und da hatten sie recht. Aber diesmal waren wir eine ganze Woche wegen der Schweine weg gewesen.

Nun, das war also das Ende der Schweine, die wir mit dem Almosenkorn gemästet hatten, das Ende der Ferkel, die wir alle an einem Tag in Dingle gekauft hatten.

Eines Tages sagte der Dichter zu mir: »Jeder hätte sich denken können, daß sie kein Glück bringen würden.«

»Ich hoffe, du hast einen Grund für das, was du da sagst«, sagte ich.

»Gewiß, das habe ich«, sagte er. »Als das Korn kam und unten bei den Häusern an Land gebracht wurde und als dann die Ferkel auf dem Markt von Dingle gekauft wurden, um es zu verzehren – das war doch eine seltsame Sache«, sagte der Dichter.

»Aber das ist doch keine Erklärung für das, was du eben behauptet hast«, sagte ich.

»Nein, es ist erst die halbe. Hast du noch nie gehört, daß jede Geschichte ihre zwei Seiten hat? Als das Korn und dann die Ferkel hier auf die Insel kamen, da wurde in ganz Kerry davon geredet. Auf keinem Berg, auf keinem Strand gab es einen Mann, in keiner Straße und in keiner Kirche eine Frau, die über etwas anderes geschwätzt hätten als über das Korn und die Ferkel auf der Insel, und noch nie hat etwas Glück gebracht, was so in aller Leute Munde ist.«

»Wahrscheinlich wird es nie mehr ein Ferkel oder ein Schwein hier geben«, sagte ich.

»Das war es, was ich sagen wollte«, sagte der Dichter.

Er hatte recht, denn es gab nie mehr ein Schwein oder ein Ferkel auf der Insel. Wenn die jungen Leute der Insel ein Schwein oder ein Ferkel dort sahen, so gerieten sie außer sich. Da ich gerade vom Dichter spreche, kann ich hier noch Näheres von ihm berichten. Es ist jetzt dreiunddreißig Jahre her, seit Shane Dunlevy tot ist. Er starb auf der Insel, nachdem er einige Zeit gekränkelt hatte. Er war des Lebens müde und sagte selbst:

»Von allem Elend, von dem man berichtet, ist es das schlimmste, alt zu werden, ohne daß ein Mann dich beachtet und achtet.«

Als der Dichter jung war, stach er unter allen anderen hervor. Ich habe meine Mutter oft von ihm erzählen hören. Sie war ungefähr gleichaltrig mit ihm. Er war voller Kraft und Leben – wenn sie sonntags zur Messe gingen, so sprang er über jeden Graben, und unter den Männern, die ihn umgaben, fiel er immer auf wegen seiner Haltung und seiner Besonderheit. Ich kannte ihn besser als alle andern, obwohl er zu meiner Zeit schon alt war. Ich glaube, sein erstes Nest – das heißt seine Wiege, stand in Ballinaraha bei Dunquin. Er heiratete auf die Insel, seine Frau war eine Manning, eine herrliche Frau. Sie war es, die mit den Bütteln und Sklaventreibern fertig wurde, die Tag um Tag herkamen, um die Armen zu verderben, die nichts besaßen als ihren Hunger. Einer der Büttel stieg auf das Dach ihres Hauses und fing an, es über ihrem Kopf und den Köpfen ihrer hilflosen Kinderschar abzureißen. Da ergriff sie eine neue Schere, wie man sie zum Schafscheren gebraucht. Sie öffnete sie, so daß jede der Spitzen in eine andere Richtung wies. Sie war eine starke Frau, und sie war ganz außer sich. Der Büttel merkte nichts, bis er die Spitzen der Schere in seinem Hinterteil fühlte. Nicht das Dach des Hauses kam herunter, sondern ein Blutstrahl. Das war der letzte Büttel, den wir je gesehen haben.

Dunlevy war sehr aufgebracht über die Nachbarn, die ihm sein Schaf gestohlen hatten – und sie verdienten seinen Zorn –, und er machte ein böses Lied auf sie. Einen Teil seines Lebens verbrachte er in großer Not, wie so viele andere. Er hatte nie einen Feind; er war immer ein liebenswürdiger Mann. Gott hab sie alle selig!

Ich war noch nicht lange zu Hause, als mein Onkel Diarmid kam und mir eine traurige Nachricht brachte. Sein zweiter Sohn war krank geworden, und sie hatten die vergangene Nacht schlaflos zugebracht.

»Wie ist das denn gekommen?« fragte ich.

»Oh mein Junge, er war wie wahnsinnig«, sagte er.

»Aber vielleicht grämt er sich über irgend etwas.«

»Ich weiß nicht«, sagte er. »Aber ich fürchte, daß er nicht lange mehr macht.«

»Aber Mann Gottes, beruhige dich doch. Wie viele Dinge stoßen den Menschen zu, und sie schütteln sie wieder ab.«

Es dauerte einen oder zwei Tage, ehe ich ihn wieder sah.

»Nun«, sagte ich mir, »es ist kein großer Umweg, wenn ich einmal hingehe und nach ihm sehe, denn er hat uns auch immer in Tagen der Not beigestanden.«

Bei diesem Gedanken sprang ich auf und ruhte nicht eher, bis ich das Haus erreicht hatte. Der arme Kerl befand sich in einer schrecklichen Verfassung. Ich fragte ihn, wie es seinem Sohn ginge.

»Es wird immer schlimmer«, sagte er.

Mein armer alter Onkel tat mir sehr leid, denn wie oft war er zu mir gekommen, um mich zu beruhigen und mir Mut zuzusprechen, wenn ich in Not war. Ich wünschte fast, die Krankheit des Sohnes möge zum Tode führen, und das wünschte er selbst wohl auch. Denn verglichen mit manchen Übeln, die über einen armen Sünder kommen können, ist der Tod eine Wohltat.

Ich ging zur Tür hinaus und ließ den armen Teufel allein, und obgleich ich ihm in diesem Buch oft den Namen Teufel gegeben habe, so traf dieser Name doch nicht auf ihn zu, sondern er war das gerade Gegenteil. Aber an diesem Morgen war er ein armer Teufel, ein schwerer Kummer lastete auf ihm.

Am nächsten Morgen kam er schon früh zu mir. Als ich ihn sah, wußte ich gleich, daß er keine guten Nachrichten brachte. »Mein Freund«, sagte er, »ich kann nur Schlimmes berichten. Die Leute sagen mir, daß es das beste wäre, ihn in ein Spital zu bringen, wo er unter der Aufsicht eines Arztes ist. Aber ich glaube nicht, daß es uns gelingen wird, ihn in ein Boot zu kriegen.«

Um die Wahrheit zu sagen, es gefiel mir gar nicht, daß ich dabei helfen sollte. Aber gerade in der Zeit der Not muß man sich als Freund erweisen.

Wir gingen zu vieren hin, um zu sehen, wie wir die Sache am besten anfangen könnten, wir machten alle lange Gesichter, besonders weil der Weg über die See gehen sollte.

Nun, wenn eine Sache getan werden muß, so soll man sich entweder gleich darangeben oder sie ganz lassen. Wir ließen das beste Boot, das wir hatten, ins Wasser und machten uns dann auf den Weg zu dem Hause, wo der Kranke war.

Oft kommt es ganz anders, als man denkt; so war es auch hier. Als wir ihn ankleideten und ihn für die Reise fertig machten, hätte man denken können, daß ihm nichts fehle. Er ging mit uns zum Hafen, wie er es auch sonst immer getan hatte, und wir stießen ab. Sein Vater saß bei ihm im Heck des Bootes, wir anderen vier ruderten mit aller Kraft, um die Überfahrt so schnell wie möglich hinter uns zu bringen. So erreichten wir den Hafen von Dunquin. Wir fuhren wieder zurück, während der Vater erst am nächsten Tag nach Hause kam, nachdem er den Sohn an den vorgesehenen Ort gebracht hatte. Er sagte mir, daß der arme Kerl während des ganzen Weges keinerlei Schwierigkeiten gemacht habe.

Es dauerte nicht lange, so kam neuer Kummer über mich; meine eigene Frau starb. Ich war ganz verwirrt und ganz außer mir, nachdem dies geschehen war. Sie hatte zwar zwei kleine Mädchen hinterlassen, die mir halfen, aber es waren eben Kinder, und selbst wenn sie die Arbeit hätten richtig tun können: wenn zwei treue Gefährten getrennt werden, so kann der eine, der zurückbleibt, doch oft genug nur wie blind weitertappen, und so ging es mir auch. Ich mußte mich um alles kümmern, und ich mochte tun, was ich wollte, oft ging doch alles schief. Es dauerte diesmal lange, bis ich meinen Mut wiedergewann, obwohl ich mich jeden Tag bemühte, mich zu fassen. Der Himmel weiß, es gelang mir nur schlecht. Immer stieß ich auf etwas, was meinen Kummer neu entfachte.

Es kam die Zeit, in der die Makrelen gefangen werden. Wir waren bei Nacht auf See und versuchten bei Tag zu arbeiten. Eines Nachts waren wir wieder draußen, und diese Nacht war härter als alle anderen. Das Wetter begann drohend zu werden, und wir mußten uns in der Nähe des Landes halten. Wir lagen noch nicht lange da, als ein anderes Boot, dessen Netz mit Fischen gefüllt war, zu uns stieß – dies war ein Beweis, daß Fisch genug da war, wenn das Wetter uns nur erlaubt hätte, hinauszufahren. Nach einer Weile glaubten wir, daß es sich ein wenig aufgeklärt hätte, und wir fuhren wieder hinaus. Wir waren zu vier Booten. Als wir an die Stelle kamen, wo die anderen den Fisch gefangen hatten, warfen wir unsere Netze aus, aber kaum hatte die letzte Masche das Boot verlassen, als heftiger Regen einsetzte. Es blitzte und donnerte, daß man Osten und Westen nicht mehr unterscheiden konnte. Ich sagte, daß es das beste sei, die Netze wieder einzuziehen, und niemand widersprach mir. Ich ging zum Heck des Bootes und ergriff das Seil. Ich zog daran, bis das Netz zum Vorschein kam. Zu zweien zogen wir es ein: einer zog die Korken ein, der andere das untere Ende. Selten wohl haben zwei Männer so schwer gearbeitet, um das Netz ins Boot zu bekommen; der Sturm tobte, die Seen brachen über uns, und als wir das letzte Ende an Bord hatten, konnte man vor Regen und Sturm die Hand nicht mehr vor den Augen sehen. Wir ließen die Ruder ins Wasser und ruderten mit aller Kraft, aber wir mußten die Köpfe gebeugt halten und uns ganz auf die Führung des Mannes am Steuer verlassen. Er hatte den Kopf zur Seite gedreht und versuchte, das Land im Auge zu behalten, aber schließlich sah er auch nicht mehr als wir und mußte aufs Geratewohl lenken.

Schließlich kamen wir an die Stelle zurück, von der wir ausgegangen waren. Eins der Boote war vor uns angekommen. Es war das Boot, das die Fische gesehen hatte. Sie hatten ihr Netz abschneiden müssen, so dak sie jetzt nur die Hälfte der Beute an Bord hatten, aber sie trauerten nicht über diesen Verlust, sie waren nur dankbar, daß sie heil davongekommen waren. Eine Zeitlang wußten wir nicht, was aus den beiden anderen Booten geworden war, aber auch sie kamen schließlich an.

Dies war das erste Mal, daß ich auf See wirklich Angst ausstand, aber es war nicht das letztemal. Es ist nicht schlimm, wenn der eine oder der andere Angst hat, dafür haben sie ein andermal, wenn andere sich fürchten, gar keine Angst, aber in dieser Nacht gab jeder Mann im Boot zu, daß dies die schlimmste Nacht war, die er je hatte durchstehen müssen. Nun, als wir zur Anlegestelle kamen, legte sich der Sturm ein wenig. Wir überlegten, was zu tun sei, und kamen zu der Ansicht, daß das Wetter sich doch noch bessern würde und daß wir, da der Fisch an der Oberfläche schwimmt, wahrscheinlich doch noch einen Schwarm treffen würden, der uns für alle Angst der Nacht entschädigen würde.

So war es auch. Wir zogen die Boote nur eben aus dem Wasser heraus, eilten nach Hause und nahmen mitten in der Nacht ein wenig Nahrung zu uns. Das Wetter hatte sich inzwischen gebessert. Als ich gegessen hatte, ging ich zum Hafen hinunter, auch die anderen kamen, einer nach dem anderen, aus den Häusern und gingen zur Anlegestelle. Die anderen Fischer der Insel hatten seit Beginn der Nacht tief geschlafen.

Unsere vier Boote fuhren wieder aus, wir hielten nicht an, bis wir die Stelle erreicht hatten, wo wir vorher während des Sturmes die Fische erblickt hatten. Wir ließen die Netze ins Wasser, und kaum waren sie drin, so hörte man das Platschen der Fische von einem Ende des Netzes bis zum anderen. Jedes Boot, das nicht mit dem eigenen Fang vollbeladen war, wurde mit Fisch aus den anderen Netzen gefüllt, und schließlich mußten wir sogar einen Teil der Fische wieder ins Wasser werfen, und auch einen Teil der Netze. Es wurde Morgen, und die vier Boote kamen in den Hafen, beladen mit Fisch, soviel sie nur tragen konnten. Es war ein lieblicher, stiller Morgen, und unsere vier Boote machten sich auf dem Seewege nach Dingle auf, denn wir konnten dort einen Schilling extra fürs Hundert lösen. Wir sagten uns, daß es unser Vorteil wäre, gleich dorthin zu fahren, statt den Fang nach Dunquin zu bringen und noch die Fracht über Land zu bezahlen. Wir hißten also die Segel – der Wind war uns günstig – und wir waren froh darum, denn die Boote waren bis zu den Dollborden im Wasser. Ohne viel Zeit zu verlieren, erreichten wir den Kai von Dingle, und ein einziger Händler kaufte den ganzen Fang zu fünfzehn Schilling pro Hundert Stück.

Ein altes Sprichwort sagt: »Der faule Schläfer fängt keinen Fisch.« Wir hatten Fisch gefangen, denn wir waren keine Faulpelze, aber die, die geschlafen hatten, hatten auch keinen Fisch. Unsere Börsen waren nun wohlgefüllt. Jedes der Boote hatte über dreitausend Fische gehabt. Wir gingen zuerst in ein Haus, wo es zu essen gab, danach gingen wir ins Wirtshaus. Wir sangen ein halbes Dutzend Lieder, und das war kein Wunder, denn an diesem Tage waren wir keine armen Leute. Wir hatten uns satt gegessen und getrunken, und zudem klirrten die Münzen immer noch lustig in unserer Tasche.

Bevor wir die Stadt verließen, hörten wir, daß es dem Jungen im Spital gut gehe, und wir sollten seinem Vater sagen, er möge ihn abholen; und obwohl wir erst spät in der Nacht nach Hause kamen, ging ich doch nicht zu Bett, ehe ich meinem alten Onkel die gute Nachricht gebracht hatte, dessen könnt ihr sicher sein.

Der nächste Tag war ein Sonntag, und da wir an diesem Abend nicht fischen gingen, glaubte ich, mein Onkel werde mich bitten, mit ihm aufs Festland zu fahren, aber er war rücksichtsvoll und ließ mich in Ruhe.

Nun, der Junge kam also am späten Sonntagabend nach Hause zurück, und das ganze Dorf ging ihm zum Landeplatz entgegen. Er schien wieder genau so zu sein wie in seinen gesunden Tagen, es war ihm gar nichts anzumerken, und alle sagten, er habe seine Krankheit überwunden.

Aber das war nur eine Vermutung, und manchmal stellen sich Vermutungen als falsch heraus. Etwa drei Monate später bemerkten wir wieder Anzeichen von Ruhelosigkeit an ihm, und seine Angehörigen behielten ihn immer im Auge. Eines Nachts, als alle schon schliefen, schlüpfte er nach draußen. Am anderen Morgen war er verschwunden. In aller Frühe kam mein Onkel zu mir, sein Gesicht hatte nichts mehr von seiner alten Lustigkeit. Das ganze Dorf machte sich auf die Suche nach dem Jungen, aber wir fanden ihn weder tot noch lebendig, und schließlich mukten wir es aufgeben. Der Herr möge sich unser aller erbarmen!

Nach der alten Rechnung ist die Insel drei Meilen lang, und der von den Häusern aus am weitesten nach Westen vorgeschobene Punkt heißt der Schwarze Kopf. Eines Tages gingen zwei Männer bis an diese Stelle - ich glaube, sie wollten jagen, denn sie hatten Hunde bei sich. Die Hunde liefen ihnen davon und krochen unter einen großen Felsen und wollten nicht zurückkommen, obwohl die Männer zwei- oder dreimal pfiffen. Einer der Männer sprang nach unten und fand dort unter dem flachen Stein die Kleider und Stiefel des vermißten Mannes. Ein unheimliches Gefühl überfiel sie, sie ließen für diesen Tag ihre Jagd sein und eilten nach Hause zurück.

Als sie bei den Häusern angekommen waren, trauten sie sich nicht, dem Vater die Wahrheit über den Verbleib seines Sohnes zu sagen; da aber einer der Männer mein Freund war, beschlossen sie, mich ins Vertrauen zu ziehen und mich zu bitten, der Familie des Toten die Nachricht zu überbringen. Es war für mich fast so schlimm wie für die Angehörigen. Als ich den armen Diarmid einmal unerwartet traf, bat ich ihn, mir einmal zuzuhören, und sagte:

»Er ist nicht mehr unter den Lebenden, und du hast ihn schon gebührend betrauert. Nimm nun auch noch gefaßt hin, was ich Neues über ihn erfahren habe.«

»Ich will es tun«, sagte er.

Nun erzählte ich ihm alles.

Drei Wochen später wurde die Leiche von der Flut angeschwemmt. Ein Inselboot stieß auf den Toten, barg ihn aus dem Wasser, und wir begruben ihn bei der alten Burg auf der Hauptinsel. Gott sei seiner armen Seele gnädig.

Ich beginne, mich für die gälische Sprache zu interessieren

Marstrander kommt
Der Mann, der nicht ertrank
Der Hai

Schon seit einigen Jahren war es immer wieder geschehen, daß ich während des Winters auf dem Festland festgehalten wurde. In dem Hause, in dem ich gewöhnlich wohnte, gingen die Kinder ständig zur Schule. In jener Zeit wurde in der Schule in Dunquin Gälisch unterrichtet; ich glaube, es war eine der ersten gälischen Schulen in Irland. Die Kinder lasen mit immer Geschichten vor, bis ich schließlich Lust daran bekam und mir das Buch geben ließ. Eins der Kinder mußte mir immer die Schwierigkeiten erklären, die gerade vorkamen – die Zeichen für Aspiration, für Längung und die Zeichen für Eclipse. Bald konnte ich die Geschichten selbst lesen, denn die Sprache war in mir, und wenn ich auf einen Satz stieß, den ich nicht entziffern konnte, so brauchte ich nur in meinem Kopf nach den fehlenden Worten zu suchen. Ich fand dort die richtige Form des Satzes und brauchte niemanden um Hilfe zu bitten.

Bald schon besaß ich ein paar gälische Bücher, und die Inselleute kamen zu mir und ließen sich die alten Geschichten vorlesen, und obgleich sie viele davon selbst kannten, verloren sie doch die Lust, sie einander zu erzählen. Der Stil, in dem das Buch sie erzählte, gefiel ihnen besser. Ich wurde nicht müde, vorzulesen, ich selbst war am eifrigsten darauf bedacht, immer weiter in die Bücher einzudringen.

Damals kamen schon gelegentlich Besucher auf die Insel. Eines Sonntags zu Beginn des Juli brachte ein Boot aus Dunquin einen Herrn auf die Insel. Er war ein großer, magerer, hellhäutiger und blauäugiger Mann. Er konnte nur einige Brocken Gälisch. Er ging unter den Leuten umher, beobachtete sie und fragte schließlich ein paar von ihnen, ob es wohl ein Haus gäbe, in dem er übernachten könnte. Man nannte ihm das Haus des Königs, und er kam mit diesem überein, daß er dort wohnen könne. Dann ging er, ohne sonst noch etwas zu tun oder zu sagen, wieder weg.

Er brauchte am Montag nicht lange, um seine Sachen zu packen. Man fragte ihn, warum er nicht in Ballyferriter bleiben wolle; er sagte, die Leute dort mischten ihr Gälisch zu sehr mit englischen Wörtern, und das sei nicht das Rechte für ihn; seine Aufgabe sei es, die Sprache in ihrer ganzen Reinheit zu erforschen, und er habe bemerkt, daß das beste Gälisch auf der Insel gesprochen werde. Er fragte den König, wer ihn wohl am besten Gälisch lehren könne. Der König erklärte ihm, daß ich der rechte Mann sei, denn ich könne Gälisch lesen und ich habe ein schönes und reines Gälisch gesprochen, längst bevor ich es habe lesen können. Er kam sofort zu mir und stellte mir viele Fragen. Er legte mir ein Buch mit dem Titel »Niamh« vor. »Sie sind in Ordnung«, sagte er, »aber können Sie auch Englisch?« »Nicht sehr viel, mein Herr«, sagte ich. »Es wird schon genügen«, sagte er.

Vom ersten Tage an gab er mir den Titel »Meister«.

Dieser Mann war Carl Marstrander. Er war ein prachtvoller Mann, gleich höflich zu hoch und niedrig, und diese Art habe ich bei den meisten wirklich gebildeten Leuten gefunden. Er blieb fünf Monate auf der Insel. Während der meisten Zeit kam er jeden Tag zu mir, und wir arbeiteten zwei oder drei Stunden lang. Aber dann hörte er, daß er nicht so viel Zeit haben werde, wie er zuerst geglaubt hatte, und wir mußten unseren Plan ändern. Er fragte mich, ob es mir möglich sein würde, zweimal täglich mit ihm zu arbeiten.

Wenn die Tagesarbeit getan war, pflegte ich zu ihm zu gehen, denn um diese Jahreszeit waren die Abende lang. Es war Fangzeit; ich hatte ein Boot mit einem anderen Mann zusammen, und ich konnte daher nur zu Marstrander kommen, wenn wir gerade nicht fischten. Ich mußte nun auch am Tage zu ihm gehen, aber es war mir nicht möglich, ihm etwas abzuschlagen. Ich ging also jetzt auch jedesmal zu ihm, wenn wir zum Mittagessen nach Hause kamen, so daß ich nicht allzuviel Zeit verlor. Er verließ uns vor Weihnachten und kam am Weihnachtsabend in seiner Heimat an. Von dort schickte er mir als Belohnung rotes Gold. Schon lange habe ich nichts mehr von ihm gehört.

Es war das Jahr 1909, als der Norweger Marstrander uns besuchte. Bald darauf kam Tagh O'Ceallaigh zu uns. Er sprach sehr gut Gälisch. Er gab jeden Abend zwei Stunden lang Unterricht im Gälischen im Schulhaus. Ich ließ mir keinen dieser Abende entgehen.

Gerade damals bekam ich einen Brief von dem Norweger. Er schickte mir eine Menge Papier, darauf sollte ich ihm den Namen eines jeden Tieres aufschreiben, das auf dem Lande lebt, eines jeden Vogels in der Luft, eines jeden Fisches in der See und eines jeden Krautes, das wächst. Ich sollte nichts in einem Buch nachsehen, sondern alles nach meiner eigenen Aussprache aufschreiben. Nun, damals konnte ich die Sprache noch nicht sehr gut schreiben, und ich hätte es doch sehr gut können müssen, um all die Namen richtig zu schreiben. Ich erklärte es also Tagh O'Cealaigh.

»Oh«, sagte er, »wir werden einander helfen, dann wird es ausgezeichnet gehen.«

Wir machten uns sofort an die Arbeit, denn die Aufgabe reizte ihn außerordentlich. Wir verbrachten einen Teil des Tages damit, bis wir fertig waren und den Brief nach Übersee abschicken konnten.

Tagh blieb nur einen Monat bei uns.

Das nächste Jahr war ein sehr gutes Fangjahr. Jeden Abend, an dem wir ausfuhren, fingen wir eine Menge Fische. Auch ein halbes Dutzend Boote aus Dunquin kam meist, um bei der Insel zu fischen. Sie waren schon damals so gute Fischer und Seeleute, wie sie es heute sind.

Nun, einmal war die Nacht sanft, still und feucht, und jedes einzelne Boot war draußen. Bis um Mitternacht ging alles gut. Um Mitternacht kamen wir in den Hafen und zogen die Boote aufs Trockene. Jeder ging nach Hause, um ein wenig zu essen. Dann fuhren wir wieder aus. Außer dem unseren fuhren noch einige andere Boote aus, während andere, deren Mannschaft zu Bett gegangen war, im Hafen blieben. Einige der Boote aus Dunquin waren nicht nach Hause gefahren, sondern vor der Anlegestelle der Insel auf See geblieben. Es sah immer noch nicht aus, als ob es aufhören würde zu regnen. Die Boote machten sich also wieder an die Arbeit, einige fischten ziemlich weit von der Insel enfernt. Unser Boot blieb nahe am Lande. Wir warfen unsere Netze aus, alle, die wir im Boot hatten. Sie hatten sich eben im Wasser ausgebreitet, als wir ein Geräusch auf uns zu kommen hörten, es war eine Bö. Der Luftdruck war so heftig, daß er uns alle von den Füßen riß und das Boot selbst heftig erschütterte.

Ich stürzte zu dem Seil, mit dem die Netze am Heck des Bootes befestigt waren, und begann, es einzuziehen. Aber der Wind legte sich ebenso plötzlich, wie er gekommen war, und wir beruhigten uns wieder. Die beiden anderen Männer, die mit mir im Boot waren, sagten mir, ich solle nachsehen, ob Fische im Netz seien; ich fand einige wenige.

»Wirf noch einmal aus«, sagten sie, denn der Wind hatte sich die ganze Zeit nicht mehr gerührt.

Aber kaum war das Seil wieder gespannt, so erhob sich das Brausen wieder, siebenmal stärker als das erste Mal, und es war kein Tropfen Wasser in der See, den es nicht in die Luft wirbelte. Das Boot schüttelte und schwankte von einer Seite auf die andere.

»Schnell, spring und zieh das Tau wieder ein«, schrien die beiden. »Gleich bricht der Sturm los.«

»Die Netze wären an Bord, wenn wir sie eben nicht wieder ausgeworfen hätten«, sagte ich, aber ich sprang doch gleich an das Seil.

Aber mit aller Kraft konnte ich nicht einen Zoll, nicht einen Fingernagelbreit das Netz hereinbekommen. Ich drehte mich ganz dem Heck zu und stemmte meine Fersen gegen die Fußbretter, aber auch so kam das Netz nur ganz langsam und schwer.

Schließlich hatten wir das Netz sicher im Boot, aber es regnete und stürmte jetzt, wie wir es noch nie erlebt hatten. Der Sturm trieb uns seitlich auf den Hafen zu. Einer von uns ruderte, die beiden anderen steuerten. Die beiden eisernen Ruderpinnen, die das Steuer im Heck hielten, bogen sich, so stark war der Druck, der auf dem Steuer lag.

Schließlich wurden wir in den Hafen und in Sicherheit gezogen, denn beinahe wären wir trotz aller Kraftanstrengung am Hafeneingang vorbeigetrieben worden. Als wir in den Hafen einfuhren, herrschte Flut, dazu noch Springflut, und der kleine enge Hafen war vollgepackt mit Booten. Als wir unser Seil an Land warfen, hörten wir, daß ein Boot mit einem Mann aus Dunquin darin durch eine Lücke zwischen steilen Klippen nach Osten getrieben worden war, daß die beiden anderen Männer der Besatzung auf die Klippe gesprungen waren, ohne auch nur ein Seil aus dem Boot in der Hand zu haben. Das kleine Boot mit dem einsamen Mann trieb nach Osten durch die Meerenge ab. Es trieb durch die stürmische Nacht. Es war schrecklich. Was konnten wir tun? Wir konnten nichts tun.

Während der ganzen Nacht hielt die ungewöhnliche Heftigkeit des Sturmes an, und der Mann in dem kleinen Boot wurde vor dem Winde durch die Dingle-Bay getrieben bis zum nächsten Morgen. Gerade als es Zeit zum Melken war, wurde er in den Hafen von Valencia getrieben, weder er noch das Boot hatten irgendeinen Schaden genommen. Man nahm sich seiner mit aller Sorgfalt an; er hatte ganz allein den Sturm überstanden, und alle wunderten sich, daß er nicht in der endlos langen Nacht vor Schrecken umgekommen war.

Als ich nach Hause kam, mußte ich noch einmal hinaus, um nachzusehen, ob alle meine Verwandten sicher zu Hause waren; es waren die Kinder, die mich dazu trieben; ihre Onkel waren hinausgefahren, wie sollten sie wissen, ob sie in den Sturm geraten waren oder nicht? Immer noch fiel ein heftiger Regen, und ich mußte auf Händen und Füßen von einem Haus zum anderen kriechen. Als ich endlich mein eigenes Haus wieder erreichte, wurde es schon hell, und der Regen ließ nach. Ich warf meine Kleider ab und kroch todmüde in mein Bett, und bald schon schlief ich fest wie ein Stein.

Zwei Tage später fuhren die Inselleute zum Festland hinüber, um den Ertrunkenen zu beweinen, denn es wurde für ihn eine Art Totenwache abgehalten. Als alles in vollem Gange war, trat er selbst plötzlich zur Tür herein. Ein Dampfer hatte ihn von der Insel Valencia nach Dingle mitgenommen - ihn selbst, sein Boot und seine Netze. Diese Geschichte wurde im ganzen Lande bekannt, und bald kam jemand von der Regierung und sah sich die Anlegestelle auf der Insel an. Kurz danach begann man mit der Arbeit, und diese hörte nicht auf, bis die Lücke zwischen der Klippe vor der Anlegestelle und dem Strand geschlossen war, und diese Mauer wurde höher als das Land ringsum. Die Arbeiten dauerten lange Zeit. Ich verdiente dabei fünfzehn Pfund, das war der Verdienst eines einzigen Mannes, und an manchen Tagen war ich gar nicht beschäftigt gewesen.

Eines Nachts, nachdem der Hafen ausgebaut war, fischte ich draußen. Das Wetter war günstig, und wir brauchten nicht weiter hinauszufahren. Aber wir fingen nicht viel, und deshalb fuhren wir zum Weißen Strand hinüber und warfen dort unsere Netze aus. Kaum hatten wir das getan, da sahen wir, daß am äußersten Ende des Netzes etwas zappelte. Ich sagte zu den anderen, daß dort sicher eine Robbe im Netz sei, die die Fische, die vielleicht im Netz waren, bald gefressen haben würde, aber die beiden anderen kümmerten sich nicht um das, was ich sagte. Bald darauf rief der Mann im Heck, irgendein Teufel müsse im Netz sein, denn er zöge das Netz und das Boot mit voller Geschwindigkeit hinter sich her.

Kaum hatte er das gesagt, da fing das Tier im Netz an, außer sich zu geraten. Es zerrte die Netze und das Boot etwa eine Meile weit hinter sich her und hätte uns beinahe zum Kentern gebracht, aber glücklicherweise war das Seil, mit dem das Netz befestigt war, zwanzig Faden lang, und ich warf es bis zum letzten Rest aus.

Am besten wäre es gewesen, wir hätten nun unsere Netze aufgegeben, aber das wäre für uns arme Fischer ein schwerer Verlust gewesen. Der Mann im Bug sagte mir, ich solle doch versuchen, das Tau wieder einzuziehen. Ich tat, wie er sagte, und es gelang uns, ein wenig von dem Netz an Bord zu ziehen. Erst jetzt begannen wir zu sprechen. Die Nacht war mondhell, und wir erblickten das Ungeheuer nicht weit vom Heck des Bootes entfernt im Wasser. Wir waren bleich vor Schrecken und völlig ratlos. Der Mann im Bug bat mich, das Netz nicht loszulassen. Er wäre lieber ertrunken, als seine Netze zu verlieren.

Eine Zeit lang ließen wir das Netz immer wieder nach und zogen es wieder an. Das Riesentier hatte sich in sechs der Netze verwickelt, nur das siebente war noch frei, und jedesmal, wenn es tauchte, mußten wir das Seil schießen lassen, bis das Tier auf den Grund aufstieß. So kämpften wir, bis wir in die Nähe der Landestelle gekommen waren. Ich hielt die ganze Zeit über mein scharfes Messer geöffnet in der Hand, um im Notfall das Seil zu kappen, aber wenn das Tier wirklich wild geworden wäre, hätte das wenig genützt.

Schließlich erreichten wir den Hafen, und hier kamen uns zwei andere Boote zu Hilfe. Das Tier füllte das ganze kleine Hafenbekken. Es wälzte sich darin, so daß wir alle bis auf die Haut durchnäßt wurden, und peitschte die Klippe mit seiner Rückenflosse. Der Fels barst, und eine halbe Tonne Geröll prasselte herunter. Alle, die das Tier sahen, als es endlich an Land gebracht war, erschraken fast zu Tode. Das Öl seiner Leber versorgte die ganze Insel für die nächsten fünf Jahre mit Licht. Wir hatten große Mühe, das Tier aus den Netzen zu lösen. Nur die Seile waren noch brauchbar, der Rest war völlig zerfetzt. Wir drei haben uns nie mehr ganz von diesem Kampf erholt, die Angst, die wir ausgestanden hatten, war zu groß gewesen. Wären wir nicht dem Hafen so nahe gewesen, so wären wir sicher umgekommen.

An einem anderen Tage hatten wir das Boot an einem großen Stein verankert und fischten mit der Angel. Da schwamm ein Hai unter dem Boot durch, er schwamm in der Nähe des Bootes hin und her, und wir konnten ihn nicht vertreiben. Einer von uns lag auf der Ruderbank und seine Beine ragten über das Dollbord hinaus. Ich saß im Heck des Bootes und blickte nach unten ins Wasser. Plötzlich sah ich den Hai mit weit geöffneten Kiefern, den Bauch nach oben gekehrt, auf die Füße des Mannes zu schießen. Ich schrie dem Mann zu, er solle die Beine einziehen. Er tat es sofort. Der Stoß, den der Hai dem Boot versetzte, hob es halb aus dem Wasser und hätte es fast zum Kentern gebracht. Wir mußten den Anker einziehen und an Land rudern, und der Hai folgte uns, solange er noch zwei Faden Wasser unter sich hatte. Wir waren für den Rest des Tages zu nichts zu gebrauchen, und es dauerte eine Woche, bis wir wieder Mut faßten, auszufahren.

Seitdem zittert mir immer das Herz, wenn ich eins der großen Meerestiere an der Wasseroberfläche treiben sehe. Oft ist ein Boot oder ein Schiff während der Nacht gesunken, und manchmal auch am Tage, ohne daß man einen Grund hätte feststellen können. Ich glaube, daß Seeungeheuer dieser Art die Boote angriffen und zum Kentern brachten. So lauern viele Gefahren auf die, die ihren Lebensunterhalt auf dem Meere suchen.

Dies und das

Das Zelt auf dem Festland
Der neugierige alte Mann
Neue Häuser werden gebaut
Der Vorarbeiter, der kein Irisch konnte
Unser religiöses Leben
Gälisch-Studenten kommen zu mir
Der Weltkrieg und das Wrack

Eines frühen Morgens erblickten die Inselleute in der Ferne auf den Klippen über dem Hafen von Dunquin ein großes weißes Zelt. Wir wunderten uns darüber, obwohl der Landlord uns schon oft wegen der überfälligen Pacht gedroht hatte. Einige sagten, es seien sicher die Steuereintreiber, andere wollten es nicht glauben. Was immer das weiße Zelt dort draußen auch bedeuten mochte, keiner von uns hatte Lust, auszufahren, obwohl einige Häuser fast ganz ohne Lebensmittelvorräte waren.

Der Tag wurde schön, und ein Mann in mittleren Jahren, der ein kleines Boot besaß, sagte, wenn zwei Burschen mitkämen, so wolle er nach Dunquin hinüber fahren. Ich riet ihm, er solle lieber zu Hause bleiben, denn es sei nichts Gutes, was sich da auf dem Festland tue. Aber er hatte sich die Sache in den Kopf gesetzt, und ich konnte sie ihm nicht ausreden. Er fand zwei Burschen, die mitfuhren, und machte sich auf den Weg über den Sund. Er war ein prahlerischer, kleiner Kerl mit einem Ziegenbärtchen unter dem Kinn.

Sie ruderten ohne Pause, bis sie den Hafen von Dunquin erreichten. Unser Mann hatte nichts Eiligeres zu tun, als sich das Zelt anzusehen; es stellte sich heraus, daß ein Trupp Soldaten darin lag, die eine Strafexpedition gegen die Blasketinsel durchführen sollten. Der Mann gab sich aber nicht eher zufrieden, bis er die Soldaten in dem Zelt gesehen hatte. Er trat an die Türöffnung und erblickte ein paar Gewehre. In dem Zelt war ein Soldat, der genau wie er selbst ein Ziegenbärtchen unter dem Kinn hatte. Dieser sah gleich an der Art, wie der Mann von draußen nach drinnen spähte und alles genau vermerkte, daß dieser ein frecher Kerl war. Er ergriff sein Gewehr und legte es auf ihn an.

Als der Mann draußen sah, was der drinnen vorhatte, sprang er zurück und stürzte auf den Hafen zu, wo sein kleines Boot lag. Der Mann mit dem Gewehr verfolgte ihn aus Spaß und feuerte einen Schuß hinter ihm her, um ihm Angst einzujagen.

Der Mann von der Insel rief nach den beiden Burschen. Sie schleiften das Boot von der Flutmarke bis zur Ebbemarke über die Steine. Kaum waren sie auf See, da merkten die beiden Burschen, daß Wasser im Boot hochquoll und ihnen schon bis an die Knie stand; und sie schrien, daß sie ertränken. Obwohl sie noch nicht weit vom Land entfernt waren, erlaubte der Alte ihnen nicht umzukehren; solche Angst hatte er vor dem Kerl mit dem Gewehr. Er stopfte seine Jacke in das Leck, und einer der Burschen mußte dauernd das Wasser ausschöpfen, bis sie ihren Heimathafen erreichten.

Ich hatte dort auf sie gewartet und bat den Alten, zu berichten, was es auf dem Festland gäbe. Ich bekam nur eine mürrische Antwort: »Die da drüben warten auf dich. Geh und sieh sie dir selber an.«

»Ich hatte dir ja gesagt, daß du nicht gehen sollst. Aber du taugst ja weder daheim noch draußen etwas.« Ich hob die Faust und versetzte ihm eins hinter die Ohren.

Ich hatte dem Schurken, als er am Morgen wegging, einen guten Rat gegeben, und nun, als er zurückkam, erntete ich nur Undank. Es war nicht das erste Mal, daß mir dies von ihm widerfuhr, und seht ihr, das machte mich so wütend, daß ich meine Hand gegen ihn erhob. Es war das erste Mal in meinem Leben, daß ich so gegen einen Menschen handelte. Doch der Mann mit dem Gewehr hatte ihm eine solche Angst eingejagt, daß er seine alte Unverschämtheit nie mehr ganz wiedergewann. Als wir auf der Insel hörten, was er über die Büttel zu erzählen hatte, machten wir uns große Sorgen. Die meisten, die damals hier lebten, waren bitter arm. Wir saßen nun wie in einer Falle, weil wir nicht mehr zum Festland hinüber konnten. Auch dem Pfarrer gefiel die Sache nicht, und er ruhte nicht eher, bis er eine Möglichkeit gefunden hatte, uns zu befreien. Schon seit einiger Zeit nahm die Kommission für die Notstandsgebiete Landbesitz auf dem Festland unter ihre Verwaltung. Der Pfarrer bemühte sich nun, auch die Blasketinsel unter die Verwaltung der Kommission zu bekommen. Das wurde ihm zugesagt, und er gab uns Nachricht, wir sollten sofort zu ihm kommen, denn ein Beamter der Kommission würde an dem Tag, den er festgesetzt hatte, bei ihm sein. Aber dieser Tag war so stürmisch, daß wir nicht in Dunquin einlaufen konnten, sondern in Cuas an Reha landen mußten. Der Pfarrer und der Beamte warteten auf uns, an einen Felsen gelehnt.

Wir redeten eine Weile miteinander, bis sie uns klar gemacht hatten, daß wir das weiße Zelt nie mehr sehen würden, und nachdem wir eine Menge Erklärungen ausgetauscht hatten, verabschiedeten wir uns voneinander. Als wir zurückfuhren, war es immer noch stürmisch, und obwohl die beiden auf trockenem Land blieben, war es für sie nicht weniger schlimm, denn Schneeschauer aus dem Nordwesten wehten ihnen und ihren Pferden ins Gesicht. Als wir auf der Insel anlegten, war das ganze Dorf an der Landstraße versammelt, um zu hören, was wir Neues brächten. Wir brachten gute Nachrichten und erzählten sie voller Freude.

Am nächsten Tage war das weiße Zelt abgebrochen, und es dauerte nicht lange, da kamen verschiedene Mitglieder der Kommission, um uns zu besuchen. Ein altes Sprichwort sagt, daß Gottes Hilfe näher ist als die Tür, und ein anderes, daß oft zur Ursache des Glückes wird, was einem am wenigsten gefällt. So ging es uns mit dem weißen Zelt. Wie hart uns unsere irdischen Herren auch manchmal bedrücken mögen, der Herr aller Herren weist sie immer wieder in ihre Schranken zurück.

Es dauerte nicht lange, bis ein Beamter der Kommission kam. Er schlug ein Zelt bei uns auf und blieb einige Zeit hier. Er vermaß das Land und teilte es auf. Ich hielt ihm dabei die Meßschnur.

Er schrieb unsere Namen auf als Pächter der Kommission, und wir mußten uns mit diesem und jenem einverstanden erklären. Er ließ mit einem Lastschiff von Dingle einen Vorarbeiter und eine Menge Material kommen und veranlaßte eine Reihe von Arbeiten. Als er alles in Gang gebracht hatte, ließ er den Vorarbeiter als Bevollmächtigten zurück und sagte, er werde hin und wieder selber kommen und nach dem Rechten sehen. Alle vierzehn Tage kam ein Mann, um uns die Löhne auszuzahlen.

Die Arbeiten der Kommission auf der Insel dauerten anderthalb Jahre, und die meisten Männer des Dorfes hatten ständig Arbeit. Wir bekamen zwei Schilling pro Tag, und das war eine gute Bezahlung, da wir ja für uns selbst arbeiteten.

Die Pacht für mein Land betrug siebzehn Schilling im Jahr, und so ist es noch heute, während mein Großvater noch zehn Pfund hatte bezahlen müssen. Daran sieht man, wie sich die Welt verändert hat.

Auf der Insel wurden fünf neue Häuser gebaut. Ich baute diese Häuser ganz allein mit dem Vorarbeiter; das war für uns beide oft eine verflucht harte Arbeit. Wir benutzten eine Holzverschalung, denn diese Häuser sind aus einer Mischung von Kies und Zement gebaut, und die Wände mußten so gerade sein wie ein Ladestock. Bevor wir mit dieser Arbeit fertig waren, wurde der Vorarbeiter abberufen, und es kam ein neuer, der nicht die geringste Ahnung vom Hausbau hatte. So mußte ich die Häuser allein fertigmachen.

Zu allem Unglück verstand dieser neue Vorarbeiter auch kein Wort Gälisch. Eines Tages sollte in einem der neuen Häuser der Fußboden gelegt werden, und vier Männer mischten auf einer hölzernen Plattform den Mörtel. Der Vorarbeiter wollte ihnen erklären, daß sie soundsoviel Zement mit soundsoviel Kies mischen sollten. Der Mann, der den Mörtel mischte, verstand kein Englisch, der Vorarbeiter kein Gälisch, die Mischung mißlang, und da gerieten sie sich in die Haare. Ich war oben auf dem Dach und verfugte die Schieferplatten. Da sah ich ihn auch schon wütend auf mich zukommen. »Komm mal runter«, sagte er, »die vier da unten sind so dumm wie Esel.«

Ich stieg die hohe Leiter hinunter, trat zu der Plattform und fragte, was denn los sei. Dann sagte ich ihnen, was der Vorarbeiter wünschte. Der Vorarbeiter fluchte immer noch. »Das sind die blödesten Kerle, die ich je gesehen habe; ich muß sie rausschmeißen.«

»Die vier meinen aber«, sagte ich, »wenn die Kommission will, daß die Häuser fertig werden, dann müssen sie dich rausschmeißen und jemand herschicken, der sich verständlich machen kann. Ein Mann wie du ist hier fehl am Platz.«

Darauf wußte der Vorarbeiter nicht mehr viel zu sagen. Ich glaube, er sah ein, daß der Fehler an ihm lag.

Die Kommission teilte uns unser Land genau zu und ließ Grenzmauern errichten, so daß jetzt jeder seine Stücke genau kennt und die Zeit der Aussaat genau bestimmen kann. Das war vorher nicht so gewesen: Wenn dein Nachbar keine Lust hatte, mit dir zu säen, so konntest du es auch nicht, weil du die Grenze deines Anteils nicht genau kanntest. Die Felder waren zu klein, als daß man sie getrennt hätte bestellen können.

Seit dieser Zeit haben wir mit der Pacht keine Schwierigkeiten mehr gehabt, aber ich fürchte, das wird nicht immer so bleiben, denn wir werden mit jedem Tag ärmer.

Nachdem das Land von der Kommisssion schön säuberlich aufgeteilt worden war und jeder seine eigenen Felder hatte, über die Insel verstreut und ordentlich durch Mauern abgegrenzt, konnte uns nichts mehr hindern, all das zu säen, was wir brauchten; das taten wir auch, wir pflanzten sogar mehr als wir brauchten. Bevor die Kommission gekommen war, hatten wir diese kleinen Felder nicht besonders eingezäunt, und oft drangen Schweine und Esel in die kleinen Stücke Land, die wir bestellten, ein und machten all unsere Arbeit zunichte; oft genug fraßen sie uns unsere guten Kartoffeln weg. Viele Jahre lang habe ich um Allerseelen herum tagsüber ein volles Tagewerk getan, nachdem ich nachts auf Makrelenfang gewesen war; oft habe ich eine ganze Woche lang keinen Schlaf gefunden, bis ich meine Kartoffeln geerntet hatte. Jetzt, nachdem wir unsere Felder so säuberlich eingefriedet hatten, daß kein Getier mehr eindringen konnte, machte das Säen und Ernten uns mehr Freude.

Zu dieser Zeit hatten wir im Dorf einen Schwätzer, der uns einreden wollte, wir könnten unser Brot auch ohne Schweiß verdienen. Er legte die Hände in den Schoß, und wie es so geht, das schlechte Beispiel verführte erst einen, dann mehrere junge Burschen, es ihm gleich zu tun, und schließlich fingen viele an zu faulenzen. Dieser üble Nichtsnutz erklärte ihnen, daß er auch so genug zu essen bekäme und daß nur Pferde und Verrückte auf dieser Erde so schufteten.

So verkam erst ein Feld, dann zwei, schließlich lagen drei brach. Der Kerl, der dieses Übel angerichtet hatte, ging nach Amerika und fand, daß dort das Brot auch nicht auf den Hecken wächst. Seitdem ist das Land bei uns nie mehr so eifrig bestellt worden, und die Mauern, die die Kommission errichten ließ, beginnen zu verfallen.

Als ich eines Tages eine Ladung Torf vom Berg holte, sah ich im Süden einen Frachter von Dingle her ostwärts fahren. Er hatte alle Segel gesetzt. Ein heftiger Wind blies aus Norden. Eine Bö kam vom Berg herunter auf mich zu. Ich hörte das Brausen, achtete aber nicht darauf.

Als sie den Esel erreicht hatte, der gerade vor mir ging, riß sie ihm die Körbe ab und warf ihn zu Boden; auch ich stürzte. Ich war wie besinnungslos. Als ich aufsprang und mich umblickte, konnte ich wohl den Esel sehen, aber nicht die Körbe. Ich sah mich nach den Körben um, erblickte dabei den Frachter: er hatte kein einziges Segel mehr, nur Fetzen hingen noch an den Rahen. Die Bö hatte sie weggerissen. Das Schiff lag regungslos da. Als ich näher zusah, erblickte ich meine Körbe weit draußen in der offenen See, kaum zwanzig Yards von dem regungslos liegenden Schiff entfernt. Ein paar Minuten lang überlegte ich, was wohl zu tun sei; meine Körbe waren weg, und wir hatten kein Stück Torf im Haus. Womit sollten wir kochen! Schließlich holte ich die beiden Säcke unter dem Packsack des Esels hervor, füllte den Torf hinein und hängte sie ihm über.

Die Ausübung unserer religiösen Pflichten war, soweit ich auch zurückdenken kann, immer mit großen Anstrengungen verbunden. Zur Messe mußten wir die drei Meilen über den Sund bis Dunquin fahren. Das ist im Winter nur selten möglich, weil der Sund meist nicht passierbar ist, und so mußten wir, und müssen noch, zu Hause bleiben. Wir hörten oft ein Vierteljahr lang keine Messe. Wenn wir nicht überfahren konnten, pflegten wir zu der Zeit, wo auf dem Festland die Messe gefeiert wurde, den Rosenkranz zu beten.

Mit dem Beichten war es so: soweit ich mich erinnern kann, kam es selten vor, daß einer nach Dunquin zum Beichten ging, doch kamen Priester einmal im Jahr auf die Insel. Der Pfarrer bestimmte ein großes Boot aus Dunquin, das sie übersetzen sollte, und er gab diesen Priestern alles Geld, was auf der Insel für ihn selbst gesammelt wurde, wenn er einmal im Jahr dort die Messe las. So wurde es gehalten, solange es diese großen Boote noch gab. Seitdem holen leichte Ruderboote von der Insel die Priester herüber.

Heutzutage wird den Priestern nicht halb soviel Respekt bezeugt wie in meiner Jugend. Ich erinnere mich noch gut, als ich ein Junge war, galt es für selbstverständlich, daß man vor dem Priester das Knie beugte und die Mütze ganz vom Kopf nahm. Wenn sich heutzutage eine Menge versammelt hat, um den Priester zu begrüßen, lüpfen nur die in der ersten Reihe ihre Mützen, von denen, die hinten stehen, nimmt kaum einer sie ab. Keiner Frau war es erlaubt, ein Boot zu betreten, in dem sich ein Priester befand, so dringend und eilig sie es auch haben mochten, und keine hätte es gewagt, bei der Landung der Priester zugegen zu sein. Aber schon seit langem würde es ihnen niemand mehr verwehren, und wenn das Boot mit Priestern vollgestopft wäre.

Der Besuch des Bischofs auf unserer Insel gehört zu meinen frühesten Erinnerungen. Wahrscheinlich ist mir dieser Besuch so deutlich in Erinnerung geblieben, weil der Bischof einen so schönen Umhang trug, denn ich kann damals höchstens zwei Jahre alt gewesen sein. Wenn jemand wissen möchte, wo der Bischofssitz der Blasketinsel ist, so könnte ich ihm die Stelle genau zeigen. Nachdem der Bischof damals gelandet war, schritt er den Hang hinauf, bis er zu einer grasbewachsenen Stelle kam. Mitten auf dieser kleinen Wiese lag ein Felsbrocken. Der Bischof hielt an, blickte sich um und ließ sich auf dem Felsen nieder. Er raffte seinen Mantel um sich zusammen und sagte: »Da das Wetter so schön ist, ist dieser Platz genau richtig.«

Seitdem ist, soweit ich mich erinnern kann, kein Bischof mehr auf die Insel gekommen. Alle drei Jahre wird jetzt die Jugend der Insel in der Pfarrkirche in Ballyferriter gefirmt. Jedes Jahr einmal wurde auf der Insel Messe gehalten, und ein Haus wurde für diese Feier geschmückt. Aber seitdem wir die Schule haben, wird die Messe dort gelesen.

Seit Jahren schon kommen Leute auf die Insel, um Gälisch zu lernen. Die meisten bleiben einen Monat. Ich mußte mich mit jedem von ihnen abgeben und meine eigene Arbeit noch dazu verrichten. Einmal kam ein Mann aus London, den wir Blaithin nannten. Es ist Robin Flower, der seitdem oft hier gewesen ist. Carl Marstrander hatte ihm von mir erzählt, und als er einmal nach Irland kam, ruhte er nicht eher, bis er auch die Große Blasketinsel besucht hatte. Seitdem ist er jedes Jahr gekommen. Zweimal am Tag setzten wir uns zusammen, um zu schreiben, und so verbrachten wir in jedem Jahr eine Zeit gemeinsam, bis jedes Wort, das wir geschrieben hatten, die rechte Form hatte und an der rechten Stelle stand. Das Buch, das wir schrieben, berichtet von allen Schicksalsschlägen, die die Großen und die Kleinen Blasketinseln trafen: von der Meerenge, die für so viele Männer zur Falle wurde, wie einige von ihnen sich für eine Zeit auf den kleinen Inseln durchschlagen mußten; wie es ihnen dort erging; von dem Wrack, den Feenrufen und den anderen Erscheinungen, die dort immer wieder beobachtet wurden, falls man den Berichten glauben kann.

Meine Tochter, die damals das Unglück am Weißen Strand überlebte, hatte eine Verwandte in Dunmore, welche sie zu sich kommen ließ. Meine Tochter verheiratete sich dort, und es ging ihr gut. Es war sehr schmerzlich für mich, daß sie wegging. Es war nun niemand mehr da, der uns den Haushalt führte. Wir mußten sehen, wie wir recht und schlecht fertig wurden. Nachdem meine Tochter mich verlassen hatte, war ich nur noch ein trübsinniger, mutloser Geselle. Sie lebte noch zwölf Jahre in Dunmore und hinterließ bei ihrem Tode sechs kleine Kinder. Vieles habe ich erdulden müssen, aber den größten Schmerz fügte mir der Tod zu, der mir meine Lieben raubte.

Schon zu Anfang des Weltkrieges wurden viele Wracks angeschwemmt, und die Überlebenden, fremde Seeleute, kamen in offenen Booten aus allen Himmelsrichtungen auf der Insel an. Damals lebte ich allein mit meinem Bruder Pats, der zwölf Jahre älter war als ich. Er bekam schon die Altersrente.

Ich kann euch kaum all die Dinge aufzählen, die während des Weltkrieges in der offenen See trieben. Zwei Meilen vor unserem Hafen lief ein großes Schiff, die »Quebra«, auf die Klippen. Ihr Kapitän erzählte uns, daß ihre Ladung aus allem bestanden habe, was dem Menschen zur Nahrung dient. Und er hatte recht. Auf dem Wasser schwamm alles, was des Menschen Auge je gesehen hat; vieles davon hatten unsere Augen noch nie gesehen. Waren im Wert von vielen hundert Pfund wurden aus dem Wrack geborgen, und die Inselbewohner lösten viel Geld dafür, obwohl sie bei weitem nicht das bekamen, was sie hätten bekommen müssen.

Ich konnte nichts tun, als ihnen zusehen, ich setzte nicht einmal meinen Fuß in ein Boot, denn niemand forderte mich dazu auf.

Während des Weltkrieges kam Brian O'Ceallaigh zu mir. Er blieb ein Jahr bei uns und feierte auch Weihnachten mit uns. Als er wieder weggefahren war, pflegte ich ihm fünf Jahre lang meine Tagebuchaufzeichnungen zu schicken. Dann aber wollte er unbedingt, daß ich ihm mein ganzes Leben beschrieb und erzählte, wie ich meine Tage verbracht hatte.

Ich habe nie jemandem etwas abschlagen können, und so setzte ich mich an die Arbeit. Was du jetzt liest, lieber Leser, ist die Frucht meiner Mühen. So, wie ich es euch zuletzt beschrieb, lebte ich auch weiterhin: die Leute kamen zu mir, einzeln oder zu zweien und dreien; mit jedem mußte ich mich abgeben.

Die »Gaelic League« bestand schon fünf Jahre, als ich ihr beitrat. Und so schwer ich auch früher gearbeitet habe, meine Arbeit wird von Jahr zu Jahr schwerer, und heute arbeite ich schwerer als je! Das tue ich um der Sprache unseres Landes und unserer Vorfahren willen.

Auch Father Clune kam und blieb drei Wochen bei mir. Er las jeden Tag die Messe bei uns. Dann besuchte er uns noch einmal und blieb einen Monat. Wir halfen einander beim Korrigieren aller Wörter des »Reilthini Oir«. Jeden Tag arbeiteten wir acht Stunden daran, vier Stunden am Vormittag und vier Stunden am Nachmittag, den ganzen Monat lang. So schwer habe ich noch nie gearbeitet, weder an Land noch auf See.

Einer meiner Söhne war zwölf Jahre lang in Amerika gewesen. Damals kam er mit seiner Frau und zwei Kindern zurück. Er kam mit demselben Schiff wie Erzbischof Mannix, der das Schiff dann verlassen mußte. Mein Sohn blieb nur ein halbes Jahr bei mir, dann fuhr er nach Amerika zurück. Als er kam, wurde auf der Insel nicht mehr gefischt, und es gab auch keine andere Verdienstmöglichkeit. Sie lebten von den paar Pfund, die sie mitgebracht hatten, und er sagte zu mir, wenn das so weiterginge, würde er alles, was er mitgebracht habe, verbrauchen, und dann würde er weder hier noch drüben etwas haben. Und ich glaube, er hatte recht. Als mein Sohn kam, zog mein Bruder, der die Altersk rente bekam, nach Dunquin. Dort lebt er noch. Er ist jetzt achtzig Jahre alt.

Ein jüngerer Sohn lebt noch bei mir. Er muß sich um alles kümmern, denn ich tauge zu nichts mehr als zum Schreiben und Sprechen. Wir besitzen weder Kuh noch Pferd, weder Schaf noch Lamm, weder ein leichtes noch ein schweres Boot. Wir haben nur ein paar Kartoffeln und unser Torffeuer. Siebenundzwanzig Jahre lang arbeite ich jetzt schon an unserer Sprache, und es ist siebzehn Jahre her, seit der Norweger Marstrander mir begegnete. Von Zeit zu Zeit bekomme ich kleine Zuwendungen, gerade genug, daß ich nicht zu hungern brauche. Ich höre so manchen Nichtstuer sagen, daß unsere Muttersprache zu nichts nütze sei. Was mich betrifft, so kann ich das nicht sagen. Wenn sie nicht gewesen wäre, so müßte ich mir jetzt mein Brot erbetteln.

Das letzte Kapitel

Hiermit bin ich am Ende meiner Geschichte angelangt; ich habe nur die Wahrheit erzählt, ich brauchte nichts zu erfinden, denn ich hatte Zeit genug, nachzudenken, und vieles ruht noch in meinem Gedächtnis; es ist erstaunlich, wieviel sich im Kopf eines alten Mannes angesammelt hat; das zeigt sich, wenn nur jemand ihm Fragen stellt und ihn zum Sprechen bringt. Niedergeschrieben habe ich nur die Dinge, die für mich sehr wichtig waren; ich habe über den Verlauf meines ganzen Lebens nachgedacht, und der Ereignisse, die für mich die wichtigsten waren, erinnerte ich mich natürlich zuerst.

Ich habe auch über andere Personen außer über mich selbst hier erzählt, denn wenn ich das nicht getan hätte, wäre meine Geschichte weder interessant noch vollständig. Ich habe mich mit allen gut verstanden; mein ganzes Leben habe ich mit ihnen verbracht, und ich lebe heute noch unter ihnen, ohne daß es je Streit gegeben hätte. Obwohl ich so alt geworden bin, weiß ich bis heute nicht, wie das Gericht in Dingle von innen aussieht. Wir sind einfache, arme Leute, die von der Hand in den Mund leben. Ich glaube auch, wenn wir sparsamer gewesen wären, ginge es uns heute nicht besser. Wir nahmen bereitwillig das Leben auf uns, das unser Herrgott uns bestimmt hatte: immer wieder fuhren wir auf die hohe See hinaus, ohne die Gewißheit, aber in der Hoffnung, daß der Herr uns heil zurückführen werde; wir Leute von der Insel hatten unsere Eigenart, jeder unterschied sich vom anderen, und wir alle unterschieden uns von den Leuten auf dem Festland; natürlich hatten wir auch unsere eigenen kleinen Fehler. Ich habe weder aus unseren guten Eigenschaften noch aus unseren Fehlern ein Geheimnis gemacht, aber ich konnte nicht all die Ängste und Mühen aufzählen, die im Laufe der Jahre über uns kamen, aus denen wir uns nur retteten, indem wir ausharrten.

Unsere Insel ist nur eine Klippe in der offenen See; und immer wieder bläst der Sturm den salzigen Gischt über die ganze Insel hinweg; dann wagen wir nicht, unseren Kopf aus dem Loch zu stecken, genausowenig wie ein Kaninchen, das auf Inishvickillaun in seinem Bau hockt. Oft, wenn wir bei Tagesanbruch ausfuhren, war das Wetter gut, aber abends schon tobte ein solcher

Sturm, daß unsere Frauen uns schon wie Verlorene beklagten. Wir mußten bei Nacht fischen, und welche Härten das mit sich bringt, läßt sich mit Worten nicht ausdrücken; ich glaube, es gibt keinen härteren Beruf als den des Fischers. Immer wieder geschah es, daß die See über uns hinweg schlug und wir kein Land mehr sahen; endlos waren die kalten Nächte draußen, in denen wir mit der See kämpften; oft war der Fang nur gering, und wir mußten jeden Augenblick wieder um Gottes Hilfe flehen; nur selten waren unsere Netze gefüllt, und dann mußten wir sie oft noch abschneiden und der See überlassen, weil wir sie des Wetters wegen nicht bergen konnten. In anderen Nächten wieder hatten wir die gefüllten Netze nach langer Mühe eingezogen, hatten die Boote voller Fisch, aber dann blies der Sturm von Nordwesten, die Brandung schlug bis auf das Grasland der Insel hinauf, und wir konnten unsere Landestelle nicht anfahren. Wir mußten vor dem Sturm fliehen, einige von uns fuhren Cuan Croumha an, andere den Hafen von Ventry, wieder andere Dingle.

Ihr werdet also verstehen, daß man uns nicht mit den Menschen in den großen Städten oder in den milden Ebenen vergleichen kann; wenn wir manchmal Tadel verdienten, so war es immer dann, wenn es etwas zu trinken bei uns gab; wir waren wie Pferde, denen nie Ruhe gegönnt wird, immer erschöpft und überanstrengt, und deshalb stieg uns der Alkohol leichter zu Kopf.

Trotz allem war es kein schlechtes Leben damals. Das Geld rollte, wir litten keinen Mangel, und alles war billig. Auch das Trinken. Und doch war es nicht eigentlich Trunksucht, die uns in die Kneipen auf dem Festland trieb; es war das Bedürfnis nach einer fröhlichen Nacht nach all den harten Nächten, die wir hinter uns hatten. Ein Gläschen machte uns das Herz leicht, und wenn immer wir die Möglichkeit dazu hatten, verbrachten wir einen Tag und eine Nacht in fröhlicher Gesellschaft. All das gibt es heute nicht mehr, Heiterkeit und Frohsinn verschwinden immer mehr. Wenn wir nach diesen durchzechten Nächten dann nach Hause zogen, waren wir ein Herz und eine Seele, als wären wir Kinder einer Mutter.

Über manches, das wir taten, habe ich ausführlich berichtet, denn es war mein Wunsch, unserem Leben ein Denkmal zu setzen, und ich habe mein Bestes getan, die Eigenart der Menschen, mit denen ich lebte, festzuhalten, damit unser Gedächtnis uns überlebe, denn Menschen wie uns wird es nie mehr geben. Ich bin jetzt ein alter Mann und habe viel erlebt; Menschen wurden in meine Welt hinein geboren und verließen sie wieder; auf der Insel leben nur noch fünf Menschen, die älter sind als ich. Sie bekommen die Altersrente; noch zwei Monate, dann bekomme ich sie auch - aber ich sehne mich nicht nach diesem Tag; ich betrachte ihn als eine Mahnung, daß der Tod naherückt; aber es gibt viele Leute, die lieber mit einer Rente alt wären als jung ohne sie. Ich erinnere mich noch, wie ich an der Mutter Brust trank; in ihrer Torfkiepe trug meine Mutter mich den Berg hinauf; wenn dann die Kiepe gefüllt war, trug sie mich unter dem Arm nach Hause. Ich weiß noch, wie ich ein Junge war, ich weiß noch, wie ich ein junger Mann war; ich weiß noch, wie ich in der Blüte der Mannesjahre stand; früher und heute habe ich Hunger gekannt und Überfluß, Glück und Unglück, für den, der Ohren hat zu hören, sind sie große Lehrmeister.

Der Tag wird kommen, an dem niemand von denen, die ich in diesem Buch erwähnt habe, mehr auf der Insel lebt, und niemand, der sich ihrer noch erinnert. Ich danke Gott, daß er mir die Möglichkeit gegeben hat, die Tage, die ich mit meinen eigenen Augen gesehen, deren Last ich getragen habe, vor dem Vergessen zu bewahren; und daß die Menschen, wenn ich einmal nicht mehr bin, wissen werden, wie das Leben zu meiner Zeit war, und wie die Menschen waren, die mit mir lebten.

Seit das erste Feuer auf dieser Insel entzündet wurde, hat noch niemand dort über sein Leben und seine Welt geschrieben. Ich bin stolz darauf, meine Geschichte und die Geschichte meiner Nachbarn niedergeschrieben zu haben. Dieses Buch berichtet, wie die Leute auf der Insel in der alten Zeit lebten. Meine Mutter trug noch Torf, als ich schon achtzehn Jahre alt war; sie tat es, damit ich zur Schule gehen konnte, denn wir hatten nur selten Gelegenheit, etwas zu lernen. Ich hoffe zu Gott, daß ihr und meinem Vater das ewige Königreich zuteil werden wird und daß alle, die dieses Buch nach meinem Tode lesen, mit ihnen zusammen auf der Insel des Paradieses sein werden.

Auf der Großen Blasketinsel 1926.

Nachwort des englischen Übersetzers

Dieses Buch wurde im Jahre 1929 erstmalig veröffentlicht und hatte bei den Lesern, die der gälischen Sprache mächtig waren, einen unmittelbaren Erfolg. Es war das erste Mal, daß hier ein Bauer und Fischer der alten Zeit, der im modernen Sinne ungebildet, dessen Geist aber durch Überlieferungen einer alten Volkskultur geschult war, sein Leben auf einer einsamen Insel im Atlantik beschrieb, von den Tagen seiner Kindheit an bis zu seinem Alter. Gewiß erweckte schon dieser Stoff großes Interesse, aber der eigentliche Reiz dieser Niederschrift liegt doch in der einzigartigen Persönlichkeit des Verfassers; obwohl er materiell wie geistig völlig eins war mit der Gemeinschaft, in der er aufwuchs, machte ihn doch seine Begabung besonders geeignet, nicht nur am Leben auf dieser einsamen Insel teilzunehmen, sondern es gleichzeitig zu beobachten. An keiner Stelle des Buches versucht er, diese kleine Welt, die Gruppe der Blasketinseln, die vor der äußersten Spitze der Corcaguiney-Halbinsel in West-Kerry Irland liegt, zu beschreiben. Deshalb wird es für den Leser, der diesen Teil Irlands nicht kennt, vielleicht nützlich sein, einen kurk zen Bericht über die geographischen Gegebenheiten der hier beschriebenen Welt zu finden. Die Corcaguiney-Halbinsel ragt zwischen der Dingle-Bay und der Bay von Tralee weit in den Atlantik hinein. Es ist eine Urwelt von ineinander verschlungenen Gebirgszügen, deren höchster das Massiv des Brandon hinter Dingle ist. Westlich des Brandon liegen zwei weitere Höhenzüge, der spitze Grat des Coraghmartin und der langgezogene des Mount Eagle, die die Grenze zwischen den Pfarreien von Ventry und von Dunquin bilden; nördlich von Dunquin liegt die Pfarrei Ballyferriter. In der alten Zeit näherte man sich Dunquin, zu dessen Pfarrei die Blaskets gehören, über eine Paßstraße, die zwischen den beiden Höhenzügen dahinführt. Aber in den Tagen der großen Hungersnot, im Rahmen der Notstandsarbeiten, wurde eine neue Straße gebaut, die unterhalb Mount Eagle um das Vorgebirge Slea Head herumführt; über diese Straße führt heute der größere Teil des Verkehrs.

Wenn man über die alte Straße kommt, so sieht man von der Paßhöhe unten das Kirchspiel Dunquin und draußen in der See die sechs Hauptinseln der Blasket-Gruppe. Dem Lande zunächst liegt Beginish, eine kleine, flache, grasbewachsene Insel. Eine Meile westlich davon liegt die Große Blasketinsel, eine schmale, bergige Insel, die drei Meilen lang und eine Meile breit ist; an ihrer Ostseite, dem Festland zugekehrt, liegt eine kleine Gruppe von Häusern, die auf den Klippen oberhalb des winzigen Hafens und des langen Sandstrandes zu hocken scheinen, der An Traigh Bhan – der Weiße Strand – genannt wird. Nördlich vom Weißen Strand liegt noch ein von Klippen umgebener Geröllstrand, der der Kies-Strand genannt wird. Auch hier können die Boote landen. Dort treibt man die Schafe der Insel zum Scheren zusammen, und von den Klippen, die vor diesem Strand im Meer liegen, sammelt man den Seetang zum Düngen. Das Abenteuer der Frauen, das im zweiten Kapitel beschrieben wird, ereignete sich an dieser Stelle. Hier auch bestand Tomás O'Crohan, der Verfasser, seinen Kampf mit der Robbe (Kapitel 9). Nach Westen zu steigt die Insel zu einer Bergkette an, auf deren Hängen Kühe und Schafe ihre dürftige Nahrung finden und auf deren steilen Klippen die Kaninchen hausen. Der beste Torf liegt auf dem höchsten Gipfel der Insel, auf dem Berg, der Sliabhe an Duna heißt. Die Torfgruben liegen hinter einer prähistorischen Felsenburg, die dem Berg ihren Namen gegeben hat, und eine steinige Straße führt darauf zu. Oberhalb dieser Straße steht ein alter Turm (Martello Tower), der aus den französischen Kriegen stammt; noch vor wenigen Jahren war der Turm völlig erhalten, wurde aber dann durch Blitzschlag zerstört. Im Westen der Insel fällt der Berg zu einer grasbewachsenen Ebene ab, die nach Süden hin sanft geneigt ist. Hier befand sich in alten Zeiten eine Siedlung, von der nur die Überreste bienenkorbartiger Steinhütten zu sehen sind. Jenseits dieser alten Siedlung verschmälert sich die Insel, und man klettert über zerklüftete Felsen bis Ceanh Dubh, Black Head, dem äußersten westlichen Punkt der Insel. Nur eine schmale Wasserstraße trennt Black Head von Inish na Bro (quernisland), und noch ein wenig weiter draußen liegt Inishvickillaun. Dort steht noch eine uralte Kirche und ein kleines Haus neueren Datums, welches aber nur noch vorübergehend bewohnt wird. Die Felsenhöhlen von Black Head und Inishvickillaun werden häufig von Robben bewohnt, und auf Inish na Bro und Inishvikkillaun wimmelt es von Kaninchen. Weiter draußen nach Westen zu liegt Teeraught, die »Westinsel«, ein hohes Felsenriff, auf dem ein Leuchtturm steht; sein Licht ist das letzte, das die irischen Auswanderer bei der Überfahrt nach Amerika sehen. Nördlich der Hauptinsel leigt Inishtooshkert, die »Nordinsel«, ein Gewirr von Klippen, auf denen sich eine wohlerhaltene alte Einsiedelei befindet.

Diese Inseln und die See, die sie umgibt, sind der Schauplatz des Buches. Sie sind von einer kleinen Anzahl von Fischern bewohnt, die erst verhältnismäßig spät vom Festland herübergekommen sind und sich dürftig von Fischfang und den Erträgnissen ihrer Felder und Herden ernähren. Sie gehören zum Kirchspiel Dunquin, ihr Markt ist Dingle. Und nur wenige der älteren Inselbewohner sind je weiter östlich als Tralee gekommen. Alle sprechen Gälisch, und obwohl in der kleinen Schule Englisch gelehrt wird, so hat sich doch das Englische auf der Insel noch nicht einbürgern können. Die älteren Bewohner verfügen über einen reichen Schatz an Volksliedern und Volksmärchen, und in dem Zeitraum, den Tomás O'Crohan beschreibt, war die kleine Gemeinde ein typisches irisches Dorf der alten Art, völlig unberührt von modernem Einfluß. Der hohe Wert dieses Buches besteht darin, daß eine Lebensweise, die auszusterben beginnt, von jemand beschrieben wird, der nie eine andere gekannt hat. Er erzählt seine Geschichte mit völliger Unbefangenheit, hat weder eine Tendenz, noch zielt er auf literarischen Effekt; er ist lediglich darum bemüht, das Bild seiner Welt, wie er sie gekannt hat, zu erhalten. Oder, wie er selbst es ausdrückt: »die Eigenart der Menschen, mit denen ich lebte, festzuhalten, damit unser Gedächtnis uns überlebe, denn Menschen wie uns wird es nie mehr geben.« Einen solchen Bericht zu schreiben, war Tomás durch eine lange und unbewußte Vorbereitung auf eine erstaunliche Weise befähigt. Jedem Leser wird klar geworden sein, daß er von frühester

Kindheit an ein scharfer Beobachter war. Er beobachtete und beurteilte die Menschen seiner Umgebung aufmerksam, ihre Eigenart und ihre Verhaltensweise, erlebte Freude und Leid mit ihnen. Er war ein tüchtiger, geschickter Mann und wußte jede Lage, auf der See und auf dem Lande, zu meistern. An den weniger Tüchtigen unter seinen Altersgenossen übte er heftige Kritik. Das Leben auf einer solchen Insel, wo es keine Läden und keine Handwerker gibt, erfordert von jedem einzelnen Geschicklichkeit in allen Arbeiten; unsere Zivilisation mit ihren Spezialisten bietet keinerlei Vergleichsmöglichkeiten zu einem solchen Leben. Der Erfahrungsbereich dieser Inselbewohner ist notwendigerweise beschränkt, aber innerhalb dieser Grenzen ist er absolut und vollständig. Auf der See, auf dem Berg, im Hause, auf dem Feld oder auf dem Strand mußten sie jederzeit für jedes Ereignis gerüstet sein. Immer trennte sie nur eine schmale Grenze von Hungersnot und plötzlichem Tod, und ein solches Leben förderte ihre natürlichen Fähigkeiten um so mehr. Tomás O'Crohan, der Verfasser dieses Buches, besaß alle natürlichen Fähigkeiten des Inselbewohners, aber eine angeborene Begabung zur Kritik hob ihn weit über seine Umgebung hinaus. Immer dachte er über seine Erfahrungen und Erlebnisse nach und beobachtete seine Mitmenschen mit einer gewissen Überlegenheit. Eine nicht unfreundliche Ironie zeichnete seine Gespräche aus und gibt mancher Schilderung in seinem Buch eine scharfe Kontur. Ein Gefühl für Anstand und Maß war ihm angeboren, und in den wilden Saufszenen, die ein natürlicher Ausgleich sind für das eintönige und harte Leben einer Gemeinschaft, die von der See gefangen gehalten wird, sieht man ihn ruhig und mäßig und darauf bedacht, daß seine leichtsinnigeren Gefährten nicht Schaden nehmen.

Diese kritische Wachheit macht sich auch im Gebrauch seiner Muttersprache sehr bemerkbar. Diejenigen, die, wie ich, den Vorzug seiner Freundschaft und seiner Unterweisung genossen, haben sich oft über die Klarheit und Genauigkeit gewundert, mit der er die Bedeutung von Wörtern und Ausdrücken erklärte, und über die Schnelligkeit, mit der er über Synonyme und Vergleiche aus seinem reichen Wortschatz verfügte, auch über die Endgültigkeit und Bestimmtheit seiner Ausdrucksweise im alltäglichen Gespräch.

Unter der Landbevölkerung der Provinz Munster hat es immer eine lebendige literarische Überlieferung gegeben; sie hat einen beträchtlichen Schatz an Volksliedern und sogar Kunstdichtungen des achtzehnten Jahrhunderts mündlich überliefert. Und ihre Volkssagen werden von den guten Erzählern in einer bezaubernden Sprache vorgetragen, die fast von Natur aus literaturfähig ist. Diese Tradition übernahm Tomás von den Dichtern und Märchenerzählern, mit denen er in seinen jungen Tagen eifrig Umgang pflegte. Der Inseldichter mag ihm oft lästig gewesen sein, aber er lernte viel von ihm, und seine natürliche Begabung für Sprache hat diese überkommenen Formen zu einem persönlichen Stil verfeinert. Er sagte mir, daß er, als er dieses Buch schrieb, einen einfachen Stil gewählt habe, der jedem Gälischsprechenden verständlich ist, und daß er nichts von dem »verkrampften Gälisch« der rein literarischen Tradition benutzt habe. Dieses Ziel hat er erreicht, denn die Erzählung fließt leicht in der alltäglichen Sprache der Insel dahin, nur gelegentlich wird eine literarische Floskel einfacher Art benutzt. Aber der Stil ist trotzdem unmißverständlich sein eigener, und für diejenigen, die ihn gekannt haben, ist Tomás O'Crohan ganz in diesem Stil enthalten. Mir selbst hat die Lektüre dieses Buches meine erste Begegnung mit dem Autor deutlich ins Gedächtnis zurückgerufen; damals, vor zwanzig Jahren, war er auf der Höhe seiner Kraft. Er war ein kleiner, lebhafter Mann mit einem scharfgeschnittenen, intelligenten Gesicht, das von der Sonne, Regen und Salzgischt gegerbt war; helle kluge Augen blickten aus diesem Gesicht aufmerksam und kritisch in die Welt; er arbeitete damals schwer; er fischte und half beim Bau der Häuser, die die Kommission für die Notstandsgebiete errichten ließ; trotzdem fand er noch Zeit, mir bei meinen Studien behilflich zu sein. Wir lagen im Windschatten eines Torfstapels, saßen bei ihm zu Hause oder in der Küche des Königs; unermüdlich schöpfte er aus seinem Vorrat von Geschichten, sagte Gedichte auf und Sprichwörter, gab lebhafte Kommentare, erklärte schwierige Wörter genau, streute Erinnerungen aus seinem Leben ein und aus der Vergangenheit der Insel. Hätte ich dieses Erlebnis je vergessen können, so würde die Lektüre dieses Buches, das ein so lebhaftes Bild des Mannes vermittelt, es wieder lebendig gemacht haben. Ich kann nur hoffen, daß mein Versuch einer Übersetzung sowohl dem Stoff wie der Persönlichkeit des Verfassers einigermaßen gerecht wird.

Die Methode, die ich bei der Übersetzung angewendet habe, möchte ich mit einigen Worten erklären. Das Gälische und das Englische sind in ihrer Ausdrucksweise so verschieden voneinander, daß eine wörtliche Übersetzung von der einen in die andere Sprache unmöglich ist. Man hat zwar eine Art literarischen Dialekts entwickelt, den man bei Übersetzungen aus dem Gälischen anwendet oder um den Effekt der irischen Sprechweise hervorzurufen, und dieser Versuch hat sowohl in Büchern wie auf der Bühne großen Erfolg gehabt, und, geschickt angewendet, ist diese Mischung von englischer und gälischer Ausdrucksweise oft von großem Charme. Trotzdem gibt dieser Dialekt für mein Gefühl die Eigenart der gälischen Sprechweise nicht echt wieder; es haftet ihm immer etwas leicht Künstliches und Pseudopoetisches an; ich konnte also diesen literarischen Dialekt nicht benutzen, um die redliche und alltägliche Einfachheit des Originals wiederzugeben. Aus dem gleichen Grunde war die künstlerische Ausdrucksweise des Literaturenglisch nicht geeignet; es schien mir das beste, eine einfache, direkte Sprache zu wählen, die sich der Sprache einfacher Menschen anzugleichen versucht, welche die alltäglichen Ereignisse ihres Lebens offen und ohne Effekthascherei erzählen. Notwendigerweise mußte bei der Übersetzung der immer gegenwärtige Zauber der gälischen Sprache, der im Original so entzückt, verloren gehen. Aber Rouge ersetzt natürliches Wangenrot nicht.

Ich möchte noch einige Worte über die Entstehung des Buches sagen. Wahrscheinlich wäre Tomás O'Crohan nie auf den Gedanken gekommen, seine Lebensgeschichte zu schreiben, wenn nicht Mr. Brian O'Kelly aus Killarney ihn dazu ermutigt hätte. Mr. O'Kelly las ihm einen Teil von Maxim Gorkis Autobiographie vor, um ihm zu zeigen, wie interessant ein solcher Bericht sein kann. Crohans Buch entstand aus einer Reihe von Briefen, die Tomás an Mr. O'Kelly schrieb; wenigstens der größere Teil des

Buches ist so entstanden. Mr. O'Kelly übergab diese Briefe Mr. Sugrue, welcher unter dem Pseudonym »An Seabhac« eine Reihe köstlicher Geschichten im Dialekt von West-Kerry veröffentlicht hat. Danach schrieb Tomás den Rest des Buches, das dann von Mr. Sugrue herausgegeben wurde. In der gälischen Originalfassung hatte es einen unmittelbaren großen Erfolg. Ich selbst schulde Mr. Sugrue Dank für die freundliche Durchsicht dieser Übersetzung.

Robin Flower

Die große Blasket-Insel

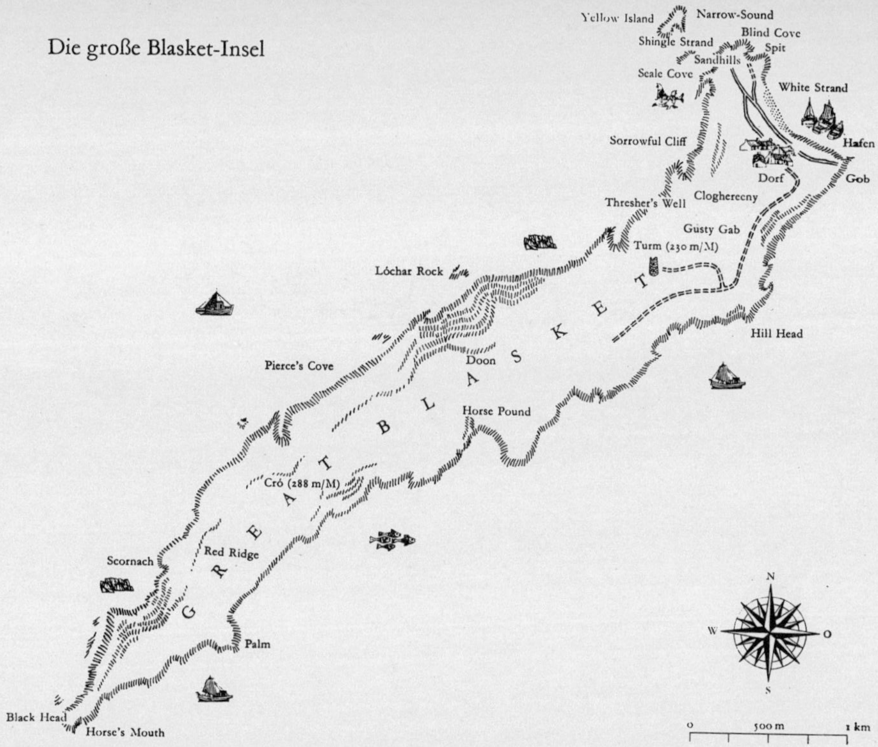

Die Blaskets und das Festland

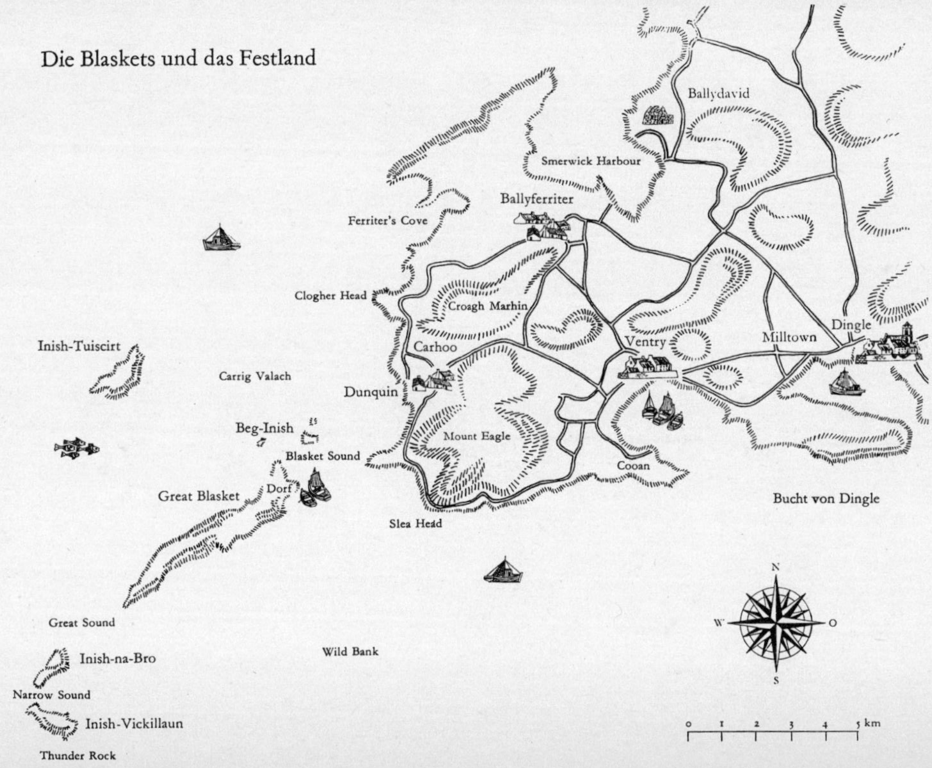

Heinrich Böll: Wir kommen weit her
Gedichte
Mit Collagen von Klaus Staeck

Der Band enthält Gedichte Heinrich Bölls. Die einmalige und limitierte Ausgabe (3 000 Exemplare) ist sorgfältig ediert und ausgestattet.

Heinrich Böll, der große deutsche Erzähler, hat immer wieder aus ganz verschiedenen öffentlichen und privaten Anlässen heraus auch mit Formen und Mitteln des lyrischen Genre auf die Herausforderungen seiner Umwelt reagiert, hat seine Welterfahrung in Sprache gefaßt.

Die vorliegende, im Wortsinn einmalige Ausgabe gibt einen Überblick über Bölls lyrische Produktion, zeigt ihn als Großvater, Freund und Kollegen: in Gedichten, die er dem Enkel, auch Joseph Beuys, Alexander Solschenyzin oder Helmut Heißenbüttel widmet; sie zeigt ihn aber auch als einen in der Öffentlichkeit stehenden und agierenden politischen Schriftsteller, wie nicht nur die Titel »Friedensbandit«, »Mutlangen« oder auch seine »Aufforderung zum 'Oho'-Sagen« es erweisen.

Einige Gedichte werden zusätzlich als Autographe beziehungsweise Typoskripte und in den verschiedenen Phasen ihres schriftstellerischen Entstehungsprozesses dokumentiert.

Die gebundene, großformatige Ausgabe wurde von dem Heidelberger Grafiker Klaus Staeck mit eigens dafür entworfenen Collagen versehen.

112 Seiten, Großformatband 29 x 21 cm, gebunden, Scheufelen-Papier, einmalige limitierte Auflage von 3 000 Exemplaren, farbige Collagen von Klaus Staeck, ISBN 3-88243-055-9, DM 42,00

Steidl Verlag · Düstere Straße 4 · 3400 Göttingen